가람 이병기 전집 20

시조선집 I

—역대시조선·명시조감상·잡지 시조선—

이 도서는 2024년 국립대학육성사업의 지원을 받아 수행되었음
이 도서는 2024년 익산시와 전라북도의 지원에 의해 간행되었음

가람 이병기 전집

20

시조선집 I

역대시조선·
명시조감상·잡지 시조선

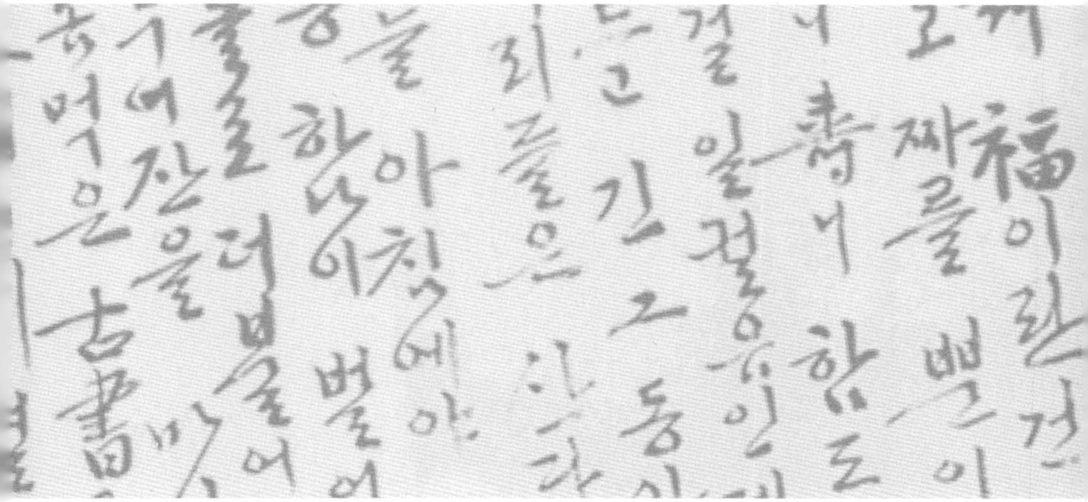

전북대학교출판문화원

시조선집 I

역대시조선 · 명시조감상 · 잡지 시조선

목 차

고시조편古時調篇

역대시조선歷代時調選

박문문고博文文庫
12

역대시조선歷代時調選

이병기李秉岐 교주校註

『역대시조선』 이병기 교주, 박문출판사,
1940. 표지 사진

박문출판사博文出版社

일러두기

李秉岐 校註, 『歷代時調選』(博文出版社, 1940. 초판)에는 서문 및 본문의 한자에 한글 독음이 병기되어 있지 않으나, 독자의 가독성을 고려하여 이 책에서는 '한글한자'와 같이 독음을 병기한다.

서序

새것을 좋아하고 낡은 것을 싫어함은 누구나 다 같은 생각이지마는 우리 소용所用이 됨에는 낡은 것이라도 새것만 못지않다. 우리가 저이 역사를 알어야 함과 같이 문학에 있어서도 고전을 저버릴 수 없음은 당연한 일이다.

이제야 우리의 고전연구를 하자는 것은 늦고 뒤진 생각이다. 그려도 않을 수 없다. 밟은 건 다 밟어야 한다. 성급함보다도 차근하고 찬찬하고 꾸준하여야 한다.

우리가 몇천 년 동안 역사, 문화, 문학 등을 훌륭히 지녔다고 자랑만 할 때가 아니다. 자랑보다도 그것이 과연 어떻든가를 우리부터가 잘 알어야 할 것이다. 문헌文獻이라고 그대로 믿을 것이 아니오, 전통이라고 그대로 좇을 것이 아니오, 제가 스스로 살피고 따지고 깨닫고야 정말 그 가치와 생명이 들어날 것이다.

우리 종래 문학에 시가가 으뜸이었고 시가詩歌에도 시조時調가 으뜸이었음은 물론이다. 비록 시조라는 명칭만은 생긴 지가 그리 오래지 않다드라도 그런 형태로 된 것은 적어도 여조麗朝 초엽初葉부터 있어왔다. 유명한 향가보다 더 정화淨化한 것이었다. 이런 형태로 된 것을 모두 시조라 하여 헤어 본다면 이래 팔구백 년에 그 단형短形, 장형長形을 합하여 수천 수[1]가 넘을 것이고 이 수천 수가 사본寫本, 혹은 판본板本으로 몇 십 종이 되는바 그건 다 가곡歌曲의 창사唱辭로 소용이所用 되어, 작품으로는 되었든 말든 부르게만 되면 그만이었다. 게다가 또 한문의 영향은 향가시대보다 점점 더 받어 그 사상과 문자를 더 많이 습용襲用하고 그렇지 않으면 너무 저속한 사설辭說에 떠러졌으며 그러나마 전사모각轉寫摸刻할 때 와전訛傳 오착誤錯됨이 심하여 자획字畫만 틀릴뿐더러 간간 구절까지도 뒤바뀌어 사뭇 문맥과 어조를 잃은 것도 있다. 이건 한 와력瓦礫 무더기와 같이 그 속에 더러 금옥金玉이 섞였드라도 눈에 뜨이기 어렵고 자연 보기 싫증이 나지 않을 수 없다.

지난 가을부터 나는 박문서관博文書館의 부탁을 받고 가곡과 시조와를 구분하여 여러 가사책歌辭冊을 뒤적여 그중 시조형으로 된 것을 삼백여 수 뽑아 교정하고 난어난구難語難句는 주해註解하고 혹은 그 작품의 내력을 말하여 될 수 있는 대로 그 원음原音을 보전코저 지금 철자법綴字法으로 고치지 않은 것도 있다.

그 작가들을 보면 왕공王公으로부터 시정市井, 야부野夫까지 있는바 상민常民보다 관원官員이 많음은 역시 그 명류名流를 소중所重하든 까닭인가 하며 그들은 그저 탐권락세貪權樂勢나 도의도식徒衣徒食을 하든 사람으로 이를 한 유희遊戲, 파적罷寂으로만 한 것이 아니라 열렬熱烈한 우시연군憂時戀君을 하거나 그 암담한 세상을 풍유諷諭, 경성警省하기도 하였다. 실상 순연純然한 자연만을 읊은 건 거의 없대도 가하다. 화월조충花月鳥蟲을 말한 것이라도 화월조충花月鳥蟲일 뿐이 아니고 그 무슨 억울한 정회情懷가 담겨 있다. 그는 다 희노애락喜怒哀樂의 솔직한 고백이다. 즉 심화心畫이오 심성心聲이오 심혈心血이다.

---

1 이병기 교주, 『역대시조선』, 박문출판사, 1940, 3쪽. 이하 원문에는 '교천수'로 오기되어 있다.

시조는 고전으로만 묵힐 것이 아니고 다시 현대시로서 정진精進시켜야 하겠다. 무단히 진부陳腐한 그 조박糟粕만을 구지 지킬 것이 없다. '아희야', '두어라', '아마도'와 '무슨……가 하노라'와 같은 투어라든지 '월백月白', '상청常青', '추풍낙엽秋風落葉'과 같은 한자어라든지 또는 의례히 '달'이면 '술', '강호江湖'면 '백구白鷗', '매화'면 '암향暗香' 같은 문자를 쓰잘 것이 없고 보다더 정밀 심각深刻 진지眞摯한 생각으로 새로운 독특獨特한 창작創作이 있어야 하겠다.

어제는 어제로 살았고 오늘은 오늘로 사는 우리로서 금고신구今古新舊의 것을 다 스승으로 삼을 수 있으니 『역대시조선歷代時調選』도 저기 도움이 안 될 수 없다. 『문장文章』 3월호에도 고시조 200수를 뽑아 실었으려니와 이는 그보다 좀 더 해비該備한 것이다. 오히려 미비한 점이 있으면 이걸 읽으시는 여러분께서 보정補正하여 주시를 바란다.

경진庚辰 춘분春分 후後 5일五日

가람

우탁禹倬 호號 이동易東 고려高麗 충숙왕忠肅王 시時 제주祭酒

춘산春山에 눈녹인 바람 건듯 불어 간듸 없다
적은덧 빌어다가 마리우헤 불리고저
귀밑에 해묵은 서리를 녹여볼가 하노라

▷건듯은 문득. ▷적은덧은 잠시. ▷마리는 머리. ▷우헤는 우에.

한손에 막대 잡고 또한손에 가싀 쥐고
늙는길 가싀로 막고 오는 백발白髮 막대로 치려터니
백발白髮이 제몬저 알고 지럼길로 오더라

▷몬저는 먼저. ▷지럼길은 샛길, 질러가는 길.

이조년李兆年, 고려高麗 충혜왕忠惠王 시時 정승政丞

이화梨花에 월백月白하고 은한銀漢은 삼경三更인제
일지一枝 춘심春心을 자규子規야 알랴마는
다정多情도 병病인양하야 잠못들어 하노라

▷은한銀漢은 은하수銀河水, 밤에 나타나는 하늘 한 가운대 하수河水처럼 보이는 것. ▷삼경三更은 한밤중 자정子正 무렵. ▷일지춘심一枝 春心은 한 가지의 봄 마음. ▷자규子規는 두견새, 솟적새, 접동새, 귀촉도, 제결鶗鴂,두견杜鵑, 두우杜宇

이존오李存吾 호號 고사孤山, 고려高麗 공민왕恭愍王 시時 우정언右正言

구름이 무심無心탄 말이 아마도 허랑虛浪하다
중천中天에 떠잇어 임의任意로 단이면서
구타여 광명光明한 날빛을 덮어 무삼 하리오

▷아마도는 암만해도. ▷임의任意는 마음대로 함. ▷구타여는 하필. ▷무삼은 무엇.

최영崔瑩 호號 기봉奇峯, 고려高麗 공민왕恭愍王 시時 도통사都統使

녹이상제綠耳霜蹄 살지게 먹여 시냇물에 싯겨 타고
용천설악龍泉雪鍔을 들게 갈아 두레메고
장부丈夫의 위국爲國 충절忠節을 세워볼가 하노라

▷록이상제綠耳霜蹄는 말 이름. ▷용천설악龍泉雪鍔은 칼 이름. ▷위국충절爲國忠節은 나라를 위한 충절忠節.

정몽주鄭夢周 호號 포은圃隱, 고려高麗 공민왕恭讓王 시時 시중侍中

이몸이 죽어 죽어 일백번一百番 고처 죽어
백골白骨이 진토塵土 되고 넋이라도 잇고 없고
님향向한 일편 단심一片 丹心이야 가실줄이 잇이랴

▷백골白骨은 뼉다귀. ▷넋은 령혼. ▷일편一片은 한 조각.
▷단심丹心은 빨간 한마음, 즉 절개. ▷가실줄은 변할 줄.

이조 태종이 아즉 잠저潛邸에 있을 때 정포은鄭圃隱 선생의 뜻을 보려고 잔치를 베풀고 포은 선생圃隱 先生을 청請하여 술을 권하며 노래를 지어 부르매 선생先生이 이 노래를 지어 부르시었다. 해동악부海東樂府 풍색악조風色惡條에 遂作歌送酒曰 此身死了死了 一百番更死了 白骨爲塵土 魂魄有也無 向主 一片丹心 寧有改理也歟라는 것이 이 노래인 바 태종이 그 뜻이 변치 않을 줄을 알고 죽이려 하여 드디어 조영규趙英珪 등을 시켜 선죽교善竹橋에서 죽였다.

길재吉再 호號 야은冶隱, 고려高麗 우왕禑王 시時 주서注書

오백년五百年 도읍지都邑地를 필마匹馬로 돌아 드니
산천山川은 의구依舊하되 인걸人傑은 간듸 없네
어즈버 태평 연월太平 烟月이 꿈이런가 하노라

▷오백년도읍지五百年都邑地는 송도松都, 개성開城. ▷필마匹馬는 말 한 마리. ▷인걸人傑은 인물人物. ▷어즈버는 슬픈 감탄사感歎詞. ▷태평연월太平烟月은 즉 고려의 성하던 때.

원천석元天錫 호號 운곡耘谷, 고려말高麗末 진사進士

흥망興亡이 유수有數하니 만월대滿月臺도 추초秋草ㅣ로다
오백년五百年 왕업王業이 목적牧笛에 부쳐시니
석양夕陽에 지나는 객客이 눈물 겨워 하노라

▷흥망興亡은 흥하고 망하는 것. ▷유수有數는 수가 있음. ▷ 만월대滿月臺는 개성開城에 있는 고려 왕궁터. ▷목적牧笛은 우마牛馬 등을 먹이는 아희의 젓대. ▷겨워는 견딜 수 없는 모양.

이조 태종이 어렸을 때 운곡 선생耘谷 先生에게 수학受學한 일이 있다. 선생은 고려가 망하매 강원도 치악雉岳에 숨고 태종이 등극한 후 불러도 아니 나왔다.

이색李穡 호號 목은牧隱, 고려말高麗末 문하門下 시侍 중中

백설白雪이 자자진 골에 구름이 머흘에라
반가온 매화梅花는 어늬 곳에 픠엿는고
석양夕陽에 호올로 서서 갈곳 몰라 하노라

▷자자진은 약간 남아있는 것. ▷머흘은 머흘머흘한 모양. 농염濃淡지게 엉긴 모양. ▷에라는 어라와 같은 토. ▷호올로는 홀로라는 말.

이조태종어제李朝太宗御製

이런들 어떠하며 저런들 어떠하리
만수산萬壽山 드렁츩[2]이 얽어진들 긔어떠하리
우리도 이같이 얽어져 百年까지 누리리라

---

2 원문 14쪽에는 '드덩츩'으로 오기되어 있다.

▷만수산萬壽山은 개성 서편에 있는 산인데 고려 칠릉七陵이 있음.
▷드렁츩은 드렁에 얽힌 츩넌출. 즉 기슭언덕에 얽혀 있는 츩넌출.
▷긔는 그. ▷누리는 이어 사는 것.

이 노래가 이조 태종이 잠저潛邸할 때 정포은鄭圃隱 선생先生을 청請하여 그 뜻을 보려고 지어 불렀다는 노래인데 해동악부海東樂府에는 此亦何如, 彼亦何如, 城隍堂後垣頹落, 亦何如, 我輩若此不死 亦何如라고 쓰이었으나 해동가요海東歌謠 청구영언靑丘永言 등에는 이와 같이 적히었다.

정도전鄭道傳 호號 삼봉三峯, 이조개국공신李朝開國功臣

선인교仙人橋 나린 물이 자하동紫霞洞에 흐으르니
반천년半千年 왕업王業이 물소래 뿐이로다
아희야 고국 흥망故國 興亡을 물어 무엇 하리오

▷선인교仙人橋는 자하동紫霞洞에 있음. ▷자하동紫霞洞은 개성 북쪽 송옥산松嶽山 기슭에 있는 골짜긴데 통부洞府가 그윽하고 수석水石이 좋기로 가장 절승絶勝한 곳.
▷왕업王業은 국가의 일. ▷고국故國은 이전 나라 고려를 이름.

황희黃喜 자字 구부懼夫 호號 방촌厖村, 세종世宗 시時 영상領相

대초大棗 볼붉은 골에 밤은 어이 듯드르며
벼뷘 그루에 게는 어이 나리는고
술익자 체장사 돌아가니 아니 먹고 어이리

▷듯드르는 뚝 뚝 떨어지는 것. ▷그루는 곡식을 베어낸 자리. ▷체장사는 체를 메거나 팔러 단이는 이. ▷새로멘 체를 가지고 새 술을 걸른 것.

강호江湖에 봄이 드니 이몸이 일이 하다
나는 그믈 깁고 아희는 밭을 가니
뒷뫼헤 엄긴 약초藥草를 언제 캐려 하나니

▷강호江湖는 향촌鄕村을 이름. ▷하다는 많다. ▷엄김은 엄이 긴, 싹이 긴, 순이 긴. ▷이정보李鼎輔의 '산가山家에 봄이 오니 자연自然이 일이 하다. 앞내에 살도 매여 올밑에 외씨도 삼고, 내일來日은 구름 걷거든 약藥을 캐라 가리라'라든지 또 성혼成渾의 '전원田園에 봄이드니 나할일이 전혀 많의, 꽃남근 뉘 옴기며 약藥밭은 언제 갈리, 아희야 대븨어 오너라 사립 몬저 겨르리라'라 하는 것이 다 이 노래와 같은 뜻이다.

김종서金宗瑞 호號 절재節齋, 문종文宗 시時 좌상左相

삭풍朔風은 나모끝에 불고 명월明月은 눈속에 찬듸
만리萬里 변성邊城에 일장검一長劍 짚고 서서
긴파람 큰한 소래에 거칠것이 없세라

▷삭풍朔風은 놉샛바람, 북풍. ▷변성邊城은 변방邊方의 성城. ▷국경에 있는 성. ▷긴파람은 긴 휘파람.

성삼문成三問 호號 매죽헌梅竹軒,
단종端宗 시時 참판叅判, 사육신死六臣의 한 분

수양산首陽山 보라보며 이제夷齊를 한恨하노라
주려 죽을진들 채미採薇도 하는것가
아모리 푸새엿것인들 긔뉘 따헤 낫더니

▷수양산首陽山은 중국 서산山西 영제현永濟縣 남南에 있는 뇌수산雷首山인데 삼천여 년전 은殷나라 사람 백이伯夷와 숙제叔齊가 주周 무왕武王이 은殷나라 치러감을 보고 말리다 못하고 '나는 周의 곡식을 아니 먹겠다'하고 이 산山에 들어가 고사리를 캐먹다가 마츰내 주려죽었다. ▷이제夷齊는 백이伯夷와 숙제叔齊. ▷채미採薇는 고사리 캐는 것. 푸새엿것은 풋나물인 것. ▷긔뉘따헤는 그 누구의 땅.

매죽헌梅竹軒이 일즉이 연燕{지금 중국직례성直隷省}을 지나다 이제묘夷齊廟를 보고 시詩를 짓되 當年叩馬敢非言, 大義堂堂日月輝, 草木亦霑周雨露, 愧君猶食首陽薇라 하였는데 이 노래도 이 시와 같은 뜻으로 지은 듯하다.

이몸이 죽어가서 무엇이 될고 하니
봉래산蓬萊山 제일봉第一峯에 낙락장송落落長松 되얏다가
백설白雪이 만건곤滿乾坤할제 독야청청獨也靑靑 하리라

▷봉래산은 삼신산三神山의 하나인데 강원도 금강산이라기도 함.
▷낙락장송落落長松은 우뚝우뚝한 소나무. ▷만건곤滿乾坤은 천지에 가득함.
▷독야獨也는 홀로. ▷청청靑靑은 시퍼런 것.

이개李塏 호號 백옥白玉, 사육신死六臣의 한 분

창窓안에 혓는 촉불 눌과 이별離別하엿관듸
겉으로 눈물 지고 속타는줄 모르는고
저촉불 날과 같하여 속타는줄 모르더라

▷혓은 켰과 같음. ▷촉불은 촉燭으로 켜는 불.

당인唐人 두목지杜牧之의 多情却似總無情, 唯覺樽前笑不成, 爉燭有心還惜別, 替人垂淚到天明이라는 증별시贈別詩가 있으나 꼭 이걸 취의取意한 것이랄 수 없다. 의사意思가 같을 수도 있다.

유응부兪應孚 단종端宗 시時 총관摠管, 사육신死六臣의 한 분

간밤에 부던 바람 눈서리 치단말가
낙락장송落落長松이 다기울어 지단말가
허물며 못다핀 곶이야 일러 무삼 하리오

▷곶은 꽃. ▷무삼은 무엇

원호元昊 호號 무암霧菴, 생육신生六臣의 한 분

간밤에 우던 여흘 슬피 울어 지내거다
이제와 생각하니 님이 울어 보내도다

저믈이 거스리 흐르과저 나도 울어 보내리라

▷여흘은 여흘물. ▷거스리는 거슬러와 같은뜻.

무암霧菴은 집현전集賢殿 직제학直提學으로 있다가 세조 등극登極 후 벼슬을 버리고 시골로 돌아가, 단종이 영월로 가서 계실 때 영월로 따라가 그 서편에 축석築石을 하고 관란觀瀾이라 이름하고 물을 다 달러 읊조리기도 하고 문을 닫고 글도 짓고 아침저녁으로 바라다보고 울다가 단종이 승하하신 뒤에는 삼년복三年服을 입고 다 마치고는 원주고려原州故廬로 돌아가 숨어 있었다.

왕방연王邦衍, 세조世祖 시時 금부도사禁府都事

천만리千萬里 머나먼 길헤 고온님 여희옵고
내아음 둘듸 없어 냇가에 앉아이다
저믈도 내안 같하여 울어 녈만 하놋다

▷길헤는 길에. ▷여희는 상실喪失. ▷녈만은 가기만. ▷하놋다는 하도다. 하더라.

세조가 그 조카님 단종의 위位를 빼앗고 강원도 영월로 내쳤을 때, 왕방연이가 금부도사로 단종을 모시고 영월 서강西江 청령포淸泠浦에 가 있다가 밤에 곡탄안상曲灘岸上에 앉어 슬허하여 이 노래를 지었다.

성종어제成宗御製

이시렴 부듸 갈다 아니 가든 못할소냐
무단無端히 네 슬트냐 남의 말을 들엇느냐
그려고 하애 도래라 가는 뜻을 일러라

▷이시렴은 있으렴. ▷하애도래는 퍽 애를 태움.

성종조 문신 유호인兪好仁이가 퍽 총애를 받다가 그 노모가 있으므로 고향인 선산善山으로 걸귀乞歸한 바 성종께서 친히 술ㅅ잔을 들어 권하시고 이 노래를 지어 부르시었다.

남이南怡, 태종太宗의 외손外孫, 권람여서權擥女壻,
세조世祖 시時 병조판서兵曹判書

장검長劒을 빠혀 들고 백두산白頭山에 올라 보니
일엽一葉 제잠鯷岑이 호월胡越에 잠겨세라
언제나 남북 풍진南北 風塵을 헤쳐볼고 하노라

▷백두산은 함북 회령부會寧府 서삼백리西三百里에 있고 횡거橫巨이 천리千里요 고高가 이백리二百里 되는 조선 조종祖宗의 산山. ▷일엽제잠一葉鯷岑은 서면西面의 산천山川이 조고맣게 보이는 것. ▷호월胡越은 북호北胡와 남월南越, 퍽 소원疎遠함을 말함. ▷풍진風塵은 어지러운 세상을 말함.

남이는 세조의 총우寵遇를 받어 북으로 이시애李施愛를 치고 남으론 건

주위建州衛를 칠 새 다 솔선率先하여 힘써 싸워 큰 공훈功勳이 있고 회군回軍할 때 白頭山石磨刀盡, 豆滿江水飮馬無, 男兒二十未平國, 後世誰稱大丈夫라는 시를 지었다. 나히 이십오. 세조가 승하하고 예종이 등극할 때 마침 혜성이 나타났는데 남이가 금중禁中宮中에 직숙直宿을 하며 사람으로 더부러 혜성彗星을 의논하되 이는 제구포신除舊布新의 상象이라 하매 유자광柳子光이 가만히 듣고 인하여 그 말을 덧부쳐 꾸며가지고 남이가 모반한다 하고 또 공주公主를 상관한다고 하여 죄를 맨들어 죽음을 당하였다. 나이 이십팔.

김정구金鼎九 자字 덕보德甫 본안동本安東, 연산군시인燕山君時人

가마괴 싸호는 골에 백구白鷺야 가지마라
성낸 가마괴 흰빛을 새오나니
창파滄波에 조히 씻은 몸을 더러일가 하노라

▷백구白鷺는 해오라기. ▷새오는 싀긔함, 미워함. ▷창파滄波는 깨끗한 물결. ▷조히는 알뜰히. 이는 약파만록藥坡漫錄 권지백卷之百 김정구金鼎九 조條의 '性好酒醉輒爲短歌 其辭曰 烏巢枝, 白鷺愼莫窺, 怒烏妬諸白色, 滄滄水濯濯羽, 蘆花風曬曬羽, 怕他啄向風塵落'이라는 것인 바 가곡원류歌曲源流에는 '惑云鄭夢周母爲圃隱赴 太宗宴時作'이라 하였으나 정포은 선생鄭圃隱 先生 모친母親 이씨李氏는 태종 탄생전에 별세하였고 동사절요東史節要에는 '母知其偉器, 作白鷺歌以勗之曰 白鷺 白鷺, 勿入黑烏群, 夢周, 反其語, 作烏頭曲, 以示不變'이라 하였다.

뉘라서 날늙다턴고 늙은이도 이러한가

곶보면 반갑고 잔盞잡으면 우음난다
추풍秋風에 흗나는 백발白髮이야 낸들 어이 하리오

▷우음은 웃음. ▷흗나는은 흩어날리는.

이걸 가곡원류歌曲源流에는 이중집李仲集의 작作이라 하였으나 역시 약파만록藥坡漫錄 권지백卷之百 김정구조金鼎九條의 又歌曰誰謂我老, 老也如許耶, 看花眼却明 持盃笑自多, 秋風自生白髮, 我也如渠何이다.

이정李婷 자자미字子美, 월산대군月山大君,
덕종德宗 제일남第一男, 성종의 형

추강秋江에 밤이 드니 믈ㅅ결이 차노매라
낙시 드리우니 고기 아니 무노매라
무심無心한 달빛만 싯고 뷘배 도로 오노라

이는 중국의 고시의 千尺絲綸直下垂, 一波自動萬波隨, 夜靜水寒魚不食, 滿船空載月明歸라는 것을 의역한 것이다.

무풍부정총茂豐副正摠 자字 백원百源
호號 서호주인西湖主人, 연산시인燕山時人

이몸이 쓸듸 없어 세상世上이 바리거늘
서호西湖 옛집을 다시 쓸고 누엇이니

일신一身이 한가閑暇는할손 내님못보와 하노라

▷서호西湖는 경성京城의 서강西江, 양화도楊花渡 등지等地.

서호주인西湖主人은 우산牛山 정종正踵의 자子요 태종의 증손으로서 시서詩書와 음률音律을 잘하였으며 양화도楊花渡에 별서別墅를 두고 스스로 서호주인이라 하고 항상 어정漁艇에 살어 속객俗客이 찾아오면 배를 저어 피하여 달아났다. 그 아우 한산정韓山正의 이름은 정挺인데 역시 서호주인이라 일컫고 거믄고를 잘 타았다. 연산 사년四年 무오옥사戊午史獄에 걸려 원지遠地에 장류杖流되었다가 십년 갑자甲子에 이르러 칠부자七父子가 동일同日에 사사賜死를 당하였다.

송인宋寅 호號 이암頤菴[3], 중종시인中宗時人

들은말 즉시卽時 잊고 본일도 못본듯이
내 인사人事 이러호매 남의 시비是非 모를로라
다만지 손이 성하니 잔盞잡기만 아노라

▷다만지는 다만. 단지.

호암頤庵은 중종 제삼녀 정순옹주貞順翁主 부마駙馬로서 여성위礪城尉가 되었으며 선비와 산수山水를 좋아하여 수월정水月亭이란 정객亭閣을 한강가에 짓고 문인묵객文人墨客을 더부러 소영嘯詠과 어조漁釣로 그날을 보냈다.

---

3 원문 24쪽에는 '熙菴'으로 오기되어 있다.

농암가聾岩歌

이현보李賢輔 호號 농암聾岩,
중종中宗 시時 중구知中樞

농암聾岩애 올라 보니 노안老眼이 유명猶明이로다
인사人事이 변變한들 산천山川이딴 가실가
암전岩前의 모수 모구某水 某丘이 어제본듯 하예라

▷노안老眼은 늙은이 눈. ▷유명猶明은 오히려 밝음. ▷하예라는 하여라.

오랫동안 서울서 벼슬을 하다 고향인 경상도 예안에 돌아와 농암이라는 바위에 올라, 산천을 둘러 바라보고 그 회감懷感을 말하였다.

어부가漁父歌

이현보李賢輔

굽어는 천심녹수千尋綠水 돌아보니 만첩청산萬疊靑山
십장十丈 홍진紅塵이 엇매나 가렷는고
강호江湖에 월백月白하거든 더옥 무심無心하여라

▷천심녹수千尋綠水는 퍽 깊은 물. ▷만첩청산萬疊靑山은 첩첩이 싸인 뫼. ▷십장홍진十丈紅塵은 높이 솟은 벌건 몬지, 즉 번화한 도시를 이름. ▷엇매나는 얼마나.

이 노래는 어부가漁父歌 중 한 수, 농암이 전래하던 어부가漁父歌를 개작한 것.

서경덕徐敬德 호號 화암花潭, 중종中宗 시時 참봉參奉

마음이 어린 후後니 하는일이 다어리다
만중 운산萬重 雲山에 어늬님 오리마는
지는닢 부는 바람에 행혀 귄가 하노라

▷어리는 어리석음. ▷만중운산萬重雲山은 첩첩한 구름과 산.

자상특사황국옥당가自上特賜黃菊玉堂歌

송순宋純 호號 면앙정俛仰亭,
명종明宗 시時 참찬參贊

풍상風霜이 섯거친 날에 갓픠온 황국화黃菊花를
은반銀盤에 껏거 담아 옥당玉堂에 보내오니
도리桃李야 곶이온양 마라 님의 뜻을 알괘라

▷풍상風霜은 바람과 서리. ▷갓픠온은 금방 핀. ▷은반銀盤은 은銀으로 맨든 쟁반. ▷옥당玉堂은 홍문관弘文館의 별칭別稱. ▷곶인양은 꽃인 척. ▷알괘라는 알겠다.

명종이 어원황국御苑黃菊을 꺾어 옥당관玉堂官에게 나리시고 노래를 지으라 하시매 옥당관이 창졸倉卒히 못하는지라 면앙정俛仰亭에게 이 노래를 빌어 지어 바치니 명종이 보시고 대단 깃버하시며 누가 지었느냐 하신즉 숨길 수 없어 사실대로 아뢰니 크게 상을 주시었다. 해동가록海東歌錄에는 '은반銀盤에 껏거담아'를 '금분金盆에 가득담아'라 하기도 하였다.

치사가致仕歌

송순宋純

늙엇다 물러 가자 마음과 의논하니
이님 버리고 어듸로 가잔말고
마음아 너란 잇거라 몸만 몬저 가리라

면앙정잡가俛仰亭雜歌 제이第二

송순宋純

십년十年을 경영經營하여 초려草廬한간 지어내니
반간半間은 청풍淸風이오 반간半間은 병월明月이라
강산江山은 드릴듸 없으니 둘러두고 보리라

▷초려草廬는 샛집, 초가草家, 모옥茅屋.

면앙정은 선생의 고향인 전라도 담양부潭陽府 남십리허南十里許에 있는 정자인 바 선생이 만세晩歲 퇴휴退休할 때 이 정자를 지어 거처하였으며 탄금彈琴과 영탄咏歎을 하였다.

면앙정단가俛仰亭短歌 제칠第七

송순宋純

잘새는 날아 들고 새달이 돋아 온다
외나모 다리로 홀로 가는 저 선사禪師야
네절이 엇매나 하관듸 원종성遠鍾聲이 들리느니

▷잘새는 갈어가는 새. ▷새달은 새로 뜨는 달. ▷선사禪師는 중의 존칭.
▷원종성遠鍾聲은 먼 쇠북소리.

송순宋純

곶이 진다 하고 새들아 슬허 마라
바람에 흗날리니 곶의탓 아니로다
가노라 희짓는 봄을 새와 무삼 하리오

▷새와는 시새워함. 시기猜忌.

이 노래는 인종이 승하하고 명종이 즉위하든 해 을사에 척신戚臣 윤원형尹元衡이 윤임尹任의 당黨을 몰아 그때 사류士類를 많이 죽인, 이른바 을사사화乙巳士禍를 보고 탄상歎傷하여 지은 것이다. 俛仰集卷之四附錄, 俛仰公諡狀의 甲辰冬, 遭內艱, 廬墓, 其翌年乃明廟乙巳也, 文定明宗의 母요 尹元衡의 姊, 垂簾, 元衡, 益張, 多殺者舊善類, 與謀者, 盡策僞勳, 公雖在苫堊, 未嘗不悲憤也, 及丁未禫闋, 每歎諸賢, 作歌曰, 有鳥嘵嘵, 傷彼落花, 春風無情, 悲惜奈

何라는 것이 이 노래다. 어느 기생이 뉘집 연석讌席에서 이 노래를 불렀더니 진복창陳復昌이라는 이가 듣고 놀래며 '이는 남을 방산謗訕한 노래라' 하고 그 지은이를 알고저 하여 그 기생을 힐난하다가 말었다 한다.

조식曹植 호號 남명南冥, 명종明宗 시時 처사處士

삼동三冬에 뵈옷 입고 암혈岩穴에 눈비 맞아
구름낀 볕뉘도 쬔적이 없것마는
서산西山에 해지다하니 눈물 겨워 하노라

▷삼동三冬은 겨울 동안. ▷뵈옷은 포의布衣. ▷볕뉘는 볕. 일광日光.

두류산頭流山 양단수兩端水를 녜듯고 이제 보니
桃花도화뜬 맑은 물에 산영山影조차 잠겻세라
아희야 무릉武陵이 어디오 나는 옌가 하노라

▷두류산頭流山은 지리산智異山. ▷양단수兩端水는 두 갈래로 흐르는 유명有名한 물. ▷녜듯고는 녯날 듣고. ▷무릉武陵은 무릉도원武陵桃源, 신선神仙이 사는 곳.

도임사수원사작단가悼林士遂寃死作短歌

김인후金麟厚 자字 후지厚之
호號 하서河西, 인종仁宗 시時 교리校理

엇그제 버힌 솔이 낙락落落 장송長松 아니런가
적은덧 두던들 동량재棟樑材 되리더니
어즈버 明堂명당이 기울면 어느 남기 바치리

▷동량재棟樑材는 기둥과 대들보의 재목材木. ▷어즈버는 감탄사感歎詞.
▷명당明堂은 궁전宮殿.

임사수林士遂의 명名은 형수亨秀요 호號는 금남錦南이오 사수士遂는 그의 자字. 위인爲人이 호협豪俠한 바, 명종明宗 이년二年 정미丁未에 애매히 벽서사건壁書事件의 화禍를 입어 사사賜死를 당하였다. 하서河西와는 교분交分이 퍽 두터웠다.

자연가自然歌

청산靑山도 절로 절로 녹수綠水ㅣ라도 절로 절로
산山절로 절로 수水절로 절로 산수간山水間에 나도 절로 절로
그중中에 절로 절로 자란 몸이니 늙기도 절로 절로 하리라

황진이黃眞伊, 명종明宗 시時 명기名妓

어져 내일이여 그릴줄을 모르던가
이시라 하드면 가랴마는 제구타여
보내고 그리는 정은 나도 몰라 하노라

▷어져는 어지어의 겹친 소리, 감탄사感歎詞. ▷그릴줄은 그리될 줄. ▷이시라는 있어라. ▷제구타여는 제가 구지. ▷그리는은 그리워함. 내내 잊히지 못함. 연연戀戀.

동지冬至ㅅ달 기나긴 밤을 한허리를 둘에 내여
춘풍春風 이불 아래 서리 서리 넣엇다가
어른님 오신날 밤이여드란 구븨 구븨 펴리라.

▷동지冬至ㅅ달은 음력陰曆 십일월十一月. 동지冬至 절후節候의 달.
▷밤이여드란은 밤이면.

내언제 신信이 없어 님을 언제 속엿관듸
월침月沈 삼경三更에 온뜻이 전혀 없네
추풍秋風에 지는 닢소래야 낸들 어이 하리오

▷속엿관듸는 속였기에. ▷월침삼경月沈三更은 달빛이 침침한 밤중. ▷삼경三更은 옛날에는 하룻밤을 다섯으로 나누어 초경初更, 이경二更, 삼경三更, 사경四更, 오경五更이라 하고 경更마다 고鼓를 쳐 알리고 그 처음과 맨 끝에는 대종大鍾을 치는데 처음을 인정人定, 맨 끝을 파루罷漏[바라]라 함.

춘산春山은 내뜻이오 녹수綠水는 님의 정이
녹수綠水 흘러 간들 청산靑山이야 변變할손가
녹수綠水도 청산靑山 못잊어 울어 녀어 가는고

산山은 녯산山이로되 믈은 녯믈 아니로다
주야晝夜에 흐르니 녯믈이 이실소냐
인걸人傑도 믈과 같도다 가고 아니 오노매라

▷주야晝夜는 밤낮. 항시. ▷인걸人傑은 잘난 사람.

청산리靑山裏 벽계수碧溪水야 수히 감을 자랑 마라
일도一到 창해滄海하면 다시 오기 어려워라
명월明月이 만공산滿空山하니 쉬여간들 어떠리

벽계수碧溪水는 그때 종실宗室[나라 집안]의 벽계수碧溪守라는 이를 이름이오, 명월明月은 황진이黃眞伊의 자字인데 벽계수碧溪守가 스스로 조행操行을 지킨다 하고 항상 하는 말이 '사람들이 한번 진이眞伊를 보면 침혹沉惑하나 나는 당하면 아니 혹할 뿐만 아니라 마땅히 쫓어버리리라' 하였다. 진이眞伊가 이 말을 듣고 사람을 시켜 벽계수碧溪守를 유인誘引하여 개성開城구경을 오게 하였다. 때는 마침 늦은 가을 밝은 달밤이었다. 벽계수碧溪守가 나귀를 타고 만월대滿月臺에 다다르니 한 담장淡粧한 미인美人이 나서 고삐를 잡고 이 노래를 부르는지라 벽계수碧溪守는 이아니 선녀仙女인가

하고 마음이 황홀하여 나귀 등에 나려짐을 깨닫지 못하였다 한다.

김현성金玄成 자字 여경餘慶 호號 남창南窓,
명종明宗 시時 관官 좌의정左議政

나혼자 오날이야 즐거온자 금일今日이여
즐거온 오날이 행幸혀 아니 저믈세라
금일每日에 오날 같으면 무슴 시름 잇이리

임진林晋, 명종明宗 시時, 임백호林白湖의 부父

활지여 팔에 걸고 칼갈아 옆에 차고
철옹성변鐵甕城邊에 동개筒箇 베고 잠을 드니
보완다 보왜랏소래에 가슴 금즉 하여라

▷철옹성변鐵甕城邊은 철옹산성변鐵瓮山城邊, 즉 철옹鐵瓮은 평안북도平安北道 영변寧邊을 이름, 그 산성山城이 특히 견고堅固하므로 퍽 견고堅固함을 말할 때 철옹산성鐵瓮山城이니 철옹성鐵甕城이니 함. 옹瓮은 옹甕과 같은 자字. ▷동개筒箇는 동개. 화살 넣어 메고 단이는 혁대革袋. ▷보완다보왜랏소리는 야영野營을 할 제 밤에 병졸兵卒들이 잠을 못 들게 외치는 소리. 조두刁斗와 같은 것. ▷금즉은 끔찍.

양사언楊士彦 자字 응빙應聘 호號 봉래蓬萊, 명종明宗 시時 부사府使

태산泰山이 높다 하되 하늘아래 뫼히로다
오르고 또오르면 못오를리 없건마는
사람이 제아니 오르고 뫼흘 높다 하돗다

▷태산泰山은 중국中國 산동山東 태안현泰安縣 북北에 있는 한 명산名山, 오악五嶽의 하나인 동령東嶺. 주일백육십리周一百六十里. 고사십여리高四十餘里, 그런데 이는 꼭 중국中國의 그 산山을 말함이 아니고 천하天下에 가장 높은 산山이라는 뜻으로 쓴 것임. ▷하돗다는 한 감탄적感歎的 종지사終止詞.

선조대왕어제宣祖大王御製

오면 가랴하고 가면 아니 오네
오노라 가노라니 볼날히 전혀 없네
오날도 가노라하니 그를 슬허 하노라

선조宣祖 오년五年 임신壬申에 조신朝臣 노진盧禛[옥계玉溪]이가 상장上章하고 귀양歸養할 때 바야흐로 한강漢江을 건느자 선조宣祖께서 특特히 이 노래를 지으시어 은쟁銀錚에 써, 중사中使를 보내어 주셨다는 것이다.

진풍연헌만수산가進豐宴獻萬壽山歌

노진盧禛 자字 자응子膺 호號 옥계玉溪,
선조宣祖 시時 이조판서吏曹判書

만수산萬壽山 만수동萬壽洞의 만수천萬壽泉이 잇더이다
이물의 술을 비져 만수주萬壽酒라 하더이다
이잔을 잡으오시면 만수무강萬壽無彊 하시리라

▷만수무강萬壽無彊은 한량限量이 없는 수壽.

모부인수연가母夫人壽宴歌

노진盧禛

일중日中 금金가마괴 가지 말고 내말 들어
너는 반포조反哺鳥라 조중鳥中의 증삼曾參이니
오날은 날을 위하야 장재長在 중천中天하얏고자

▷금金가마괴는 즉 금오金烏인데 옛날사람이 전하기를 햇 가운대 삼족오三足烏가 있다고 하였음. ▷반포조反哺鳥는 즉 가마귀를 이름인데 처음 났을 때에는 어미가 먹이고 커서는 어미를 먹인다 하여 효오孝烏라기도 함. ▷증삼曾參은 공자孔子의 제자弟子인 바 놀라운 효자孝子이었다.

헌근가獻芹歌

유희춘柳希春 자字 인중仁仲 호號 미암眉岩,
선조宣祖 시時 찬성贊成

나리 한펄기를 캐여서 싯우이다
년대 아니아 우리님끠 바자오이다
맛이아 긴지 아니커니와 다시 십어 보소서

▷펄기는 포기. ▷싯우이다는 씻읍니다. ▷년대는 다른 대.
▷비자오다는 바치나이다. ▷긴지는 긴치.

이는 미암眉岩 선생先生이 전라감사全羅監司가 되어 완산完山[전주全州] 진안루鎭安樓에 있을 때 봉안사奉安使 박화숙朴和叔[순淳]을 더부러 환음歡飮을 하고 지은 노래.

도산곡陶山曲

이황李滉 호號 퇴계退溪,
선조宣祖 시時 참찬叅贊

고인古人도 날못보고 나도 고인古人 못뵈
고인古人을 못봐도 녀던길 앒에 잇네
녀던길 앒에 잇거든 아니 녀고 어쩔고

▷녀는 네와 같은 말. 행行함. ▷앒은 앞의 古語고어.

우부愚夫도 알며 하거니 긔아니 쉬운가
성인聖人도 못다 하거니 긔아니 어려운가
쉽거나 어렵거낫중에 늙는줄을 몰래라

▷쉽거나 어렵거낫중에는 쉽든지 어렵든지 간間에.

청산靑山은 어찌하야 만고萬古에 프르르며
유수流水는 어찌하야 주야晝夜에 긋지 아니는고
우리도 그치지 마라 만고萬古 상청常靑호리라

▷만고萬古는 영원永遠함. ▷상청常靑은 항상 푸름. ▷호리라는 하오리라.

청량산淸凉山

이황李滉

청량산淸凉山 육육봉六六峯을 아나니 나와 백구白鷗
백구白鷗야 헌사하랴 못믿을손 도화桃花ㅣ로다
도화桃花야 떠지지 마라 어주자漁舟子ㅣ알가 하노라

▷청량산淸凉山은 경상북도慶尙北道 안동군安東郡 재산현才山縣 서西에 있는 산山. ▷육육봉六六峯은 삼십육봉三十六峯. ▷헌사는 떠드는 것. ▷떠지지는 떠나리지. ▷어주자漁舟子는 고기잡는 이.

고산구곡담高山九曲潭 일곡一曲

이이李珥 자字 숙헌叔獻 호號 율곡栗谷,
선조宣祖 시時 찬성贊成

일곡一曲은 어드메고 관암冠岩에 해비췬다
평무平蕪에 내걷으니 원근遠近이 그림이로다
송간松間에 녹준綠樽을 놓고 벗오는양 보노라

▷고산구곡담高山九曲潭은 황해도黃海道 해주海州 수양산首陽山 속에 있고 수양산首陽山은 해주부海州府 동오리東五里에 있는데 율곡栗谷 선생先生이 황해도감사黃海道監司로 갔다가 석담石潭을 얻어 파관罷官 후後 게다 집을 짓고 강학講學을 하였음. ▷관암冠岩은 산山머리에 선 바위가 관冠을 쓴 것 같은 놈. ▷평무平蕪는 들바닥. ▷녹준綠樽은 술동의.

고산구곡담高山九曲潭 이곡二曲

이이李珥

이곡二曲은 어드메오 화암花岩에 춘만春晩커다
벽파碧波에 곶을 띄워 야외野外로 보내노라
사람이 승지勝地를 모로니 알게한들 어떠리

▷화암花岩은 그 바위서리가 다 꽃발인 곳. ▷춘만春晩은 봄이 늦음. ▷벽파碧波는 푸른 물결. ▷야외野外는 산山 밖의 들. ▷승지勝地는 좋은 곳.

고산구곡담高山九曲潭 칠곡七曲

이이李珥

칠곡七曲은 어드메고 풍암楓岩에 추색秋色좋다
청상淸霜이 엷게 치니 절벽絶壁이 금수錦繡ㅣ로다
한암寒岩에 혼자 앉아서 집을 잊고 잇노라

▷풍암楓岩은 단풍나무가 많은 곳. ▷청상淸霜은 맑은 서리. ▷한암寒岩은 찬 바위.

고산구곡담高山九曲潭 구곡九曲

이이李珥

구곡九曲은 어드메고 문산文山에 세모歲暮커다
기암奇岩 괴석恠石이 눈속에 무쳐세라
유인遊人은 오지 아니하고 볼것 없다 하드라

▷문산文山은 지명地名. ▷세모歲暮는 해가 저문 것.

양응정梁應鼎 자字 공섭公燮
호號 송천松川, 선조宣祖 시時 대사성大司成

태평太平 천지간天地間에 단표簞瓢를 두러메고
두소매 느리치고 우즑 우즑 하는 뜻은

인세人世에 걸릴일 없으매 그를 좋아 하노라

▷단표簞瓢는 동고리와 표자박.

이양원李陽元 자字 백춘伯春 호號 노저鷺渚,
선조宣祖 시時 유도대장留都大將[4]

높으나 높은 남게 날권하여 올려 두고
이보오 벗님네야 흔드지나 말렴으나
나려져 죽기는 섧지 아녀도 님못볼가 하노라

임진란壬辰亂에 대가大駕가 의주義州로 파천播遷한 후 노저鷺渚가 유도대장留都大將이 되었는 바 조정朝廷이 내부內附한다는 의론議論이 있다 함을 듣고 탄식歎息하여 가로되 '나랏일은 할 수가 없고나' 하고 팔일八日을 굶고 피를 쏟고 졸卒하였다.

고경명高敬命 자字 이순而順 호號 제봉霽峰,
선조宣祖 시時 공조참의工曹叅議

청사검靑蛇劒 두러메고 백록白鹿을 지즐타고
부상扶桑 지는 해에 동천洞天으로 돌아 가니
선궁禪宮에 종경鍾磬 맑은 소리 구름밧긔 들리더라

4 원문 43쪽에는 '留城大將'으로 오기되어 있다.

▷청사검靑蛇劍은 색청두대色靑頭大한 청사靑蛇 같은 칼. ▷백록白鹿은 흰사슴. ▷부상扶桑은 해나오는 곳에 있다는 신목神木. ▷동천洞天은 골짜기. ▷선궁禪宮은 절집. ▷종경鍾磬은 쇠북

이순신李舜臣 자字 여해汝諧, 선조宣祖 시時
통제사統制使 시諡 충무忠武

한산閑山섬 달밝은 밤에 수루戍樓에 혼자 앉아
큰칼을 옆에 차고 깊은 시름 하는 적에
어듸서 일성一聲 호가胡笳는 나의 애를 긋느니

▷한산閑山섬은 경상남도慶尙南道 통영統營과 거제巨濟 어름에 있는 섬. ▷수루戍樓는 수자리 사는 집, 즉 적병敵兵을 막고 있는 집. ▷호가胡笳는 닐날이, 태평소大平簫. ▷애는 창자. ▷긋은 끊는다는 말.

한시漢詩로는 수국추광모水國秋光暮, 경한안진고驚寒雁陣高, 우심전전야憂心轉輾夜, 잔월조궁도殘月照弓刀라는 한산도음閑山島吟이 있고 이런 단가短歌도 이십수二十首나 지었다는데 지금 전하는 건 이뿐이다.

춘산곡春山曲

김덕령金德齡,
선조宣祖 시時 의병대장義兵大將

춘산春山의 불이 나니 못다핀곶 다붙는다

저뫼 저불은 끌믈이나 잇거니와

이몸의 내없은 불 이러나니 끌물 없어 하노라

김덕령金德齡은 광주光州 석저촌인石底村人, 임진란壬辰亂에 의병義兵으로 나서 그 충용忠勇을 들어내고 석저장군石底將軍이라는 이름이 해외海外에까지 떨치매 그 위명威名을 시기猜忌하는 자者가 있고 드디어 윤근수尹根壽의 불찰不察로 인因하여 을미乙未, 병신년丙申年에 수국囚鞫까지 당하였다. 이 노래는 병신옥중丙申獄中에서 지은 것이다.

정철鄭澈 자字 계함季涵 호號 송강松江, 선조宣祖 시時 영상領相

내마음 버혀내여 저달을 맹글고저

구만리九萬里 장천長天에 번드시 걸려 잇어

고온님 계신 곧에가 비최여나 보리라

▷버혀내여는 베어내어. ▷구만리장천九萬里長天은 고원高遠한 하늘.

▷고온님은 고운 님. 님금님. '버혀내여'를 일본一本에는 '헐어내여'라 하고 '저달'을 '별달'이라 하였다.

대우헤 심근 느틔 몇해나 자랏는고

씨지여 난 휘초리 저같이 늙도록에

그제야 또한잔 잡아 다시 헌수獻壽하리라

▷대는 흙과 돌로 높이 쌓은 것, 대臺. ▷휘초리는 회초리.

▷헌수獻壽는 헌수. 상수上壽. 환갑還甲과 같은 축하연祝賀宴에 술잔을 들이는 것.

쓴나믈 데온 믈이 고기도곤 맛이 잇세
초옥草屋 좁은 줄이 긔더옥 내분이라
다만당 님그린 탓으로 시름 계워 하노라

▷쓴나믈은 쓴나물. ▷데온은 데운. ▷도곤은 보다. ▷이세는 있네.

▷긔더옥은 그것이 더욱. ▷다만당은 다만. ▷시름은 수심. 우수憂愁.

일정 백년百年 산들 긔아니 초초草草한가
초초草草한 부생浮生애 므스일을 하랴하야
내잡아 권하는 잔을 덜먹으려 하는다

▷일정은 꼭. ▷초초草草는 잠간인 것. 약략略略. ▷부생浮生은 인생人生.

새원 원주院主 되여 녈손님 지내옵네
가거니 오거니 인사人事도 하도할사
앉아서 보노라하니 수고로와 하노라

▷새원은 경기도京畿道 고양군高陽郡 신원新院. ▷원주院主는 역원驛院을 수직守直하는 임원任員. 역원驛院은 역로驛路에 참참이 둔 관사館舍. ▷녈손님은 행객行客. ▷하도할사는 많고 많아.

나모도 병이 드니 정자亭子라도 쉴이 없다
호화豪華히 서신제는 올이 갈이 다쉬더니
닢지고 가지 것근후는 새도 아니 앉는다

▷정자亭子는 정자亭子나무, 등구나무, ▷서신제는 섰을 제.

재넘어 성권농成勸農 집이 술익단말 어제듯고
누은소 발로 박차 언치 놓아 지즐타고
아희야 네 권농勸農 계시냐 정좌수鄭座首 왓다하여라

▷언치는 안장 밑에 두는 모포毛布. 어적於赤. ▷지즐타고는 눌러타고.
▷정좌수鄭座首는 자기自己를 이름. 좌수座首는 향소鄕所의 장長.

신라新羅 팔백년八百年의 높도록 무은 탑塔을
천근千斤든 쇠븝소래 치도록 울힐시고
들건너 적막寂寞 산정山亭의 모경暮景도을 뿐이다

▷쇠븝은 쇠북. 대종大鍾. ▷울힐시고는 울릴시고.

송림松林에 눈이 오니 가지마다 곶이로다
한가지 것거 내여 님계신데 보내고저
저님이 보신후제야 녹아지다 어떠리

▷후제는 뒤에. 나중.

화작작花灼灼 범나븨 쌍쌍雙雙 유청청柳靑靑 꾀꼬리 쌍쌍雙雙
날즘승 길즘승 다쌍쌍雙雙 하다마는
어찌타 이내인생人生은 혼자 쌍雙이 없느니

▷화작작花灼灼는 꽃이 불긋불긋함. ▷범나비는 호랑나븨. ▷유청청柳靑靑은 버들이 푸릇푸릇함. ▷날즘승은 나는 즘승. 조류鳥類. ▷길즘승은 기는 즘승. 수류獸類.

저기 섯는 저소나모 섬도설사 길ㅅ가의가
적은덧 드리혀 저굴헝에 서고라자
삿띄고 도치 멘분네는 다직으려 하느니

▷섬도설사는 서기도 섰다. ▷적은덧은 어느덧. ▷드리혀는 들이어. 들여다가. ▷서고라자는 서고 보라코나. ▷삿띄고는 삿줄바 띄고. ▷도치는 도끼. 부斧.

풍파風波에 밀리든 그배 어드러로 가단말고
구름이 머흘거든 처음에 날줄 어이
허술한 배가진 분네 모다 조심操心하시소

▷머흘은 머흘머흘한 것. 즉 구름이 겹겹히 모여드는 모양.
▷날줄어이는 나올 것이 무엇이냐.

네아들 효경孝經 읽더니 어도록 배홧느니
내아들 소학小學은 모릐면 마흘로다
어늬제 이두글 배화 어질거든 보려뇨

▷효경孝經은 책冊 이름. 공자孔子가 그 제자弟子 증자曾子에게 효도孝道를 말하노라 고 지은 것. ▷소학小學도 소학집주小學集註라는 책冊. 이를 송宋, 주자朱子가 편집編輯하였다 하되 실상은 유자징劉子澄이가 유차類次를 한 것이고 그 주註는 명明, 진선陳選이라는 이가 한 것이다. 이는 경민편警民編의 자제유학子弟有學을 말한 것.

오늘도 다새거다 호믜 메오 가자스라
내논 다매여든 네논[5]점 매여주마
올길헤 뽕따다가 누에 먹여 보자스라

▷호믜메오는 호미 메고. ▷가자스라는 가자그려. ▷네논점은 네 논 좀. 이는 경민편警民編의 농상지도農桑之道를 말한 것.

내말 고처 들어 너없으면 못살려니
머흔일 궂은일 널로하여 다잇거든
이제야 남괴려하고 녯벗 말고 어찌리

▷머흔일은 험한 일. ▷궂은일은 흉한 일.

5 원문 52쪽에는 '내논'으로 오기되어 있다.

내양자 남만못한줄 나도 잠간 알건마는
연지도 바려잇고 분때도 아니 미네
이리코 괴실가 뜻은 전혀 아니 먹노라

▷양자는 모양. 양자樣姿. ▷연지는 연지臙脂. ▷괴실가는 사랑하실가.

장진주사將進酒辭

정철鄭澈

한잔盞 먹새그녀 또한잔盞 먹새그녀 곶것거 산算놓고 무진무진無盡無盡 먹새그녀
이몸 죽은후後면 지게우헤 거적덮어 줄이혀 메여가나 유소보장流蘇寶帳의 만인萬人이 울어네나 어욱새 속새 덥개나모 백양白楊속애 가기곳가면 누른해 흰달 가는비 굵은눈 소소리바람 불제 뉘한잔盞 먹자할고
하믈며 무덤우헤 잰납이 파람불제야 뉘우친들 어떠리

▷먹세그녀는 먹사이다. 먹읍시다. ▷유소보장流蘇寶帳은 수실 달고 화려華麗한 휘장을 달고 혼란히 꾸민 상여喪輿. ▷울어네나는 울고 가나. ▷어욱새는 억새. 웍새. 쒞훼기. ▷속새는 목적木賊. ▷덥개나모는 떨갈나무, 해檞. 작柞. ▷백양白楊나무는 사시나무. ▷잰납이는 원숭이. 원猿. ▷파람은 휘파람.

이는 장진주사將進酒辭라는 곡조曲調로 따로 되어 있지마는 또는 사설시조辭說時調로도 되는 것이다.

성혼成渾 자字 홍운洪源 호號 우계牛溪, 선조宣祖 시時 찬성贊成

말없은 청산靑山이오 태態없은 유수流水ㅣ로다
값없은 청풍淸風이오 님자없은 명월明月이라
이중中에 병없은 이몸이 분별分別없이 늙으리라

이덕형李德馨 자字 명보明甫 호號 한음漢陰,
선조宣祖 시時 영의정領議政

시절時節도 저러하니 인사人事도 이러하다
이러하거니 어이 저러 아닐소니
이런자 저런자하니 한숨겨워 하노라

달이 두렷하여 벽공碧空에 걸렷이니
만고萬古 풍상風霜에 떠러짐즉 하다마는
지금至今에 취객醉客을 위하야 장조長照 금준金樽하여라

▷취객醉客은 술ㅅ군. ▷장조금준長照金樽은 길게 술ㅅ동의에 비치 드는.

이항복李恒福 자字 자상子常 호號 백사白沙,
선조宣祖 시時 영의정領議政

철령鐵嶺 높은 재에 자고가는 저구름아

고신孤臣의 눈물을 비삼아 띄여다가
님계신 구중궁궐九重宮闕에 뿌려본들 어떠하리

▷철령鐵嶺은 회양淮陽서 안변安邊으로 넘어가는 재.
▷고신孤臣은 외로이 있는 신하臣下. ▷구중궁궐九重宮闕은 님금 계신 곳.

광해주光海主 때, 정조鄭造, 윤인尹認 등이 광해주光海主의 계모繼母 인목대비仁穆大妃를 폐廢하기를 창도倡道하매 백사白沙가 상소上䟽하여 그 불가不可함을 말하고 북청北青으로 귀양[위리안치圍籬安置]이 되어갈 때 철령鐵嶺에 이르러 이 노래를 지었다. 이 노래가 서울까지 퍼져 궁인宮人들이 다 익혀 불렀다. 하루는 광해주光海主가 후원後園에서 유연遊宴을 하다가 술이 취하여 이 노래를 듣고 누가 지었느냐 물은 바 궁인宮人이 사실事實대로 대답하매 광해주光海主도 추연愀然히 눈물을 흘렸다 한다.

호아곡呼兒曲 사장四章

조존성趙存性 자字 수초守初
호號 용호龍湖, 선조宣祖 시時 지돈령知敦寧

서산채미西山採薇

아희야 구럭 망태 어두 서산西山에 날늦거다
밤지난 고사리 아마 아니 늙엇시랴
이몸이 푸새 아니면 조석朝夕 어이 지내리

▷어두는 거두. ▷푸새는 푸새 것. 나물부치.

호아선문유무광呼兒先問有無筐, 회수서산만일장回首西山晩日長, 각파야래미궐노却怕夜來薇蕨老, 지연조석불영장只緣朝夕不盈腸.

동간관어東澗觀魚

아희야 되릉삿갓 찰화 동간東澗에 비지거다
기나긴 낙대예 미늘없은 낙시 매야
저고기 놀라지 마오라 내흥겨워 하노라

▷미늘은 조침釣針의 구鉤.

호아장출녹사의呼兒將出綠莎衣, 동간춘비쇄석기東澗春霏灑石磯, 적적죽간어자재籊籊竹竿魚自在, 위타계노이망기爲他溪老已忘機.

남무궁경南畝躬耕

아희야 죽조반粥早飯 다오 남무南畝에 일이 하다
서로른 따부를 눌마조 잡으려뇨
두어라 성세聖世 궁경躬耕도 역군은亦君恩이시니라

호아효기촉반손呼兒曉起促盤飧, 남무춘심사이은南畝春深事已殷, 욕파리서

수여우欲把犁鋤誰與耦, 성시농포역군은聖時農圃亦君恩.

북곽취귀北郭醉歸

아희야 소먹여내여 북곽北郭에 새술 먹자
대취大醉한 얼굴을 달빛에 실어 오니
어즈버 희황羲皇 상인上人을 오늘다시 보와라

▷희황상인羲皇上人은 중국中國 고대신인古代神人인 복희씨伏羲氏 이전以前 사람이라는 것인 바 이는 세상世上 근심을 잊고 편안히 사는 이를 이름.

호아기독과전천呼兒騎犢過前川, 북곽신료정사천北郭新醪正似泉, 대취낭음우배월大醉浪吟牛背月, 황연신재복희천恍然身在伏羲天

서익徐益 자字 군수君受 호號 만죽정萬竹亭, 선조宣祖 시時 목사牧使

녹초綠草 청강상晴江上에 굴레 벗은 말이 되어
때때로 머리 들어 북향北向하야 우는 뜻은
석양夕陽이 재넘어 가매 님자 그려 우노라

한우가寒雨歌

임제林悌 자字 자순子順
호號 백호白湖, 선조宣祖 시時 인人

북천北天이 맑다커늘 우장雨裝없이 길을 나니
산山에는 눈이 오고 들에는 찬비로다
오늘은 찬비 맞아시니 얼어 잘가 하노라

▷한우寒雨라는 기생妓生에게 준 노래

임제林悌

청초青草 욱어진 골에 자는다 누엇는다
홍안紅顔을 어듸 두고 백골白骨만 무쳣는다
잔盞잡아 권勸할이 없으니 그를 슬허 하노라

▷는다는 는가와 같은 토

이 노래는 유명有名한 기생妓生 황진이黃眞伊 묻엄을 찾아보고 지었다는 것.

한우寒雨, 선조宣祖 시時 기妓

어이 얼어 자리 므스일 얼어 자리
원앙침鴛鴦枕 비취금翡翠衾을 어듸 두고 얼어 자리

오늘은 찬비 맞아시니 녹아 잘가 하노라

▷원앙침鴛鴦枕은 원앙鴛鴦을 수놓은 베개.

▷비취금翡翠衾은 비취색翡翠色 즉 녹색綠色 이불.

이 노래는 임백호林白湖[제悌]의 한우가寒雨歌를 화답和答한 것.

조홍시가早紅柿歌

박인로朴仁老 자字 덕옹德翁 호號 노계蘆溪,
선조宣祖 시時 만호萬戶

반중盤中 조홍早紅감이 고아도 보이나라
유자柚子 아니라도 품엄즉도 하다마는
품어가 반길이 없을새 글로 설워 하나이다

▷반중盤中은 소반 가운대. ▷조홍早紅감은 조홍시早紅柿, 감의 일종一種. 일즉이 붉어지고 퍽 단 놈. ▷고아도는 곱게도. ▷유자柚子를 품는 건 회귤懷橘이라는 문자文字를 인용引用한 것, 회귤懷橘은 중국中國 고대古代 후한後漢에 육적陸績[6]이라는 이가 나이 여섯 살에 구강九江에서 원술袁術이라는 이를 보는데 원술袁術이가 귤橘을 먹으라고 주니 육적陸績이가 귤橘 세 개를 품고 하직下直을 하노라고 절을 하다가 그 귤橘이 땅에 떨어졌다. 원술袁術이가 이르되 육랑陸郞이 손님 노릇을 하노라고 귤橘을 품었느냐 한즉 육적陸績이가 꿇어 앉어 대답하되 돌아가 어머니께 드리려합니다 하였다. 원술袁術이가 대단 기특奇特히 여겼다 하는 일.

6 원문 60쪽에는 '陸續'으로 오기되어 있다.

이 노래는 선조宣祖 삼십사년三十四年 신축辛丑 구월초九月初에 노계蘆溪가 한음漢陰 상공相公 이덕형李德馨 집을 찾어 갔을 때 한음漢陰이 조홍시早紅柿를 주매 노계蘆溪는 천생天生 놀라운 효자孝子인지라 이걸 보고 감동感動이 되어 지은 것이다.

토월봉吐月峯

박인로朴仁老

봉두峯頭에 솟은 달이 산중山中의 비취노라
구만리九萬里 장천長天이 멀고도 높건마는
고산高山이 삽천揷天하니 돌우흐로 나는덧다

▷고산高山은 높은 뫼. ▷삽천揷天은 하늘을 찌름. ▷나는덧다는 나는고나와 같은 뜻.

이매창李梅窓, 부안기扶安妓, 계생癸生 또는
계생桂生, 자字는 향금香今, 선조宣祖 시時 인人

이화우梨花雨 흗날릴제 울며 잡고 이별離別한님
추풍秋風 낙엽落葉에 저도 나를 생각는지
천리千里에 외로온 꿈만 오락가락 하더라

▷이화우梨花雨는 배꽃과 비가 함께 나리는 것. ▷추풍낙엽秋風落葉은 가을바람에 지는 닢.

매창梅窓은 거문고, 노래, 한시漢詩를 다 잘하였으며 촌은村隱 유희경劉希慶과 지우知遇가 되어 정이 깊었다가 촌은村隱이 서울로 돌아간 뒤 소식村隱이 없으므로 이 노래를 짓고 수절守節을 하였다. 촌은村隱도 시詩를 잘하고 지조志操가 높던 바 매창梅窓에게밖에 파계破戒한 일이 없다 한다. 개암사판開岩寺板 매창시집梅窓詩集 일권一卷이 있으며 그 가운대에도 이 노래의 뜻과 같은 한시漢詩가 더러 있다.

'남은 다 자는 밤에 내어이 홀로 깨여, 옥장玉帳깊은 곳에 잠든 님을 생각는고, 천리千里에 외로운 꿈만 오락가락 하더라' 하는 노래도 있으나 이는 덜 되었다.

홍랑洪娘, 선조宣祖 시時 인人

뫼ㅅ버들 갈해 것거 보내노라 님의손대
자시는 창밧긔 심거두고 보소서
밤비에 새닙 곳나거든 날인가도 너기소서

▷뫼ㅅ버들은 산ㅅ버들, 산유山柳. ▷갈해는 가리어, 골라.
▷님의손대는 님의 앞에, 님에게.

선조宣祖 육년六年 계유癸酉 가을에 삼당시인三唐詩人의 하나인 최崔 고죽孤竹 경창慶昌이 북도평사北道評事로서 경성鏡城에 가 있을 때 홍랑洪娘도 따라가 그 막중幕中에 있었다. 그 이듬해 봄에 고죽孤竹이 서울로 돌아오매 홍랑洪娘이 따라 쌍성雙城[영흥永興]까지 와서 작별作別을 하고 돌아가다 함관령咸關嶺[함흥칠십리咸興七十里]에 이르러 날이 저물고 마침 비가 오는지라 이 노래를 지어 고죽孤竹에게 부친 것이다. 그 뒤 소식消息이 서로 끊였다가 그 삼년三年되던 해 을해乙亥에 고죽孤竹이 병이 침면沈綿하여 봄부터 겨울까지 병석病席을 떠나지 못하매 홍랑洪娘이 듣고 즉일卽日 발행發行하여 칠주야七晝夜만에 경성京城을 와 찾았다. 그때 양계兩界[함평양도咸平兩道]의 금禁함이 있었고 또 국휼國恤[명종비인순왕후심씨승하明宗妃仁順王后沈氏昇遐]이 있어 비록 연제練祭는 지냈으나 평일平日과는 같지 아녀 이걸로써 말성이 되어 드디어 면관免官이 되고 홍랑洪娘도 그 고토故土로 돌아갔다. 고죽孤竹이 이 노래를 번역하여 절양유기여천리인折楊柳寄與千里人, 위아시향정전종爲我試向庭前種, 일야신생엽一夜新生葉, 초췌수미시첩신憔悴愁眉是妾身이라는 번방곡翻方曲이 있고 또 상간맥맥증유란相看脈脈贈幽蘭, 차거천애기일환此去天涯幾日還, 막창함관구시곡莫唱咸關舊時曲, 지금운우암청산至今雲雨暗青山이라는 송별시送別詩도 있다.

성천기成川妓 문향文香, 선조宣祖 시時

오냐 말아니따나 슬커니 아니 말랴
하늘아래 너뿐이면 어마내야 하려니와
하늘이 다삼겨시니 날괼인들 없으랴

▷따나는 긍정肯定하는 말의 토. ▷슬커니는 싫다는 말.
▷어마내야는 경탄驚嘆하는 말. ▷다삼겨는 다 생겨. ▷날괼이는 날 사랑할 이.

정송포鄭松浦[혹穀]가 선조宣祖 삼십칠년三十七年 갑신甲辰 오월五月, 상사上使로 중국中國을 갔다 오는 길에 성천成川서 머물 때 만난 기생妓生 문향

文香이가 불렀다는 노래.

구지求之, 기妓

장송長松으로 배를 무어 대동강大同江에 띄워 두고
유일지柳一枝 휘여다가 구지 구지 매얏는듸
어듸서 망령妄伶엣것은 소해 들라 하느니

▷유일지柳一枝는 구지求之의 애부愛夫라 함.

송이松伊, 기妓

솔이 솔이라 하니 므슨 솔만 너기는다
천심千尋 절벽絶壁에 낙락落落 장송長松 내긔로다
길아래 초동樵童의 접낫이야 걸어볼줄 잇이랴

▷천심절벽千尋絶壁은 무시무시한 절벽絶壁. ▷접낫은 낫의 일종一種.

매화梅花, 기妓

매화梅花 녯등걸에 춘절春節이 돌아오니
녯픠든 가지柯枝에 픠엄즉 하다마는
춘설春雪이 하분분하니 필동 말동 하여라

▷녯등걸은 고목古木된 등걸.

천금千錦, 기妓

산촌山村에 밤이 드니 먼듸ㅅ개 즈져온다
시비柴扉를 열고 보니 하늘이 차고 달이로다
저개야 공산空山 잠든 달을 즈져 무슴 하리오

명옥明玉, 화성기華城妓

꿈에 뵈는 님이 신의信義가 없다 하건마는
탐탐히 그리울제 꿈아니면 어이 보리
저님아 꿈이라 말고 자로 자로 뵈시소

녜라 이리하면 이얼골을 기려시랴
수심愁心이 실이 되야 구뷔구뷔 맺혀잇어
아무리 품으려하여도 끝간듸를 몰래라

▷녜는 옛날. ▷기려시랴는 기리엇이랴, 탐탁하였으랴. ▷수심愁心은 시름.

어우야담於于野談에 명장明將 양경리楊經理가 청파교靑坡橋를 지날 때 남녀男女가 발을 매며 목을 얼러 노래하거늘 경리經理가 통역관通譯官에게 묻되 “저 노래가 또한 강조腔調가 있는가” 하니 “조선말을 쓴 것이오, 문자文字는 아니다” 하였다. 명리明使가 접반사接伴使 이항복李恒福을 시켜 그 노래를 한문漢文으로 번역하여 들였는 바 그 노래는 석일약여차昔日若如此, 차형안득지此形安得持, 수심화위사愁心化爲絲, 곡곡개성결曲曲皆成結, 욕해부욕해欲解復欲解, 부지단거처不知端去處라 하였다. 경리經理가 보고 “농인農人이 근농勤農만할 뿐 아니라 노래도 심히 유리有理하다” 하고 각각各各 청포일필靑布一疋을 상賞을 주었다 하는 그 노래가 이것이다.

흐리 눅어 괴어시든 어눅어 좃니옵새
전차 전차로 벗님의 전차로서
설면자雪綿子 가싀론듯 범그러서 노옵새

▷괴는 사랑함. ▷어눅어는 누글누글함. ▷좃니는 좇아다니는 것. ▷전차는 인연, 연고, 까닭. ▷설면자雪綿子는 풀ㅅ솜. ▷가싀론듯은 까슬까슬하게. ▷범그러서는 버성그게.

이 노래가 선조宣祖 시時 악사樂師 양덕수梁德壽의 저작著作인 양금신보梁琴新譜에 적혔다.

이원익李元翼 자字 공려公礪 호號 오리梧里, 광해光海 시時 영상領相

녹양綠楊이 천만사千萬絲ㅣ들 가는 춘풍春風 매여 두며
탐화 봉접蜂蝶인들 지는 곶을 어이하리

아모리 근원根源이 중重헌들 가는님을 어이리

▷녹양천만사綠楊千萬絲는 버들가지가 수없이 실처럼 드리운 것.
▷탐화봉접探花蜂蝶은 꽃을 찾는 벌과 나비. ▷근원根源은 근본根本.

율리유곡栗里遺曲

김광욱金光煜 자字 회이晦而 호號 죽소竹所,
광해光海 시時 판서判書

뒷집의 술쌀을 꾸니 거츤 보리 말못차다
즈노나 마고 찧어 쥐비져 괴아내니
여러날 주렷든 입이니 다나 쓰나 먹으리라

▷술쌀은 술 빚을 쌀. ▷즈노마는 젓어 헤치며. ▷쥐비져는 쥐어 빚여.

질가마 조히 싯고 바회아래 샘물 길어
팟죽 달게 쑤고 저리지해 끄어내니
세상世上에 이두맛이야 남이 알가 하노라

▷질가마는 진흙으로 맨든 가마솟. ▷저리지는 저려먹는 짐치.

어화 저 백구白鷗야 무슨 역사役事 하느슨다
갈숲으로 바자 님여 고기 엿기 하는고야

날갈이 군마음 없이 잠만 들면 어떠리

▷어화는 감탄사感歎詞. ▷백구白鷗는 갈매기. ▷역사役事는 일함. ▷하느손다는 하느냐. ▷갈숲은 갈대숲. ▷바자는 갈대나 대로 엮은 것. ▷님여는 넘여. ▷군마음은 딴 마음.

모첨茅簷 기나긴 해예 해올일이 아조 없어
포단蒲團에 낮잠 들어 석양夕陽에 지즈 깨니
문門밧긔 뉘아함하고 낙시 가자 하느니

▷모첨茅簷은 모옥茅屋의 처마. ▷포단蒲團은 부들방석.
▷지즈는 늦우이. ▷아함은 건기침소리.

헛글고 싯근 문서文書 다주어 후리치고
필마匹馬 추풍秋風에 채를 쳐 돌아오니
아므리 매인새 놓이다 이대도록 싀훤하랴

▷헛글고는 수선하고. ▷싯근은 소란한. ▷후리치는 삭제削除하여 버리는 것.
▷매인새는 매여두었던 새[조鳥].

대막대 너를 보니 유신有信하고 반가왜라
나니 아희ㅅ적에 너를 타고 단이더니
이제란 창窓뒤해 섯다가 날뒤 세고 단여라

▷반가왜라는 반가워라. 반갑다.

소백주小栢舟, 광해光海 시時 평양기平壤妓

상공相公을 뵈온 후에 사사事事를 믿자오매
졸직拙直한 마음에 병病들가 염려念慮ㅣ러니
이리마 저리차 하시니 백년百年 동포同袍하리라

▷상공相公은 상국相國, 상신相臣인데 영의정領議政, 좌의정左議政, 우의정右議政의 총칭總稱. ▷졸직拙直은 졸하고 곧은 것. ▷동포同袍는 함께 사는 것.

이는 장기將棊에 비比하여 지은 노래. 상공相公은 장기將棊의 상象과 궁宮, 사사事事는 사士. 졸직拙直과 병病은 졸병卒兵. 이리마는 마馬, 저리차는 차車, 동포同袍는 포包.

이는 광해光海 때 박엽朴燁이가 평안도平安道 관찰사觀察使로 있을 때 하루는 손님을 더불고 장기將棊를 두며 소백주小栢舟를 시켜 지었다 한다.

구용具容 자字 대수大叟 호號 죽창竹窓,
광해光海 시時 현감縣監, 선시善詩

벽해碧海 갈류후竭流後에 모래 모혀 섬이 되여
무정방초無情芳草는 해마다 프르로되
어찌타 우리의 왕손王孫은 귀불귀歸不歸를 하느니

▷벽해갈류후碧海竭流後는 바다가 다 말른 뒤. ▷무정방초無情芳草는 정 없는 꽃다운 풀. ▷왕손王孫은 님금의 자손子孫. ▷귀불귀歸不歸는 돌아가 돌아오지 않음. 회남초은淮南招隱에 '왕손유혜불귀王孫遊兮不歸, 춘초처처생혜春草萋萋生兮'라는 말이 있는 바 그 후 이 문자文字를 써 지은 시詩가 많다. 춘초연년록春草年年綠, 왕손귀불귀王孫歸不歸 같은 따위다.

능창대군綾昌大君 이전李佺은 선조宣祖의 손孫이오 정원군定遠君[원종元宗]의 아들이오 인조仁祖의 끝의 아우인데 신성군信城君에게 출계出系되었으며 천성天性이 효우孝友하고 웅위기도雄偉氣度가 있고 사어射御에 능하고 퍽 침묵沈默하고 장신광면長身廣面으로 신채神采가 움즉였다. 광해조光海朝의 죄수罪囚 소명원蘇鳴園이가 옥중獄中에서 신성군信城君 부인夫人 신씨申氏의 형兄 경희景禧가 난亂을 모謀하고 전佺을 추대推戴한다고 무고誣告를 하매 광해光海가 워낙 전佺을 기忌하던터라 또 정원군定遠君집에 왕기旺氣가 띠었다는 비어飛語도 들은지라 안옥按獄함이 심하였으나 아무 사실事實이 없으므로 광해光海가 특特히 명命하여 교동喬桐에 두고 높이 담을 쌓고 사람이 통通치 못하게 하고 수직守直하는 자者를 시켜 죽으라고 핍박逼迫하매 죽음을 면치 못할 줄 알고 부모父母에게 수서手書를 써 결訣하고 옷을 서로 갈아입고 북향北向하여 약藥을 먹고 죽었다. 나이 십오十五. 국인國人이 이를 불상히 여겨 해지타사묘미海之沱沙渺瀰, 연년춘막막年年春漠漠 초처처草萋萋, 왕손일거불부귀王孫一去不復歸라는 노래를 지었다는 것이다.

김상용金尙容 자字 경택景澤 호號 선원仙源,
인조仁祖 시時 우상右相, 정축순절강도丁丑殉節江都

말하면 잡류雜類ㅣ라하고 말아니하면 어리다네
빈한貧寒을 남이 웃고 부귀富貴를 새오나니
아마도 이하늘 아래 살올일이 어려웨라

▷잡류雜類는 잡것. ▷빈한貧寒은 가난함. ▷새오는 싀긔하고, 미워함.

오동梧桐에 듯는 빗발 무심無心히 듯건마는
내 시름 하니 닢닢이 수성愁聲이로다
이후야 닢넓운 나모를 심을줄이 잇이랴

▷듯는 빗발은 뚝 뚝 떨어지는 빗발. ▷시름하니는 시름이 많으니.

채유후蔡裕後 자字 백장伯長 호號 호주湖洲, 인조仁祖 시時 판서判書

흐리나 맑으낫중中에 이 탁주濁酒 좋고 대테메운 질병드리 더보기 좋의
어룬자 박구기를 쓰렝 둥당지 둥 둥 둥 띄우 두고
아희야 저리침채沈菜일망정 없다 말고 내여라

▷탁주濁酒는 막걸리. ▷질병드리는 중드리, 질은 도토陶土. ▷어룬자는 어룬다는 뜻으로 된 발어사發語詞. 마치 기쁨을 말할 때 '지화자'라 하는 것과 같음. ▷박구기는 표주박. ▷저리침채沈菜는 저리김치. 저려놓은 풋김치.

신흠申欽 자字 경숙景叔 호號 상촌象村, 인조조仁祖朝 영상領相

냇가의 해오라비 므스일 서잇는다
무심無心한 저고기를 여어 무슴 하렷는다
두어라 한물에 잇거니 잊엇인들 어떠리

노래 상긴 사람 시름도 하도할사
일러다 못일러 불러나 푸돗든가
진실로 풀릴것이면 나도 불러 보리라

혓가래 기나 저르나 기동이 욱으나 트나
수간[7]數間 모옥茅屋이 적은줄 웃지 마라
어즈버 만산滿山 나월蘿月이 다 내것인가 하노라

▷혓가래는 섯가래, 연목. ▷어즈버는 감탄사感嘆詞. ▷나월蘿月은 송라松蘿에 비친 달.

곶지고 속닢 나니 시절時節도 변하거다
플속에 프른 버레 나뷔 되야 나니는다
뉘라서 조화造化를 잡아 천변千變 만화萬化 하는고

7 원문 75쪽에는 '敎間'으로 오기되어 있다.

간밤 비오더니 석류石榴꽃이 다퓌거다
부용芙蓉 당반塘畔에 수정렴水晶簾 걸어 두고
눌향向한 깊은 시름을 못내 풀려 하노라

▷ 부용당반芙蓉塘畔은 련못가. ▷수정렴水晶簾은 수정水晶으로 맨들 발[8].

나를 뭇지 마라 전신前身이 주하사柱下史뢰
청우青牛로 나간 후에 몇햇만에 돌아 온다
세간世間이 하다사多事하니 온동만동 하여라

▷주하사柱下史는 벼슬 이름, 중국中國 고대古代, 주周의 노자老子[담聃]가 주하사柱下史를 하였으므로 그를 이름. 노자老子는 도가道家의 시조始祖인 바 일즉 서유西游할 제 청우青牛를 타고 지냈다 함.

이정구李廷龜 자字 성휘聖徽 호號 월사月沙,
인조仁祖 시時 우의정右議政

님을 믿을것가 못믿을손 님이시라
믿어온 시절時節도 못믿을줄 알앗을라
믿기야 어려워마는 아니 믿고 어이리

---

8 원문 76쪽에는 '말'로 오기되어 있다.

조한영曺漢英 자字 수이守而 호號 회곡晦谷, 인조仁祖 시時 참판參判

옥란玉欄에 곳이 픠니 십년十年이 어느덧고
중야中夜 비가悲歌에 눈물 게워 앉아잇어
살뜨리 설온 마음은 내혼잰가 하노라

▷옥란玉欄은 화려華麗히 꾸민 난간欄干. ▷중야中夜는 한밤중.

장만張晚 자字 호고好古 호號 낙서洛西, 인조仁祖 시時 옥산부원군玉山府院君

풍파風波에 놀란 사공沙工 배팔아 말을 사니
구절九折 양장羊腸이 물도곤 어려워라
이후란 배도 말도 말고 밭갈기나 하리라

▷구절양장九折羊腸은 고불고불한 험한 길. ▷도곤은 보다.

정충신鄭忠信 자字 가행可行, 인조仁祖 시時 부원수副元帥, 금남군錦南君

황하수黃河水 맑다터니 성인聖人이 나시도다
초야草野 군현群賢이 다 일어 나단말가
어즈버 강산江山 풍월風月을 누를 주고 이거니

▷황하수黃河水는 중원中原에 있는 큰 강江인 바 '황하일청黃河一淸, 성인부생聖人復生'이라는 말이 있다. ▷성인聖人은 성군聖君, 어진 님금을 이름. ▷초야草野는 향촌

벽지鄕村僻地. ▷군현群賢은 여러 어진 사람. ▷어즈버는 감탄사感嘆詞. ▷풍월風月은 대자연大自然의 경개景槪. ▷이거니는 일어나것느냐와 같은 뜻.

공산空山이 적막空山한듸 슬피 우는 저 두견杜鵑아
촉국蜀國 흥망興亡이 어제 오늘 아니여든
지금至今히 피나게 울어서 남의 애를 긋나니

▷공산空山은 비인 산. ▷적막寂寞은 고요 잠잠함. ▷촉국蜀國은 지금 중국中國 사천四川 등지等地에 있던 옛 이름. 환우기寰宇記에 '촉蜀의 먼저는 인황人皇 때였고 그후後 님금에 두우杜宇란 이가 있어 망제望帝라 일컬었는데 그때 형인荊人 별령鼈靈이라는 이 있어 망제望帝를 가보매 정승政丞을 삼고 스스로 덕德이 못하다 하고 그에게 선위禪位를 하고 드디어 망거亡去하여 화化하여 자견子鵑[두견杜鵑]이 되었다. 그러므로 촉인蜀人이 자견子鵑의 울음을 들으면 이게 망제望帝라 함이다' 하는 기사記事가 있다. 이는 그 기사記事를 말한 것. ▷피나게운다함은 이 새가 울다가 피가 나면 그친다는 일을 말한 것. ▷애는 창자.

이명한李明漢 자字 천장天章 호號 백주白洲, 인조仁祖 시時 이판吏判

울며 잡은 소매 떨치고 가지 마소
초원迢遠 장제長堤에 해다 저물엇네
객창客窓에 잔등殘燈 돋오고 새와 보면 알리라

▷초원迢遠은 먼 것. ▷장제長堤는 긴 언덕. ▷객창客窓은 나그냇집. 여관旅館.

서산西山에 일모日暮하니 천지天地에 가이 없다
이화梨花 월백月白하니 님생각이 새로왜라
두견杜鵑아 너는 누를 그려 밤새도록 우느니

반半남아 늙엇이니 다시 점든 못하여도
이후나 늙지 말고 매양 이만 하엿고저
백발白髮아 네짐작斟酌하야 더듸 늙게 하여라

▷짐작斟酌은 짐작.

효종어제孝宗御製

청석령青石嶺 지나거냐 초하구草河溝ㅣ 어드메오
호풍胡風도 차도 찰사 궂은비는 무스일고
뉘라서 내행색行色 그려내야 님계신듸 들일고

▷청석령青石嶺, 초하구草河溝는 만주滿洲 성경성盛京省에 있는 지명地名인데 예서 심양瀋陽[봉천奉天]을 가자면 초하구草河溝를 지나서 마운령摩雲嶺과 청석령青石嶺을 넘게 된다. 호풍胡風은 되바람. 북풍北風. ▷차도찰사는 차기도 몹시 차다는 뜻. ▷궂은비는 끊이잖고 나리는 비. ▷무스일은 무슨 일. ▷내행색行色은 내가 가는 모양. ▷님 계신듸는 임금님 계신 데.

이는 효종대왕孝宗大王이 봉림대군鳳林大君으로 계실 때, 병자호란丙子胡

亂 그 다음해 정축丁丑 이월二月, 심양瀋陽으로 잡혀 가실 때 지으신 것이라 한다.

청강淸江에 비듯는 소래 긔무엇이 우읍관듸
만산滿山 홍록紅綠이 휘드르며 웃는고야
두어라 춘풍春風이 몇날이리 우을대로 우어라

▷우읍관듸는 웃읍기에. ▷만산홍록滿山紅綠은 산山에 가득한 붉은 꽃과 푸른 닢.
▷휘드르는 흔드는 것.

송시열宋時烈 자字 영보英甫 호號 우암尤庵, 효종孝宗 시時 좌상左相

님이 헤오시매 나는 전혀 믿엇더니
날사랑하든 정을 뉘손대 옴기신고
처음에 뮈시든것이면 이대로록 설오랴

▷뮈시든 서글게 하시던.

늙고 병든 몸이 북향北向하여 우니 노라
님향向하는 마음을 뉘아니 두리마는
달밝고 밤긴 적이면 나뿐인가 하노라

산중신곡山中新曲

윤선도尹善道 자字 약이約而
호號 고산孤山, 효종孝宗의 사부師傅

만흥漫興

잔들고 혼자 앉아 먼뫼흘 바라보니
그리던 님이오라 반가옴이 이리하랴
말슴도 우음도 아녀도 못내 좋아 하노라

▷먼뫼는 멀리있는 산山. ▷그리던은 생각던. ▷우음은 웃음. ▷못내는 그칠 수 없이.

조하요朝霞謠

월출산月出山이 높더니마는 믜운것이 안개로다
천왕天王 제일봉第一峯을 일시一時에 가리와다
두어라 해퍼진 휘면 안개 아니 걷으랴

▷월출산月出山은 전남全南 영암靈岩에 있는 명산名山.
▷천왕봉天王峯은 월출산月出山의 최고봉最高峯.

비오는데 들헤 가랴 사립 닫고 소먹여라

마히 매양이랴 잠기, 연장 다스려라
쉬다가 개는날 보아 사래긴밭 갈아라

▷사립은 사립문. 시비柴扉. ▷마히는 장마. ▷잠기는 장기. ▷연장은 농사기구農事器具. ▷사래는 이랑. 두둑.

산중속신곡山中續新曲

윤선도尹善道

춘효음春曉吟

엄동嚴冬이 지나거냐 설풍雪風이 어듸 가니
천산千山 만산萬山의 봄긔운이 어릐엿다
지게를 신조晨朝애 열고 하늘빛을 보리라

▷지게는 창호窓戶. ▷신조晨朝는 새벽.

고금영古琴詠

바렷던 가얏고를 줄연저 놀아보니
청아淸雅한 녯소래 반가이 나느고야
이곡조曲調 알리 없으니 집겨놓아 두어라

▷줄연저는 줄을 얹어. ▷나느고야는 나는고야. ▷집겨는 집을 끼어.

우는것이 벅국이냐 푸른것이 버들숲가
어촌漁村 두세 집이 모연暮烟에 잠겻세라
아희야 새고기 오른다 헌그믈을 내어라

▷벅국이는 버꾹새. 곽공郭公. 포곡布穀.

이는 어부사시사漁父四時詞 중中 봄에 있는 걸 개작改作한 것.

백운白雲이 일어나고 나모긑[9]이 흐느긴다
밀믈에 동호東湖 가고 혈믈에 서호西湖 가자
아희야 그믈 검어 서리고 돗글 높이 달아라

▷긑은 끝. ▷밀믈은 밀어오는 물. 호湖. ▷힐믈은 빠져가는 물. 석汐.
▷돗글은 돗폭. 범帆.

이는 어부사시사漁父四時詞 중中 가을에 있는 걸 개작改作한 것.

말음 닚이 바람 나니 봉창[10]篷窓이 서늘하다
녀름 바람 정할소냐 가는대로 시겨스라

---

9 원문 86쪽에는 '나모끝'으로 오기되어 있다.
10 원문 86쪽에는 '蓬窓''으로 오기되어 있다.

어즈버 북포北浦 남강南江이 어디 아니 좋으리

▷말음은 수초水草의 일종一種. 능菱. ▷봉창篷窓은 배 우의 뜸집.
▷북포北浦는 북北쪽에 있는 포구浦口. ▷남강南江은 남南쪽에 있는 강江.

이는 어부사시사漁父四時詞 중中 여름에 있는 걸 개작改作한 것.

구름이 걷은 후에 햇빛이 두껍거다
천지天地 폐색閉塞하되 바다흔 의구依舊하다
가없고 가없은 믈ㅅ결이 깁폇는듯 하여라

▷폐색閉塞은 얼어붙은 것. ▷깁폇는듯은 깁[사紗]을 펴 놓은 듯.

이는 어부사시사漁父四時詞 중中 겨울에 있는 걸 개작改作한 것.

견회요遣懷謠[11]

윤선도尹善道

슬프나 즐거오나 올다하나 외다하나
내몸의 해올일만 닷고 닷글 뿐이언정
그밧긔 여남은 일이야 분별할줄 잇이랴

11 원문 87쪽에는 '遺懷謠'로 오기되어 있다.

▷올다는 옳다. ▷외다는 긇다. ▷여남은 나머지.

김육金堉 자字 백후伯厚 호號 잠곡潛谷, 효종孝宗 시時 영상領相

자네집의 술익거든 부듸 날 부르시소
초당草堂에 곶픠거든 나도 자네 청해옴새
백년百年ㅅ덧 시름없을일을 의론議論코자 하노라

이간李侃 자字 화숙和叔 호號 최락당最樂堂,
낭원군郎原君, 효종孝宗의 당숙堂叔

천보산天寶山 나린 물을 금곡촌金谷村에 흘려 두고
옥류당玉流堂 지은 뜻은 아는다 모르는다
진실眞實로 이뜻을 알면 날인줄을 알리라

▷천보산天寶山은 경기京畿 양주읍楊州邑 동이십오리東二十五里에 있는 산山. ▷금곡촌金谷村은 양주군楊州郡 시둔면柴屯面 금오리金梧里, 예전에 쇳골이라 하였음. ▷옥류당玉流堂은 집 이름.

이는 어조대봉화효종어제漁釣臺奉和孝宗御製한 것.

해져 어둡거늘 밤중만 너겻더니
덧없이 밝아지니 새날이 되엇느냐

세월歲月이 유수流水 같으니 늙기 설워 하노라

이는 어조대봉화효종어제漁釣臺奉和孝宗御製한 것.

적성군積城君

새벽비 일갠 날에 일거스라 아희들아
뒷뫼 고살이 하마 아니 자랏이랴
오늘란 일것거 오너라 새술 안주 하리라

▷일거스라는 일어나라와 같은 말. ▷일갠 일것거의 일은 일즉이라는 말.

허정許珽 자字 중옥仲玉 호號 송호松湖,
효종孝宗 시時 승지承旨, 선가곡善歌曲

서호西湖 눈진 밤에 달빛이 낮같은제
학창鶴氅을 니미츠고 강고江皐로 나려가니
봉해蓬海에 우의선인羽衣仙人을 마조 본듯 하여라

▷학창鶴氅은 학창의鶴氅衣인데 겉옷의 일종一種, 백색광수白色廣袖로 단에는 검은 선線을 단 것. ▷니미츠는 녀미는 것. ▷봉해蓬海는 봉래蓬萊의 선산仙山이 있는 바다. ▷우의선인羽衣仙人은 우의羽衣 입은 선인仙人.

니영이 다 거두치니 울잣인들 성할소냐
불아니 때인 방에 긴밤 어이 새려니
아희는 세사世事를 모르고 이야 지야 한다

▷니영은 이영, 집을 이는 엮은 짚. 편초編草, 개초蓋草.
▷울잣은 울타리. ▷이야지야는 왁짜지껄한 것.

이는 맹렬猛烈한 찬바람이 부는 밤의 정경情景.

정두경鄭斗卿 자字 군평君平 호號 동명東溟, 현종顯宗 시時 참판參判

금준金樽에 가득한 술을 슬커장 거후로고
취한후 긴노래에 즐거옴이 긋이 없다
어즈버 석양夕陽이 진盡타 마라 달이 좇아 오느매라

▷금준金樽은 술동의.

이 노래는 동명東溟이 현묵자玄默子 홍우해洪宇海 집에서 임와林窩 임유후任有後와 백곡栢谷 김득신金得臣과 만주晩洲 홍석기洪錫箕와 맞나 소작小酌이 있을 때 불렀다는 것.

강백년姜柏年 자[12]字 숙구叔久 호號 설봉雪峰,
현종顯宗 시時 판중추判中樞

청춘靑春에 곱든 양자樣姿 님으로야 다늙엇다
이제 님이 보면 날인줄 알으실가
진실眞實로 날인줄 알아보면 고대 죽다 설우랴

▷청춘靑春은 젊을 때 ▷양자樣姿는 모양과 자태. ▷고대는 곧, 즉시卽時.

남구만南九萬 자字 운로雲路 호號 약천藥泉, 숙종조肅宗朝 영상領相

동창東窓이 밝앗느냐 노고지리 우지진다
소치는 아희는 상긔 아니 일엇느냐
재넘어 사래긴 밭을 언제 갈려 하느니

▷노고지리는 종달새. 운작雲雀, 고천자告天子, 규천자叫天子.
▷소치는은 소먹이는. ▷상긔는 지금껏. ▷사래는 두렁.

구지정具志禎, 현종肅宗 시時 목사牧使

쥐찬 소로기들아 배부르로라 자랑 마라
청산淸山 여윈 학鶴이 주린들 부를소냐
내몸이 한가閒暇할선정 살못진들 어이리

12 원문 91쪽에는 '字叔久'의 '字'가 누락되어 있다.

▷소로기는 소리개. ▷여윈은 여윈. 수척瘦瘠한 것.

신정하申靖夏 자字 정보正甫 호號 서암恕庵, 숙종肅宗 시時 교리校理

벼슬이 좋다한들 이내 몸에 비길소냐
건려蹇驢를 밧비 몰아 고산故山으로 들어 가니
어듸서 급한 비한줄기예 출진행장出塵行裝 싯괘라

▷건려蹇驢는 저는 나귀. ▷고산故山은 고향故鄕. ▷출진행장出塵行裝은 홍진紅塵을 벗어난 행장行裝, 즉 번화繁華한 도시都市를 떠나 한적閑適한 향촌鄕村으로 돌아감.

서암恕庵은 석호정石湖亭에 많이 있었으며 강호시주江湖詩酒를 좋아하고 선풍도골仙風道骨이라 일컫던 이.

전산前山 작야우昨夜雨에 가득한 추기秋氣로다
두화전豆花田 관솔 불에 밤호믜 빛이로다
아희야 뒷내 통발桶撥에 고기 흘러 날세라

▷추기秋氣는 가을 기운. ▷두화전豆花田은 팟꽃밭. ▷통발桶撥은 고기잡는 그릇.

김창업金昌業 자字 대유大有 호號 노가재老稼齋,
숙종肅宗 시時 진사進士 불사不仕

거믄고 술 꼬아 놓고 호젓이 낮잠 든제
시문柴門 견폐성犬吠聲에 반가온벗 오도고야
아희야 점심點心도 하려니와 외상外上 탁주濁酒 내여라

▷술은 거믄고 타는 술대. ▷시문柴門은 사립문門. ▷견폐성犬吠聲은 개 짖는 소리. ▷외상外上은 즉전卽錢을 주지 않고 가조는 것.

자남은 보라매를 엇그제 손갖 떠혀
빼짓에 방울 달아 석양夕陽에 받고 나니
장부丈夫의 평생平生 득의得意는 이뿐인가 하노라

▷보라매는 매[응鷹]의 일종一種. ▷빼짓은 빠깃.

유천군儒川君 명名 정濎, 선조宣祖의 증손曾孫, 숙종肅宗 시時 인人

어제도 난취爛醉하고 오늘도 또 술이로다
그제 깨엿든지 긋그제는 나몰래라
내일來日은 서호西湖에 벗오마니 깰동말동 하여라

▷난취爛醉는 몹시 취한 것. ▷서호西湖는 경성京城의 서강西江, 현석玄石, 마포麻浦, 양화도楊花渡 등지等地.

이택李澤 자字 운몽雲夢, 숙종肅宗 시時 병사兵使

감장새 작다하고 대붕大鵬아 웃지 마라
구만리九萬里 장공長空을 너도 날고 저도 난다
두어라 일반一般 비조飛鳥ㅣ니 네오 제오 다르랴

▷감장새는 굴뚝새, 후루새, 초료鷦鷯. ▷대붕大鵬은 큰 붕새요 붕새는 새 가운대 제일 큰새 ▷일반一般은 다 같은. ▷비조飛鳥는 나는 새.

유혁연柳赫然 자字 회이晦爾 호號 야당野堂,
숙종肅宗 시時 훈련대장訓鍊大將

닷는말 서서 늙고 드는칼 보믜 꼈다
무정無情 세월歲月은 백발白髮을 재촉하니
아마도 성주聖主의 홍은鴻恩을 못갚을가 하노라

▷보믜는 녹. ▷홍은鴻恩은 큰 은혜.

윤두서尹斗緖 자字 효언孝彦 호號 공재恭齋, 숙종肅宗 시時 진사進士

옥玉에 흙이 묻어 길가의 바렷이니
오는이 가는이 흙이라 하는고야
두어라 알리 잇일지니 흙인듯이 잇거라

공재恭齋는 또 호號를 종애鍾崖라 하고 윤尹 고산孤山 선도善道의 증손曾孫으로서 거문고를 잘 타고 또 서화書畵를 잘하여 현재玄齋, 겸재謙齋와 아울러 삼재三齋라 일컫는다.

유숭兪崇 자字 원지元之, 숙종肅宗 시時 참판參判

청계변淸溪邊 백사상白沙上에 혼자 섯는 저백로白鷺야
나의 먹은 뜻을 넨들 아니 알앗이랴
풍진風塵을 슬희여홈이야 네오 내오 다르랴

▷풍진風塵은 분잡한 세상일. ▷슬희여홈은 싫어함.

간밤 오든 비에 앞내헤 물지거다
등검고 살진 고기 비들넋에 올라괴야
아희야 그믈 내여라 고기 잡이 가자스라

▷버들넋은 버드나무 뿌리가 잔뜩 결어있는 언덕 밑. 나무뿌리가 결어있거나 나뭇섶으로 방천防川을 한 그러한 웅덩이진 곳을 넋이라 하는데 고기를 잡을 때 넋더듬이를 하기도 함. ▷울라괴야의 괴야는 고야라는 감탄적感嘆的 종지사終止詞와 같음.

이정섭李廷燮 자字 계화季和 호號 저촌樗村,
숙종肅宗 시時 부솔좌랑副率佐郞 명가名歌

알앗노라 알앗노라 나는 발서 알앗노라
인정人情은 토각兎角이오 세사世事는 우모牛毛ㅣ로다
어디서 망령妄佾엣것은 오라 마라 하느니

▷토각兎角은 토끼의 뿔이라는 말과 같은 거짓. ▷우모牛毛는 쇠털처럼 많다는 것.
▷망령妄佾은 정신精神이 옹종망종한 것.

장현張炫, 숙종肅宗 시時 역관譯官 명가名歌

압록강鴨綠江 해진 날에 어엿븐 우리 님이
연운燕雲 만리萬里를 어듸라고 가시는고
봄풀이 푸르고 푸르거든 즉시卽時 돌아 오소서

▷연운만리燕雲萬里는 연경燕京[북경北京]의 머나먼 길을 이름.

장현張炫은 장희재張希載의 숙부叔父. 가세家世가 역관譯官인 바 현炫이 수역首譯이 되어 소현昭顯, 효묘孝廟가 심양瀋陽에 가 있을 때 모시고 있어 퍽 공로功勞가 있었고 연경燕京 갑부甲富 정기鄭琦에게 지기知己가 되어 그 재물財物의 삼분지일三分之一을 얻어와 국중國中 갑부甲富가 되었고 장희재張希載가 극성極盛할 때 서어히 지내어 그 화禍를 면하였고 속기희俗技戲의 투전鬪錢이라는 것도 그가 연경燕京에서 얻어와 처음 퍼치었다.

나니 저아희를 머리 땋아 길렀더니
세월歲月이 덧없어 어이 그리 자라건고
그아희 옥등玉燈에 불혀들고 님을 좇아 다니거다

▷옥등玉燈은 옥玉으로 맨든 등燈. ▷불혀는 불켜.

주의식朱義植 자字 도원道源 호號 남곡南谷,
숙종肅宗 시時 칠원현감漆原縣監

하늘이 높다하고 발저겨 서지 말며
따히 두텁다고 마이 밟지 마올것이
하늘따 높고 두터워도 내조심操心을 하리라

▷발저겨는 양쪽 발 뒤꿈치를 서로 대고 쳐드는 것. ▷마이는 매우.

남곡南谷은 무과武科 출신出身 명가名歌요 또 묵매墨梅를 잘 그리고 기절氣節을 숭상崇尙하고 소대풍요昭代風謠에 그 한시漢詩도 실렸다.

인생人生을 헤여 보니 한바탕 꿈이로다
좋은일 궂은일 꿈속에 꿈이여니
두어라 꿈같은 인생人生이 아니 놀고 어이리

▷헤어보니는 헤아려보니. ▷궂은일은 언짢은 일.

늙고 병든 몸이 가다가 아모듸나
절로 솟은 뫼헤 손조 밭 갈오리라
결실結實이 엇매리마는 연명連命이나 하리라

김유기金裕器 자字 대재大哉, 숙종肅宗 시時 명가名歌

장부丈夫로 상겨 나서 입신양명立身揚名 못할지면
찰하로 다떨치고 일없이 늙으리라
이밧긔 녹록碌碌한 영위營爲예 걸이낄줄 잇이랴

▷장부丈夫는 사내. ▷입신양명立身揚名은 세상世上에 나서 이름을 들어내는 것. ▷녹록碌碌은 오직잖은 것. ▷경위營爲는 경영하는 일.

오날은 천렵川獵하고 내일來日은 산행山行하세
곶달힘 모릐하고 강신講信을란 글파하리
그글피 편사회便射會할제 각지各持 호과壺果하시소

▷천렵川獵은 여러 사람이 짜고 물고기를 잡는 것. ▷산행山行은 사냥, 매나 총을 가지고 산山에 가 짐승을 잡는 것. ▷강신講信은 옛날 향약鄕約을 할 때 매년每年 춘추春秋로 부근동附近洞 사람들이 각기 호과壺果를 가지고 모여 그 약법約法을 강講함. 또는 계契하는 날을 이름. ▷편사회便射會는 편을 짜가지고 활을 쏘는 것. ▷각지호과各持壺果는 각기 술과 과실果實을 가지고 오는 것.

김성기金聖器[기基] 자字 자호子湖 호號 조은釣隱
또는 어은漁隱, 숙종肅宗 시時 인人

홍진紅塵을 다떨치고 죽장竹杖 망혜芒鞋 짚고 신고
거믄고 들어메고 서호西湖로 돌아 가니
노화蘆花에 떼많은 갈며기는 제벗인가 하드라

▷죽장竹杖은 대지팽이. ▷망혜芒鞋는 짚신. ▷노화蘆花는 갈꽃.

어은漁隱은 미천微賤한 사람으로 거믄고, 통소洞簫, 비파琵琶를 다 정통精通하여 이름이 높고 구구區區히 살림은 않고 한 소정小艇을 사서 서호西湖에 띄우고 일간一竿을 들고 강江으로 오르나리며 달밝은 밤이면 통소洞簫를 불었다. 그 때 목호룡睦虎龍이가 뉘 고변告變을 하고 동성군東城君이 되어 뽐낼 때 공경公卿도 그 뜻을 감히 거스리지 못하는데 하루는 목호룡睦虎龍이가 그 무리와 술을 먹다가 어은漁隱의 음률音律을 듣고저 인마人馬를 보내어 청請하였다. 두세 번 청請하였으되 다 거절拒絶을 하였다. 목호룡睦虎龍이가 부끄러워하고 위협威脅을 한즉 어은漁隱이 비파琵琶를 내던지어 부셔버렸다.

굴레벗은 천리마千里馬를 뉘라서 잡아다가
조죽租粥 삶은 콩에 살지게 먹여둔들
본성本性이 와양하거니 잇일줄이 잇이랴

▷천리마千里馬는 말 가운데 가장 날랜 말. ▷조죽租粥은 왕겨에 콩 넣은 죽粥.

▷와양은 왁살스러운 것.

조현명趙顯命 자字 치회稚晦 호號 귀록歸鹿, 영조英祖 시時 영상領相

헌삿갓 자른 되롱 삷짚고 호믜 메고
논ㅅ둑에 물보리라 밭기음이 어떠트니
아마도 박장기朴杖棊 보리술이 틈없은가 하노라

▷박장기朴杖棊는 박쪼가리로 맨든 장기.

이유李溹 호號 소악루小岳樓, 숙종肅宗 시時 현감縣監

자규子規야 우지 마라 울어도 속절 없다
울거든 너만우지 날은 어이 울리는다
아마도 네소리 들을제면 가슴알퍼 하노라

▷자규子規는 두견이, 솟적다새.

이재李在, 영조英祖 시時 서윤庶尹

샛별 지자 종다리 떳다 호믜메고 사립나니
긴숲을 찬이슬에 뵈잠방이 다 젖는다
아희야 시절時節이 좋을손 옷이젖다 관계하랴

▷샐별은 샛별. 금성金星, 태백성太白星 또는 요도성耀渡星이라는 별, 첫새벽에 가장 빤짝이는 별. ▷뵈잠장이는 삼베로 맨든 잠방이.

조명리趙明履 자字 중례仲禮 호號 도천道川, 영조英祖 시時 예판禮判

설악산雪岳山 가는 길에 개골산皆骨山 중을 맞나
중더러 물은 말이 풍악楓嶽이 어떠트니
이사이 련하여 서리치니 때맞앗다 하드라

▷설악산雪岳山은 강원도江原道 인제麟蹄에 있는 산山. ▷개골산皆骨山은 금강산金剛山의 일명一名. ▷풍악楓嶽도 금강산金剛山의 일명一名인 바 금강산金剛山을 춘하추동春夏秋冬에 나누어 봄에는 금강金剛, 여름에는 봉래蓬萊, 가을에는 楓嶽풍악, 겨울에는 개골皆骨이라 함.

성진城津에 밤이 깊고 대해大海에 물결 칠제
객점客店 고등孤燈에 고향故鄕이 천리千里로다
이제는 마천령摩天嶺 넘엇이니 생각한들 어이리

▷성진城津은 함경북도咸鏡北道 성진城津. ▷은 나그냇집. 여관旅舘. ▷고등孤燈은 외로운 등. ▷마천령摩天嶺은 함경북도咸鏡北道 단천군端川郡 동육십육리東六十六里에 있는 하늘 닿게 높은 산山.

이정보李鼎輔 자字 사수士受 호號 삼주三洲,
영조英祖 시時 이판吏判, 월사오세손月沙五世孫

광풍狂風에 떨린 이화梨花 오며 가며 날리다가
가지柯枝예 못오르고 거믜줄에 걸리거다
저거믜 낙화落花인줄 모르고 나뷔잡듯 하련다.

▷광풍狂風은 모진 바람.

강호江湖에 노는 고기 즐긴다 부러 마라
어부漁父 돌아간후 엿느니 백로白鷺ㅣ로다
종일終日을 뜨락 잠기락 한가閒暇할 때 없드라

▷어부漁父는 고기잡는 이. ▷엿느니는 엿보느니.

평생平生에 원하기를 이몸이 우화羽化하여
청천靑天에 솟아 올라 저 구름 헤치고저
이후는 광명光明 일월日月을 가리기게 말리라

▷우화羽化는 갈개가 나서 날러 다니는 것. ▷가리기게는 거리끼게.

아마도 모를 일은 조화옹造化翁의 일이로다
바다밖은 하늘이오 하늘우흔 무엇인고

누구서 천상天上도 인간人間같다 하니 그러한가 하노라

▷조화옹造化翁은 조화造化를 부리는 신神.

소경이 야밤ㅅ중에 두눈먼 말을 타고
대천大川을 건너다가 빠지거다 저소경아
아이에 건너지 마던들 빠질줄이 있이랴

▷소경은 눈먼 이. ▷아이는 애초. 당초.

가을 타작打作 다한후에 동리洞里모화 강신講信할제
김풍헌金風憲의 메더지예 박권농朴勸農의 되롱춤이로다
좌상座上에 이존위李尊位는 박장대소拍掌大笑 하드라

▷타작打作은 바심하는 것. ▷메더지는 노래. ▷되롱춤은 춤의 일종一種, 어깨를 까불고 추는 춤. ▷이존위李尊位는 높은 지위地位에 있던 이씨李氏. ▷박장대소拍掌大笑는 손ㅅ벽 치며 껄껄 웃는 것.

초야草野에 무친 어론 소식消息이 어떠한고
여반糲飯 산채山菜를 먹으나 못 먹으나
세상世上에 우환憂患 뉘 모르니 그를 부러 하노라

▷초야草野는 시골. ▷어론은 어른, 사람을 존칭尊稱하는 말. ▷여반糲飯은 언짢은

쌀로 지은 밥. ▷우환憂患 뉘는 걱정스러운 일.

아츰 양지陽地 볕에 등을 쬐고 앉었이니
우리님 계신 듸도 이볕이 쬐돗던가
아마도 옥루玉樓 고처高處에 소식消息몰라 하노라

▷양지陽地는 볕 바루드는 땅. ▷쬐돗던가는 쬐이는가. ▷옥루玉樓는 옥황玉皇이 계신 백옥루白玉樓인데 옥루고처玉樓高處는 님금님 계신 곳을 이름.

내게 칼이 있어 벽상壁上에 걸렸이니
때때로 우는 소리 무슴 일이 불평不平한지
두우斗牛에 용광龍光이 버쳤이니 사람 알가 하노라

▷무슴은 무슨. ▷두우용광斗牛龍光은 예장기豫章記의 '두우[북두성北斗星과 견우성牽牛星]지간斗牛之間, 상유자기常有紫氣, 장화張華[진무제시인晉武帝時人], 문뢰환聞雷煥, 묘달상위妙達象緯, 문지問之, 환왈煥曰, 보검지정寶劍之精, 재예장풍성在豫章豐城, 즉보환卽補煥, 풍성령豐城令, 도현到縣, 굴옥옥기하掘獄屋基下, 득일석함得一石函, 중유쌍검中有雙劍, 병각제竝刻題, 일왈용천一曰龍泉, 일왈태아一曰太阿, 이서산토以西山土, 식지拭之, 광망염발光芒豔發, 환煥, 이일여화以一與華, 유일자패留一自佩, 후後, 장화張華, 우해遇害, 기검其劍, 비입양성수중飛入襄城水中, 급환사及煥死, 기자其子, 패검佩劍, 과연평진過延平津, 검홀약입수중劍忽躍入水中, 사인使人, 몰수구지沒水求之, 견양용상수이서見兩龍相隨而逝, 공포이반恐怖而返'이라는 고사古事를 인용引用한 것이다. 즉 보검寶劍을 말함이다.

꿈에 님을 보려 벼개우희 지혔이니
반벽半壁 잔등殘燈에 앙금鴦衾도 참도 찰사
밤중만 외기러기 소리에 잠못 이뤄 하노라

▷반벽半壁은 반튼 벽. ▷잔등殘燈은 기름이 다 되어 꺼지려 하는 등ㅅ불.
▷앙금鴦衾은 원앙鴛鴦을 수놓은 이불.

있노라 즐겨 말고 못얻노라 슬허 마소
얻은이 우환憂患인줄 못얻은이 제알손가
세상世上에 얻을이 분분紛紛하니 그를 우어 하노라

▷우어는 웃어.

뭇노라 부나븨야 네뜻을 내몰래라
하나 죽은 후에 또한나븨 따라 오니
아므리 프새옛 즘생인들 너죽을줄 모르는다

▷프새는 초초草草한 것.

오려논 물실어 놓고 면화綿花밭 매오리라
울밑의 외를 따고 보리 능거 점심하소
뒷집에 술이 익거든 외자일만정 내어라

▷오려논은 오려벼 심은 논. ▷보리를 찧는데 첫 번에 물을 쳐 찧는걸 아시찧는다 하고 아시찐 것을 거득거득 말려가지고 두 번째 또 물치고 찧는 것을 '능거'라 하고 능거 가지고 세 번째 또 물치고 찧은 걸 닦인다 함. ▷외자는 외상. 즉전卽錢을 안 두고 물건을 사오는 것.

국화菊花는 무슨 일로 삼월三月 동풍東風 다보내고
낙목落木 한천寒天에 네혼자 픠엿나니
아마도 오상傲霜 고절孤節은 너뿐인가 하노라

▷낙목落木은 낙엽落葉지는 나무. ▷오상傲霜은 서리를 이기는 것.
▷고절孤節은 외로운 절개.

일신一身이 사자하니 물ㅅ것겨워 못견딜쇠
피같은 가랑니 보리알같은 수통니 주린니 갓깐니 잔벼룩 굵은벼룩 강벼룩 왜벼룩 긔는놈 뛰는놈 비파琵琶같은 빈대삿기 사령使令같은 등애아비 갈따귀 사믜야기 센바퀴 누른바퀴 바그미 거저리 부리뾰족한 모긔 다리기다한 모긔 살진 모긔 그리마 뾰로기 주야晝夜로 뷘때없이 물거니 쏘거니 빨거니 뜯거니 심한 당비리에서 어려왜라
그중에 하나 못견딜손 유월六月 복伏더위에 쉬파린가 하노라

▷사령使令은 옛날 관아사용인官衙使用人의 일종一種.
▷사믜야기는 범아자비. 어영가시. 당랑螳螂. 당랑螳螂.
▷거저리는 괴자리. ▷뾰로기는 불개미 새끼.

이는 탁의托意를 하여 모해謀害와 핍박逼迫과 침탈侵奪이 많은 세고世苦를 말한 노래.

김천택金天澤 자字 백함伯涵 호號 남파南坡, 숙종肅宗 시時 포교捕校 명가名歌
영조英祖 사년四年[1728—七二八] 청구영언靑丘永言
수백여결數百餘闋 수집蒐輯

옷벗어 아희 주어 술집에 볼모하고
청천靑天을 우럴어 달더러 물은 말이
어즈버 천고千古 이백李白이 날과 어떠하드뇨

▷볼모는 전당典當잡히는 것. ▷이백李白은 중국中國 고대古代 당현종唐玄宗 때의 대시인大詩人인 바 그가 청천유월래기시靑天有月來幾時, 아금정배일문지我今停杯一問之…… 하는 파주문월把酒問月이라는 유명有名한 시詩를 지었다.

인간人間 어느 일이 명命밖의 삼겼이리
길흉吉凶 화복禍福은 하늘에 부쳐 두고
그밖의 여남은 일으란 되는 대로 하리라

▷여남은 일은 남어지 일.

잘가노라 닷지 말며 못가노라 쉬지 마라
부듸 긋지 말고 촌음寸陰을 앗겨스라

가다가 중지中止곳하면 아니갈만 못하리라

▷닷지는 달어가지. ▷촌음寸陰은 한 치만한 햇 그림자. 즉 잠깐 동안.

청려장靑藜杖 힘을 삼고 남무南畝로 나려 가니
도화稻花는 흩날리고 소천어小川魚 살졋는듸
원근遠近에 즐기는 농가農歌는 곳곳이서 들린다

▷청려장靑藜杖은 명아주ㅅ대. ▷남무南畝는 앞들.
▷소천어小川魚는 조고마한 내 물고기. ▷농가農歌는 농부農夫의 부르는 노래.

주문朱門에 벗님네야 고거사마高車駟馬 좋다 마라
토끼 죽은 후면 개마자 삼기나니
우리는 영욕榮辱을 모르니 두려온일 없세라

▷주문朱門은 지위地位 높은 관원官員의 집. ▷고거사마高車駟馬는 높은 수레에 말 네 바리나 달리며 호강하는 것. ▷토끼 죽은 후면 개마자 삼기 나니는 교토사狡兎死, 주구팽走狗烹이라는 말, 즉 이용利用이 다 되면 버리게 되는 걸 이름. 영욕榮辱은 영화榮華와 치욕恥辱.

김천택金天澤 1

서검書劍을 못이루고 쓸듸없은 몸이 되야

오십五十 춘광春光을 해옴없이 지내연저
두어라 어느곳 청산靑山이야 날길줄이 있이랴

▷서검書劒은 문文과 무武. ▷지내연저는 지냇고나. ▷날길줄이는 나를 끄리줄 이.

김수장金壽長 자字 자평子平 호號 노가재老歌齋, 숙종肅宗 시時
기성서리騎省書吏, 명가名歌 영조英祖 삼십구년卅九年[1763—七六三]
해동가요海東歌謠 백사십구장百四十九章 수집蒐輯

무극옹無極翁이 그뉘런고 하늘따 님재런가
언제 어느 때예 어드러서 낫거이고
처음도 나종도 모르니 무극無極일씨 옳도다

▷무극無極은 천지天地가 아직 생기기 전. 태극太極과 같은 말.

화개동花開洞 북록하北麓下에 초암草菴을 얽엇이니
바람이 눈서리는 그렁 저렁 지내여도
어느제 다스한 해빛이야 쬐여 볼줄 있이랴

▷화개동花開洞은 경성京城 북부北部 안국방安國坊에 있었는 바 이곳에 화기도감火器都監이 있었으므로 화개동花開洞이라 하였다 함. 지금 화동정花洞町. ▷초암草菴은 초가草家.

초암草菴이 적료寂寥한듸 벗없이 혼자 앉어

평조平調 한닢에 백운白雲이 절로 존다
어느뉘 이좋은 뜻을 알리 있다 하리오

▷적료寂寥은 고요함. ▷평조平調는 노래ㅅ곡조의 일종一種인데 화평和平스러운 음조音調, 즉 평순한 목청. ▷한닢은 일엽一葉, 노래한 장. ▷존다는 졸는다.

경회루慶會樓 만주송萬株松이 눈앞의 버려 있고
인왕寅王 안현鞍峴은 취병翠屛이 되엇는듸
석양夕陽에 편편翩翩 白鷺백로는 오락 가락 하노매

▷경회루慶會樓는 경성京城 경복궁景福宮 안에 있는 집. ▷만주송萬株松은 빽빽히 들어선 소나무들. ▷인왕寅王은 인왕산仁旺山. 안현鞍峴은 질마재, 지금 관동정舘洞町 형무소刑務所 뒤 높은 봉오리. ▷취병翠屛은 푸른 병풍屛風. ▷편편翩翩은 번득이는 것.

호화豪華도 거짓것이오 부귀富貴도 꿈이오네
북망산北邙山 언덕에 요령搖鈴소리 긋쳐지면
아므리 뉘웃고 애달아도 미칠길이 없느니

▷북망산北邙山은 옛날 공동묘지共同墓地. ▷요령搖鈴은 방울을 흔드는 것. 향도香徒[상두]군들이 상여喪輿를 메고 갈 때 수번首番이 방울을 흔들고 소리를 머기면 상두군들은 '어-헝, 어-헝' 하는 것.

검으면 희다하고 희면 검다 하네

검거나 희거나 옳다할이 전혀 없다
찰하도 귀먹고 눈감아 듯도 보도 말리라

환욕宦欲에 취한 분네 앞길 생각하소
옷벗은 어린 아희 양지陽地ㅅ곁만 여겻다가
서산西山에 해넘어 가거든 어찌 하자 하는다

▷환욕宦欲은 벼슬 욕심. ▷하는다는 하느냐.

글도 병된일 많고 칼도 험한일 있세
이두일 마자하여 이몸이 편차하면
성주聖主의 지극至極한 은덕恩德을 어이 갚자 하리오

▷성주聖主는 어진 인금. ▷은덕恩德은 사랑.

곶도 픠려하고 버들도 프르려한다
비즌 술 다닉엇네 벗님네 가새그려
육각六角에 두렷이 앉어 봄마지를 하리라

▷육각六角은 육각현六角峴, 지금 배화고여교지培花高女校地. 봄에 꽃구경, 시회詩會하던 곳.

삼군三軍을 연융鍊戎하여 북적北狄 남만南蠻 파破한후에
더러인 칼을 싯고 세검정洗劍亭 지은 뜻은
위엄威嚴과 덕德을 세오서 사해四海 안녕安寧함이라

▷삼군三軍은 한 왕국王國의 군軍인 바 일만이천오백인一萬二千五百人이 일군一軍이 됨. 조선의 삼군문三軍門은 훈련도감訓鍊都監, 금위영禁衛營, 어영청御營廳을 이름. ▷연융鍊戎은 융사戎事 즉 군사軍事를 훈련訓鍊하는 뜻인데 이조李朝 영조英祖 때 총융청摠戎廳이라는 전위수비대前衛守備隊를 창의문彰義門 밧 조지서造紙署 곁에 두었고 지금 세검정洗劍亭 옆에 선 바위에는 연융대鍊戎臺 삼자三字를 새겼다. ▷북적 남만北狄南蠻은 북北에 남南에 있는 되놈.

이제는 다 늙어다 므스것을 내아드냐
이하籬下에 황국黃菊이오 안상案上에 현금玄琴이로다
이중中에 일권一卷 가보歌譜는 틈없은가 하노라

▷이하籬下는 울 밑. ▷안상案上은 책상冊床 우. ▷가보歌譜는 가곡보歌曲譜

성음聲音이 각각各各이여니 절강節腔 고저高低를 잃지 말고
오음五音을 채몰라도 율려律呂를 찰하스라
진실眞實한 묘리妙理를 모르면 일홈서기 쉬우랴

▷절강節腔은 음절音節과 音調음조. ▷오음五音은 음률音律의 궁상각치우宮商角徵羽. 율려律呂는 황종黃鍾, 대려大呂, 태주太簇, 협종夾鍾, 고선姑洗, 중려仲呂, 유빈蕤賓, 임종林鍾, 이칙夷則, 남려南呂, 무역無射, 응종應鍾.

승당升堂을 못한 전에 입실入室을 어이 하리
모르면 곡절曲節을 물으려도 아니하고
청천靑天에 떴는 구름을 검다 희다 하는가

▷승당升堂은 마루에 오른 것. ▷입실入室은 방에 들은 것.

병자丙子 정축丁丑 난리시亂離時에 훈련원訓練院 대垈건너 붉은 복다기 쓴 놈 간다
앎의는 몽고蒙古요 뒤헤 가달可達이 백마白馬탄 진달眞達이는 사수리살 차고 유월내마騮月乃馬 탄놈 철철총鐵鐵驄이 탄 놈 양비열兩鼻裂 탄놈 아라마 초초 마리 베히라 가자
어즈버 최영崔瑩 곳 있돗드면 석은풀 치듯 할랏다

▷병자정축난리丙子丁丑亂離는 인조仁祖 십사년十四年, 십오년十五年 정축丁丑에 청병淸兵이 와, 경성京城과 강화江華와 남한산성南漢山城을 함락陷落하였음. ▷훈련원訓練院은 지금 경성운동장京城運動場 부근附近. ▷대垈건너는 터 건너. ▷복다기는 보따기, 보쪼각. ▷몽고蒙古는 몽고蒙古사람이란 말. ▷가달可達, 진달眞達은 종족種族의 이름. ▷사수리살은 화살 이름인 듯. ▷유월내마騮月乃馬는 털빛이 붉고 갈기가 검은 종류種類의 말. ▷철철총[13]鐵鐵驄은 털빛이 청백靑白한 말. ▷양비열兩鼻裂은 코 짼 말. ▷아라마 초초는 말 모는 소린 듯. ▷마리는 머리[수首]. ▷최영崔瑩은 고려말高麗末에 백전백승百戰百勝하던 무서운 장수將帥. ▷석은풀은 썩은 풀.

13 원문 123쪽에는 '鐵鐵聰'으로 오기되어 있다.

이정신李廷藎 자字 집중集仲 호號 백회옹百悔翁, 영조英祖 시時 인人

매암이 맵다 울고 쓰르람이 쓰다우니
산채山菜를 맵다는가 박주薄酒를 쓰다는가
우리는 초야草野에 무쳐시니 맵고쓴줄 몰래라

▷박주薄酒는 좋지 못한 술.

문門닫고 글일런지 몃세월歲月이 되얏관듸
정반庭畔의 심은 솔이 노룡인老龍鱗[14]을 이루엇다
명원名園의 픠여 진한 도리桃李야 몃번인줄 알리오

▷노룡인老龍鱗은 늙은 소나무를 이름. ▷명원名園은 이름난 동산.
▷ 도리桃李는 복숭아와 오얏.

묵은해 보내올제 시름 한데 전송餞送하새
흰권무 콩인절미 자채술 국안주按酒에 경신庚申을 새오랼제
이윽고 자미승粢米僧 돌아가니 새해런가 하노라

▷한데는 함께. ▷전송餞送은 보내는 것. ▷흰권무는 흰떡. 타병, 타병打餠[15]. ▷콩인절미는 콩고물 무친 인절미. 자채술은 자채벼[누런 꺼럭 있는 초봄에 심는 벼] 쌀로 빚은 술. ▷경신庚申을 새오는 것은 도가道家에서 매양 庚申日경신일을 당하면 자지

14 원문 124쪽에는 '老龍麟'으로 오기되어 있다.
15 원문 125쪽에는 '打餅, 打餅'으로 오기되어 있다.

않고 앉어서 밤을 새우는 것을 이름. ▷자미승粢米僧은 또 재미승齋米僧이라고도 하는데 옛날 제석除夕날 밤에나 또는 정월正月 보름날에 아희들의 장명長命을 빌어 주겠다 하고 잿밥쌀을 얻으러 돌아단이는 중.

이정진李廷鎭, 영조英祖 시時 현감縣監 조태억서趙泰億婿

북두성北斗星 돌아지고 달은 미쳐 아니 졋다
녜는배 엇마ㅣ나 오냐 밤은 이믜 깊엇도다
풍편風便에 수성침數聲砧 들리니 다왓는가 하노라

▷북두성北斗星은 북두칠성北斗七星. ▷풍편風便은 바람ㅅ결. ▷수성침數聲砧은 다듬이 하는 두어 소리. 이는 당인唐人 전기錢起의 시詩. 두전월미락斗轉月未落, 주행야이심舟行夜已深, 유촌지불원有村知不遠, 풍편수성침風便數聲砧을 번역한 것.

송계연월松桂烟月, 영조英祖 시時 인人

늙어지니 벗이 없고 눈어두어 글못 볼싀
고금古今 가곡歌曲을 모도와 쓰는 뜻은
여긔나 흥을 부쳐 소일消日코저 하노라

▷고금古今은 예와 이제. ▷가곡歌曲은 노래.

칠십七十의 책冊을 써서 몇해를 보잔말고
어와 망령이야 남이 일정 우을노라

그려도 팔십八十이나 살자면 오래 볼법 있나니

▷어와는 감탄사感嘆詞. ▷망령은 망령妄靈, 늙어 정신을 못차리는 것.
▷일정은 분명. ▷우을노라는 웃을 것이라는 뜻.

김우규金友奎 자字 성백聖伯, 명가名歌

벼뷔여 쇠게 싯고 고기 건져 아희 주어
이소 네몰아가서 술을 몬저 걸러스라
날랑은 아직 취한 김에 흥치다가 가리라

오늘은 비개거니 삿갓에 호믜메고
뵈잠방이 걷어추고 큰논을 다맨후에
쉬다가 점심點心에 탁주濁酒먹고 새논으로 가리라

강호江湖에 비갠후ㅣ니 수천水天이 한빛인제
소정小艇에 술을 싯고 낙대를 나려가니
노화蘆花에 나니는 백구白鷗는 나를보고 반겨라

▷수천水天은 물과 하늘. ▷소정小艇은 조고만 배.

임의직任義直 자字 백형伯亨, 명금名琴

금파金波에 배를타고 청풍淸風으로 멍에하여
중류中流에 띄워 두고 생가笙歌를 알욀적의
취醉하고 월하月下에 섯시니 시름없어 하노라

▷금파金波는 반작이는 물ㅅ결 ▷청풍淸風은 서늘한 바람.
▷중류中流는 강ㅅ가운대. ▷생가笙歌는 생황笙簧으로 아뢰는 노래.

김시경金時慶

철총마鐵驄馬 타고 보라매 받고 백우장전白羽長箭 천근각궁千斤角弓 허리에 띄고
산山넘어 구름지나 꿩산영하는 저 한가閒暇한 사람
우리도 성은聖恩갚은 후에 너를 좃녀 놀리라

▷철총마鐵驄馬는 철총이, 모색毛色이 청백靑白한 말. ▷보라매는 일명一名 해동청海東靑, 조선 동북지방東北地方에 산출産出하여 팔八, 구월九月에 남방南方으로 오는 놈. ▷백우장전白羽長箭은 백우白羽를 낀 긴 화살. ▷각궁角弓은 우각牛角, 양각羊角으로 장식裝飾한 활. ▷좃녀는 좇아단여.

춘앵무사春鶯舞詞

익종예제翼宗睿製

고을사 월하보月下步의 깁소매 바람이라
곳앒에 섯는 태도態度 님을 정情을 맞어세라
아마도 무중舞中 최애最愛는 춘앵무春鶯舞인가 하노라

▷춘앵무春鶯舞는 정재무呈才舞의 일종一種. ▷월하보月下步는 달 아래 걸음. ▷무중 최애舞中最愛는 춤 가운데 가장 사랑스러운 것. ▷깁소매는 사수紗袖.

익종翼宗은 순조純祖의 아드님이오 헌종憲宗의 아버지신데 아직 동궁東宮에 계서 대리代理를 볼 때 그 어머님 순원왕후純元王后 진찬연進饌宴에 이 노래를 지어 올리는 것. 이걸 또 한시漢詩로는 선연월하보嬋姸月下步, 나삼무풍경羅衫舞風輕, 완전화전태宛轉花前態, 군왕임다정君王任多情이라 하였다.

익종예제翼宗睿製

벽도화碧桃花를 손에들고 백옥배白玉盃에 술을 부어
우리 성모聖母께 비는 말삼-저벽도碧桃와 같으소서 삼천년三千年에 곶이 픠나 삼천년三千年에 열매 맺어 곶도 무진無盡 열매도 무진無盡, 무진무진無盡無盡 장춘색長春色이라
아마도 요지瑤池 왕모王母에 천천수千千壽를 성모聖母께 들이고저 하노라

▷벽도화碧桃花는 천엽千葉으로 피는 복숭아꽃. ▷성모聖母는[16] 왕王의 후비后妃.

▷벽도碧桃는 신선神仙의 과실果實 삼천년三千年만에 한번 결실結實. ▷장춘색長春色은 장상長常 봄빛. ▷요지瑤池는 신선神仙이 사는 곳. ▷왕모王母는 서왕모西王母인데 서왕모西王母의 사는 궁궐宮闕은 귀산곤륜龜山崑崙과 낭풍閬風의 동산에 있는 바 좌左에는 요지瑤池요 우右에는 취수翠水라 함. 이도 익종翼宗이 동궁대리東宮代理에 있을 때 순원왕후純元王后 진찬연進饌宴에 지어 올린 노래.

금준金樽에 가득한 술을 옥잔玉盞에 받들고서
심중心中에 원하기를 만수무강萬壽無疆 하오소서
남산南山이 이뜻을 알아 사시四時 상청常靑하시라

▷옥잔玉盞은 옥玉으로 맨든 잔. ▷만수무강萬壽無疆은 수명壽命이 무한無限함. ▷사시四時는 춘하추동春夏秋冬. ▷상춘常春은 항상 푸름.

김민순金敏淳 자字 신여愼汝 호號 매월송풍梅月松風,
순조純祖 시時 현감縣監, 名歌명가

소년십오少年十五 이십시二十時에 하던일이 어제론듯
속곱질 뛰움질과 씨름 탁견 유산遊山하기 소골小骨 장기 투전投箋하기
저기차기 연鳶날리기 주사청루酒肆靑樓 출입出入다가 사람치기 하기로다
만일萬一에 팔자八字ㅣ가 좋아만정 신수身數가 험하던들 큰일날번 하괘라

▷탁견은 발ㅅ길질을 하여 서로 넘어트리는 것, 각희脚戲. ▷유산遊山은 등산登山. ▷소골小骨은 골패, 골패骨牌. ▷투전投箋은 투전, 투전投箋. ▷저기 차기는 축국蹴鞠, 희구戲毬. ▷연鳶은 연, 지연紙鳶. ▷주사청루酒肆靑樓는 술집과 기생妓生집.

---

16 원문 130쪽에는 '聖母는'이 누락되어 있다.

새소래 지저괴니 날밝은줄 알고 일어
일호주一壺酒 겯에놓고 삼척금三尺琴 희롱하니
이윽고 한가閒暇한 벗님네는 나를 찾어 오더라

▷일호주一壺酒는 한 병 술. ▷삼척금三尺琴은 세 자쯤 되는 거믄고.

박효관朴孝寬 자字 경화景華 호號 운애雲崖,
근세인近世人 명가名歌 고종高宗 십삼년十三年[1876—八七六]
가곡원류歌曲源流[일명一名 해동악장海東樂章] 편집編輯

님그린 상사몽相思夢이 실솔蟋蟀의 넋이 되어
추야장秋夜長 깊은 밤에 님의 방에 들엇다가
날잊고 깊이든 잠을 깨워볼가 하노라

▷상사몽相思夢은 서로 생각하여 꿈이 된 것. ▷실솔蟋蟀은 귀뜨라미.
▷추야장秋夜長은 긴긴 가을밤.

꿈에 왓든님이 깨어보니 간듸 없다
탐탐히 괴든 사랑 날바리고 어듸 간고
꿈속이 허사虛事ㅣ라망정 자로 뵈게 하여라

▷탐탐히는 탐탁스러이. ▷자로는 자주.

매화사梅花詞 제육第六

안민영安玟英 자字 형보亨甫, 형보荊寶 호號 주재周齋,
근세인近世人, 주옹만록周翁漫錄이라는 자작가사집自作歌辭集
금옥총부金玉叢部 일권一卷이 있음

바람이 눈을 몰아 산창山窓을 부드치니
찬긔운 새여들어 잠든 매화梅花를 침노한다
아모리 얼우려 허인들 봄뜻이야 앗을소냐

▷산창山窓은 산山 밑의 집 창문窓門. ▷허인들은 하온들과 같은 말.

주재周齋는 워낙 운애雲崖 박효관朴孝寬의 문생門生인바 헌종憲宗 육년六年 경자동庚子冬에 운애산방雲崖山房에서 운애雲崖와 오기여吳岐汝와 평양기平壤妓 순희順姬와 전주기全州妓 향춘香春과 함께 모여 금가琴歌를 하였다. 운애雲崖는 본시本是 매화梅花를 좋아하여 손소 심어 안상案上에 두었는데 마침 두어 송이가 벌었다. 인하여 운애산방雲崖山房 매화사梅花詞를 팔수八首를 지었다.

매화사梅花詞 제칠第七

안민영安玟英

저건너 나부산羅浮山 눈속에 검어우뚝 울통불통 광대등걸아
네무슨 힘으로 가지柯枝돋혀 꽃조차 저리 피엿는다
아모리 석은배 반半만 남앗을망정 봄뜻을 어이 하리오

▷나부산羅浮山은 중국中國 광동廣東 증성현增城縣에 있는 명산名山, 매화촌梅花村이 이 산구山口에 있어 앞에는 마고麻姑, 옥녀玉女, 이봉二峯을 대하고 심죽한계深竹寒溪에 퍽 유절幽折하고 게 사는 사람들은 매화梅花를 길러 생계生計를 하고 우양牛羊의 밟히는 것이 다 매화梅花라 한다. ▷광대등걸은 고목古木이 되어 툭툭 내민 등걸.

안민영安玟英

고을사 저꽃이여 반半만 여윈 저꽃이여
더도 덜도 말고 매양 그만 허여 있어
춘풍春風에 향기香氣 좇는 나뷔를 웃고맞어 허노라

장공長空 구만리九萬里에 구름이 쓸어 녜고
두렷이 굴러올라 중앙中央에 밝았으니
알괘라 성세聖世 상원上元은 이밤인가 하노라

▷알괘라는 알겠다. ▷성세聖世는 성주聖主의 치세治世.
▷상원上元은 정월십오일正月十五日.

말이 놀라거늘 혁革잡고 굽어 보니
금錦-수繡 청산靑山이 물속에 잠겨세라
저말아 놀라지 마라 이를 보려 하노라

▷혁革은 말 굴렛줄. ▷금수錦繡은 비단과 같이 고운 것.

우리 둘이 후생後生 하여 네나 되고 나너 되여
내너 그려 긋든 애를 너도 날그려 긋쳐보렴
평생平生의 나설허 하든줄을 돌려보면 알리라

▷후생後生은 죽은 후 다시 이 세상世上에 생겨나는 것. ▷긋쳐는 긋치어.

북소리 들리는 절이 머다한들 엇마 멀리
청산지상靑山之上이오 백운지하白雲之下이엿마는
그곳에 백운白雲이 자옥하니 아모덴줄 몰래라

설월雪月이 만정滿庭한듸 바람아 부지 마라
예리성曳履聲 아닌줄은 판연判然히 알건마는
그립고 아쉬운 마음에 행혀 귄가 하노라

▷설월雪月은 눈과 달. ▷만정滿庭은 뜰에 가득함.
▷예리성曳履聲은 신 끄는 소리. ▷판연判然히는 분명分明히.

앞논에 오려를 뷔여 백화주百花酒를 비져두고 뒷동산 송지松枝에 전통箭筒우헤 활지어 걸고
흩어진 바독 쓸어치고 손조 구글무지 낚아 울버들에 께여 돌 지즐러 물에 채와두고
아희야 날볼손 오셔드란 긴여흘로 살와라

▷오려는 일즉 먹는 벼. ▷백화주百花酒는 백 가지 꽃을 따 말려 그걸로 빚은 술. ▷전통箭筒은 화살 통. ▷활지어는 썽겼던 활줄을 느추는 것. ▷손조는 손수, 친히. ▷구글무지는 물고기 이름. ▷움버들은 움으로 난 버들ㅅ가지. 지즐러는 눌러. ▷긴여흘은 긴 여흘믈. ▷살와라는 여쭈어라.

귀또리 귀또리 어엿브다 저귀또리
어인 귀또리 지는달 새는밤에 긴소래 저른 소래 절절節節히 슳은 소래
제혼자 울어네여 사창紗窓 여흰 잠을 살뜰이도 깨오는제고
두어라 제비록 미물微物이나 무인無人 동방洞房에 내뜻알리는 저뿐인가
하노라

▷절절節節히는 마디마디. ▷울어네여는 울어가. ▷사창紗窓은 깁으로 발른 창窓, 즉 여자女子의 거처居處하는 방. ▷여흰잠은 겨우 든 잠. ▷미물微物은 미미한 물건. ▷무인동방無人洞房은 홀로 자는 방.

창窓밖이 어룬어룬커늘 님만 너겨 펄떡 뛰여 뚝 나서 보니
님은 아니 오고 우수룸 달빛에 열구름이 날속엿고나
마초아 밤일셋만정 행혀 낮이런들 남우일번 하여라

▷열구름은 엶은 구름. ▷남우일번은 남 웃길 번.

가을해 혓듯 엇마나 가리 나귀안장鞍裝으란 차르지 마라
운산雲山은 검어어득침침沈沈, 석경石逕은 기구잔잔崎嶇[17]潺潺한듸 저뫼

흘 넘어 내어이 가리
초당草堂에 값없은 명월明月과 함끠 놀려 하노라

▷휫듯은 번쩍과 같은 뜻. ▷운산雲山은 구름 낀 산山. ▷석경石逕은 돌ㅅ길. ▷기구잔잔崎嶇潺潺은 우뻭지뻭하고 물도 잔잔히 흐르는 것. ▷초당草堂은 샛집, 샛풀로 인 집.

대천大川바다 한가운대 중침中針 세침細針 풍덩 빠져
여남은 사공沙工놈이 길넘은 사아ㅅ대로 귀께여 내단말이 있어이다
님아 님아 열놈이 백百말은 할지라도 짐작하여 들으시소

▷대천大川바다는 충청남도忠淸南道 남포藍浦 앞바다. ▷중칙中針, 세침細針은 바늘의 중간 놈과 가는 놈. ▷사아는 또 사야槎枒라고도 하는데 사앗대는 삿대 또는 상앗대, 물속을 짚어보는 기다란 대.

물아래 그림자 지니 다리우희 중이 간다
저중아 거긔 서거라 너 어듸 가노 말물어 보자
손으로 백운白雲을 가리치며 말아니코 가더라

물아래 세細가락모래 아무만 밟다 발자최 나며
님이 나를 아무만 괴인들 내아던가 님의 정을

17 원문 138쪽에는 '峙嶇'로 오기되어 있다.

광풍狂風에 디부친 사공沙工같이 깊이를 몰라 하노라

▷세細가락모래는 가는 모래. ▷아무만은 암만. ▷괴인들은 사랑한들.
▷광풍狂風은 모진 바람. ▷디부치는 막 부드친 것.

나무도 바히 돌도 없은 뫼헤 매게 휘조친 가토리 안과
대천大川바다 한가운대 일천석一千石 실은 배헤 노櫓도 잃고 닷도 끊고
용총龍摠도 걷고 지鷲도 빠지고 바람 불어 물ㅅ결 치고 안개 뒤섞여
자자진 날에 갈길은 천리千里 만리萬里 남고 사면四面은 검어어득 저뭇
천지적막天地寂寞 가치놀 떳논듸 수적水賊맞난 사공沙工의 안과
엊그제 님여흰 나의 안이사 엇다가 가흘하리오

▷바히는 전혀. ▷안은 맘. ▷가토리는 암꿩. ▷용총龍摠은 돛대에 다는 줄. ▷지鷲는 키, 배 뒤에서 배를 조종 하는 것. 타舵. ▷가치놀은 아롱다롱한 노을, 채하彩霞. ▷수적水賊은 바다로 단이는 도적. ▷님여흰은 님을 상실喪失한. ▷가흘은 견주는 것.

간밤에 부던 바람에 만정滿庭 도화桃花 다지거다
아희는 뷔를 들고 쓸으려 하는고야
낙화落花인들 곶이 아니랴 쓸어 무삼 하리오

남하여 편지 전치 말고 당신當身이 제오 되여
남이 남의 일을 못일과저 하랴마는

남하여 전한 편지니 일똥 말똥 하여라

▷제오되여는 남을 시기지 말고 자기自己가 하라는 뜻. ▷못일은 못되게 함과 같은 뜻.

닷드자 배떠나니 이제가면 언제오리
만경萬頃 창파蒼波에 가는듯 돌아 오소
밤중中만 지국총 소리에 애긋는듯 하여라

▷닷은 쇠로 갈고리지게 맨들고 게다 줄을 달어 물속에 던져 배를 정박定泊시기는 것. 묘錨, 정碇. ▷만경창파萬頃蒼波는 호호망망浩浩茫茫한 바다. ▷가는듯은 가는 길로 곧. ▷밤중中만은 밤중쯤. ▷지국총은 지국총至匊悤, 또는 지국총至菊叢이라고도 쓰는데 이는 닷 줄 감는 소리.

이는 서경西京[평양平壤]악부樂府 십팔무十八舞의 하나인 이선악가離船樂歌인데 이선악離船樂은 옛날 수로水路로 중국사신中國使臣 행차行次를 갈 때 만리창파萬里滄波에 배를 떠내보내는 모양을 말한 것이다.

박朴 연암燕岩 열하일기熱河日記 권오卷五 막북행정록중漠北行程錄中 아동대악부我東大樂府, 유소위배타라有所謂排打羅[배따라기], 기곡방언其曲方言, 여왈이선如曰離船, 기곡처처욕절其曲凄悽欲絶,……발선포發船砲, [닷]인수정거범因收碇擧颿, 군기제가羣妓齊歌, 차축기가왈且祝其歌왈 정거혜선리碇擧兮船離, 차시거혜하시래此時去兮何時來, 만경창파거사회萬頃蒼波去似廻 라는 것이 즉이 노래다. '닷드자'를 '달뜨자'라고 적은곳도 있으나 이는 와전訛傳이다. 이상以上 기록記錄으로도 그러려니와 문맥文脈으로도 부당不當하다.

청산靑山 자부송自仆松아 네어이 누엇는다
풍상風霜을 못이기여 뿌리 젓져 누엇노라
가다가 양공良工을 맞나거든 날옛더라 일러라

▷자부송自仆松은 스스로 자빠진 소나무. ▷젓져는 젓쳐, 즉 잣쳐진 것.
▷양공良工은 놀라운 공장工匠이. ▷날옛더라는 내가 예 있더라.

초당草堂뒤헤 와앉어 우는 솟적다새야 암솟적다 우는 샌다 숫솟적다 우는 샌다
공산空山이 어듸 없어 객창客窓에 와앉어 우는다 저솟적다새야
공산空山이 하고많으되 울듸 달라 우노라

▷솟적다새는 두견杜鵑. ▷객창客窓은 나그내ㅅ집.

바람도 쉬여 넘고 구름이라도 쉬여 넘는 고개
산진山陳이 수진水陳이라도 쉬여 넘는 고봉高峯 장성령長城嶺 고개
그넘어 님이 왓다 하면 나는 한번도 아니 쉬여 넘으리라

▷산진山陳이, 수진水陳이는 매[응鷹] 이름인데 산山에서 생장生長한 매를 산진山陳이, 섬에서 생장生長한 매를 수진水陳이라 함. ▷고봉高峯 장성령長城嶺 고개는 태산준령泰山峻嶺.

모시를 이리저리 삼아 두루 삼아 감삼다가

가다가 한가운대 똑끊져지옵거든 호치단순皓齒丹唇으로 흠빨며 감빨아
섬섬옥수纖纖玉手로 두끝 마조 잡아 뱌뷔쳐 이으리라 저모시를
우리도 사랑긋쳐 갈제 저 모시같이 이으리라

▷호치단순皓齒丹唇은 하얀 닛발과 빨간 입술. ▷흠빨은 깊이 빠는 것. ▷감빨은 감아 빠는 것. ▷섬섬옥수纖纖玉手는 간여린 하이한 손. ▷뱌뷔쳐는 비벼 부치는 것.

바람 불어 쓰러진 뫼 보며 눈비 맞아 석은 돌 보며
눈정에 걸온 님을 슬커늘 네, 언제 본다
돌석고 뫼쓸린후면 이별離別인가 하노라

▷눈정은 남모르게 두고 지내는정. ▷걸온은 걸은. ▷슬커늘은 실컷

누운들 잠이 오며 기다린들 님이 오랴
이제 누어신들 어늬 잠이 하마 오리
찰하로 앉은 곳에서 긴밤이나 새오자

겨을날 다사한 볕을 님의게 쪼이과서
봄미나리 살진 맛을 님의 손대 들이과저
님께야 무엇이 없으리오마는 내못 잊어하노라

당인唐人 두보杜甫의 자배가이헌천자炙背可以獻天子, 미근유래지야인美芹

由來知野人이라는 시詩보다도 알뜰한 맛이 더하다.

내집이 길츼양하여 두견杜鵑이 낮에 운다
만학萬壑 천봉千峯의 외사립 닫았는듸
개조차 짖는일 없어 곶지는데 조오더라

▷길츼양은 그윽하고 으슥한 모양. ▷만학천봉萬壑千峯은 깊고 깊은 산속.
▷외사립은 외로운 사립문.

가마괴 칠하여 검으며 해오리 늙어 희랴
천생天生 흑백黑白은 녜부터 있건마는
어찌타 날보신 님은 검다 희다 하는고

먼뒷개 자로 짖어 몇사람을 지내연고
오지 못할세면 오만 말이나 마올것이
오마코 아니 오는 일은 내내 몰라 하노라

내본시本是 남만 못하여 해온일이 바히 없네
활쏘아 한일 없고 글일러 인일 없다
찰하로 강산江山에 물러와 밭갈이나 하리라

저건너 검어무투룩한 바회 정錠대여 깨두드려 내어
털돋히고 뿔을 박아서 흥성드뭇것게 맹글려라 감은 암소
두엇다가 님이별離別하고 가오실제 것구로 태여 보내리라

▷정錠은 돌을 깨고 다듬는 쇠. ▷흥성드뭇것게는 흠뻑 멋지게.

궁녀宮女

앞못에 든 고기들아 뉘라서 너를 몰아다가 넣거늘 든다
북해北海 청소淸沼를 어듸 두고 이못에 와 든다
들고도 못나는 정은 네오 내오 다르랴

▷북해청소北海淸沼는 호호망망浩浩茫茫한 바다를 이름.

네집이 어듸메오 이뫼 넘어 긴 江강우희
죽림竹林[18] 푸르르고 외사립 닫앗는듸
그앞의 백구白鷗ㅣ 떠잇이니 게가 물어 보시소

▷죽림竹林은 대숲

방초芳草 욱어진 골에 시내는 울어 녠다

---

18 원문 148쪽에는 '野林'으로 오기되어 있다.

가대歌臺 무전舞殿이 어듸 어듸 어듸메오
석양夕陽에 물찬 제비야 네다 알까 하노라

▷넨다는 간다. ▷가대무전歌臺舞殿은 춤추고 노래하던 곳.

꽃은 밤비에 피고 비진 술이 다 익거다
거믄고 가진 벗이 달과 함끠 오마더니
아희야[19] 모첨茅簷에 달오른다 벗오시나 보아라

▷모첨茅簷은 초가草家집 처마.

말타고 꽃밭에 드니 말굽아래 향내 난다
주천당酒泉堂 돌아 드니 아니 먹은 술내 난다
어찌타 눈정에 거론 님은 말이 몬저 나느니

▷주천당酒泉堂은 술맛 같은 샘물 옆에 있는 집.

용산龍山 삼개 동작지간銅雀之間에 늙은 돌이 있다하네
아희 거짓말 마라 돌늙는듸 보았느냐
녯노인老人 두고 하신말슴 노돌老乭이라 하옵데

▷삼개는 마포麻浦. ▷동작銅雀은 흥작匈雀이나루, 옛날에는 남도南道로 가는 큰길.

19 원문 149쪽에는 '마희야'로 오기되어 있다.

▷노돌老乭은 로돌.

새벽 서리 지샌 달에 외기러기 울어넨다
반가온 님의 소식消息 행혀나 너겻더니
다만지 창망蒼茫한 구름밖에 뷘소리만 들리더라

▷옛날 중국中國 고대古代, 한漢의 소무蘇武가 흉노匈奴한테 사신使臣으로 갔다가 굴屈치 않고 옮겨 북해상北海上에 있을 때 기러기 발목에다 백서帛書를 부쳤더니 그 기러기가 한漢의 상림上林으로 날아와 공교히 화살을 맞아 떨어졌다. 그래서 죽었다 하던 소무蘇武가 살아있는 줄을 알았다. 그 뒤, 이 일을 인하여 기러기가 소식消息을 전한다는 말을 항용 쓰는 것이다.

사랑이 긔어떠터냐 둥구더냐 모지더냐
기더냐 저르더냐 밟고남아 자일느냐
하그리 긴줄을 모르되 끝간대를 몰래라

나뷔야 청산靑山 가자 범나뷔 너도 가자
가다가 저믈거든 꽃에 들어 자고 가자
꽃에서 푸대접하거든 닢에서나 자고가자

▷푸대접은 대접을 잘 못하는 것, 냉대冷待.

가더니 잊은양하여 꿈에도 아니 뵈네
내아니 저를 잊엇거든 젠든 혈마 잊을소냐
엇마나 긴장할 님이완듸 살든 애를 긋는고

▷혈마는 설마, 아마. ▷긴장할는 굉장할. ▷살든은 살뜰스러이.

환자還子도 타와 있고 소천어小川魚도 건져 왓네
비진 술 새로 익고 뫼헤 달이 돋아 온다
아희야 거믄고 청쳐라 벗청하여 놀리라

▷환자還子는 또 환상還上이라고 하고 환자는 사창社倉의 곡식을 봄새 인민人民에게 빌려 주었다가 가을에 도로 받어 들이는 것. ▷청쳐라는 청줄을 쳐 음조音調를 마추어 보는 것. 즉 거믄고에는 문현文絃, 유현遊絃, 대현大絃, 괘상청棵上淸, 괘외청棵外淸, 무현武絃의 여섯 줄이 있는 데 음音의 고저高低, 장단長短, 강약强弱을 그 줄들에 마추어 보는 것.

아자 아자 나쓰든 되황모시필黃毛[20]試筆 수양매월首陽梅月을 검게 갈아 흠벅 직어
창窓ㅅ전에 얹었더니 댁대글 구우러 뚝 나려지거고 이제 돌아가면 얻어을법 이시련마는
아모나 얻어 가져서 그려보면 알리라

▷아자 아자는 아차 아차. ▷되황모黃毛는 호지胡地에 나는 황모黃毛. ▷시필試筆은

20 원문 153쪽에는 '黃色'으로 오기되어 있다.

과시科試에 쓸 붓. ▷수양매월首陽梅月은 해주묵海州墨의 일종一種.

이 노래를 또 '아자 내황모시필黃毛試筆 묵墨을 무쳐 창窓밖에 지거고, 이제 돌아가면 얻을법 잇것마는, 아모나 얻어가 져서 그려보며 말리라'라 하여 가곡歌曲의 이북전二北殿으로 적은 것도 있다.

거울에 비췬 얼굴 내보기예 꽃같거든
허물며 단장하고 님의 앞에 뵐 적이랴
이단장 님을 못뵈니 그를 슬허 하노라

약산동대藥山東臺 어즈러진 바회 틈에 왜척촉倭躑躅같은 저내 님이
내눈에 덜뭡거든 남인들 지내보랴
새많고 쥐꾀인 동산에 오조 간듯 하여라

▷약산동대藥山東臺는 평안북도平安北道 영변읍寧邊邑 서팔리西八里에 있는 명승지名勝地. ▷왜척촉倭躑躅은 왜철죽. ▷오조는 일게 익는 조[조속早粟].

당천자唐天子 일북문一北門으로 도망하여 달아날제
앎에는 장강長江이오 뒤에 딸흐느니 요동遼東 개소문蓋蘇文이라
어찌타 백포소장白袍小將 설인귀薛仁貴는 어데 가고 날못찾노

▷당천자唐天子는 중국中國 고대古代의 당태종唐太宗[이세민李世民]. ▷일북문一北門은 문門 이름. ▷장강長江은 긴 강江. ▷요동遼東은 지금 만주滿洲 봉천奉天 동남경東南境, 요하遼河의 동東인데 그때 고구려高句麗 땅. ▷개소문蓋蘇文[곱소문]의 성姓은

연淵인데 당고조唐高祖의 이름이 그 자字이므로 피避하여 천泉으로 고치고 고구려말高句麗末, 보장왕寶藏王 때 막리지莫離支[수상首相]. ▷백포소장白袍小將은 백포白袍를 입은 군대軍隊의 소장小將이오 백포白袍는 군대軍隊의 입는 옷. ▷설인귀薛仁貴는 본명本名은 예禮요 인귀仁貴는 자字인 바 용문인龍門人으로서 보장왕寶藏王 사년四年[645六四五]에 당태종唐太宗이 친親히 대군大軍을 거느리고 고구려高句麗를 치러올 때 응모應募하여 종군從軍하였다. 그때 여병麗兵과 말갈병靺鞨兵이 연합聯合하여 사십리四十里에 뻬치고 있으매 태종太宗이 바라다보고 두려워하였다. 설인귀薛仁貴가 奇服기복을 입고 돌연突然히 나서 대호함진大呼陷陣하여 여병麗兵이 좀 피미披靡하였으나 안시성주安市城主 양만춘梁萬春이가 고수固守하였으며 당태종唐太宗은 화살을 맞어 눈 하나만 멀고 아무 공功도 없이 육십일六十日 만에 물러갔다.

창窓밖에 초록풍경草綠風磬 걸고 풍경風磬아래 공작미孔雀尾로 발을다니
바람 불적마다 흩날려서 이애는 소리도 좋거니와
밤중만 잠결에 들어보니 원종성遠鍾聲인듯 하여라

▷초록풍경草綠風磬은 초록草綠빛인 풍경風磬. ▷공작미孔雀尾는 공작孔雀의 꼬리처럼 맨들어 달은 것. ▷이애는 서로 부드침. ▷원종성遠鍾聲은 먼 데 종소리.

두터비 전파리 물고 두엄우헤 치달아 서서
건너산山 바라보니 백송골白松鶻[21]이 떠있거늘 가슴이 아조 금즉하여 펄적 뛰여 내닷다가 인하야 그아래로 도로 엎드러지니
마츰에 날랜세만정 행혀 둔자鈍者ㅣ란들 어혈瘀血질번 하괘라

21 원문 156쪽에는 '白松鵑'으로 오기되어 있다.

▷두터비는 두꺼비. ▷전파리는 파리에 크고 파란 놈. ▷백송골白松鶻[22]은 매의 일종一種. ▷금즉하여는 끔찍하여. ▷둔자鈍者는 둔함 놈. ▷어혈瘀血은 상하여 피가 맺힌 것.

청개고리 이질痢疾 복질腹疾 앓아 죽든 밤에 금金두꺼비 화랑花郞이 즈노고새남 갈제
청靑뫼또기 계대는 장고長鼓 덩더럭 치는듸 흑黑뫼또기 전악典樂은 적笛히느리 분다
어듸서 산山진거복 돌진 가재는 무고巫鼓 둥둥 치느니

▷화랑花郞은 신라新羅의 제도制度로서 아름다운 소년少年을 뽑아 일컫든 것인데 그 후는 광대를 이름. ▷즈노고새남은 사람이 죽은 뒤 무당을 시켜 그 저승길을 밝혀주는 것. ▷계대는 기생妓生. ▷전악典樂은 장악원掌樂院의 일직一職. ▷산山진거북은 산山을 질머진 거북. ▷돌진가재는 돌을 질머진 가재. 이는 그런 전설傳說을 쓴 것. ▷무고巫鼓는 북의 일종一種.

논밭 갈아 기음 매고 뵈잠방이 다임쳐 신들메고 낫갈아 허리에 차고 도끼 벼려 두러메고
무림산중茂林山中 들어가서 삭다리 마른섶을 뷔거니 버히거니 지게에 질머 지팡이 바쳐놓고 새암을 찾아가서 점심點心도 슯부시고 곰방대를 톡톡 떨어 닢담배 퓌여물고 코노래 조오다가
석양夕陽이 재넘어 갈제 어깨를 추이즈며 긴소래 저른 소래하며 어이

22 원문 156쪽에는 '白松鶴'으로 오기되어 있다.

갈고 하더라

▷기음은 깃음. 잡초雜草. ▷다임은 대님. ▷무림산중茂林山中은 숲이 무성한 산속. ▷삭다리는 삭은 다리, 썩은 가지. ▷마른섶은 마른 가지. ▷뷔거니는 베거니. ▷버히거니 베여지거니. ▷새암은 섬, 천泉. ▷슮부시는 번쩍 먹어 버리는 것. ▷추이즈는 어깨춤을 추는 것.

이리 헤고 저리 헤니 속절없은 셈만 난다
험궂은 이몸이 살고저 살앗느냐
지금에 아니 죽은 뜻은 님뵈오려 함이라

이리하여 날속이고 저리하여 날속이니
원수 이님을 잊엄즉도 하다마는
전전前前에 언약言約이 중重하니 못잊을가 하노라

동창東窓에 돋앗던 달이 서창西窓으로 도지도록
못오실 님 못오신들 잠은 어이 가져간고
잠조차 가져간 님이니 생각 무슴 하리오

▷도지도록은 돌아지도록.

나보기 좋다하고 남의 님을 매양 보랴

한열흘 두닷새에 여드레만 보고지고
그달도 설흔 날이면 또이틀을 보리라

닭아 우지 마라 옷벗어 중전中錢주료
날아 새지 마라 님의 손대 빌었노라
무심無心한 동東녁다히는 점점漸漸 밝어 오더라

▷동東녁다히는 동東녁 땅. 동방東方.

백초百草를 다심어도 대는 아니 심으리라
젓대는 울고 살대는 가고 그리느니 붓대로다
구르나 울고 가고 그리는 대를 심어 무슴 하리오

▷백초百草는 온갖 풀. ▷젓대는 적笛ㅅ대.

목붉은 산상치山上雉와 홰에 앉은 송골매와
집앞논 무살미에 고기엿는 백로白鷺ㅣ로다
초당草堂에 너희곳 없으면 날보내기 어려왜라

▷산상치山上雉는 산에 있는 꿩. ▷홰는 닭이나 매를 앉히는 나무. ▷송골매는 해동청海東青[23]. ▷무살미는 물살이 나려지르는 곳.

23 원문 161쪽에는 '海東海'로 오기되어 있다.

소원小園 백화총百花叢에 나니는 나뷔들아
향香내를 조히 녀겨 가지마다 앉지 마라
석양夕陽에 숨굳은 거믜는 그믈 맺고 엿는다

▷소원小園[24]은 조고마한 동산. ▷백화총百花叢은 온갖 꽃떨기.
▷나니는 날아단이는 것. ▷숨굳은 음흉陰凶한.

어와 우읍괴야 세상世上사람 우읍괴야
크나큰 남의 배를 사공沙工없이 빌어 타고
가엾은 환해宦海 풍파風波의 떠날뉘를 모르나니

▷어와는 감탄사感嘆詞. ▷우읍괴야는 우습고야.
▷환해풍파宦海風波는 벼슬길의 환난患難. ▷떠날뉘를은 떠날 줄을.

매화梅花 픠다커늘 산중山中에 들어 가니
봄눈 깊엇는듸 만학萬壑이 한빛이라
어듸서 곳다운 향香내는 골골이서 나느니

비는 오신다마는 님은 어히 못오시노
구름은 간다마는 나는 어히 못가는고
우리도 언제 구름비 되어 오락가락 하리오

24 원문 161쪽에는 '小山園'으로 오기되어 있다.

금화金化 금성金城 수수ㅅ대 반半단만 얻어 조고만 말마치 주푸루여 움을 묻고
조죽粥 니죽粥 백양저白楊箸로 직어-자네 자오 나는 마의-서로 권하올만정
평생平生에 이별離別뉘 없으면 긔좋은가 하노라

▷금화金化[25] 금성金城은 강원도江原道에 있는 고을. ▷반半단은 반半다발. ▷말마치는 말[斗두]만하게. 움은 움ㅅ집. ▷조죽粥은 좁쌀죽粥. ▷니죽粥은 닙쌀, 즉 백미죽白米粥. ▷백양저白楊箸는 백양白楊 즉 사시나무로 맨든 저ㅅ가락. ▷직어는 찍어. ▷자네 자오 나는 마의는 자네 자시오 나는 말겠네. ▷이별離別뉘는 이별離別의 뉘, 뉘는 세상世上.

간밤에 지게 여던 바람 살뜨리도 날속인다
풍지風紙 소리에 님이신가 나가본 나도 외다마는
진실眞實로 들나곳하더면 밤이 조차 우을랏다

▷지게는 문門. ▷외다는 긇다. ▷들나곳하더면은 들어오라 하였드면.

보거든 슬뮙거나 못보거든 잊히거나
제나지 말거나 내 저를 모르거나
찰하로 내몬저 츽여서 제 그리게 하리라

▷슬뮈는 실증나는 것. ▷츽여서는 죽어서.

25 원문 163쪽에는 '今化'로 오기되어 있다.

비파琵琶야 너는 어이 간곳마다 앙조아리는고
싱금한 목을 에후루여 진득 안고 엄파같은 손으로 배를 잡아 뜯거든 아니 앙조리랴
잇다감 대주大珠 소주小珠 낙옥반落玉盤헐제면 떠날뉘를 모르노라

▷엄파는 움파, 아총芽葱. ▷낙옥반落玉盤은 옥玉쟁반에 떠러짐. ▷떠날뉘는 떠날 줄.

달바자는 쨍쨍 울고 잔듸 속에 속닢 난다
삼년三年묵은 말가족은 외용지용 우지는듸 노처녀老處女의 거동擧動보소 함박 족박 드더지며 역정逆情내여 이른말이-바다에도 섬이있고 동뢰연同牢宴 첫사랑을 꿈마다 하여뵈네
글르사 월로승月老繩의 인연因緣인지 일락 패락 하여라

▷달바자는 달대[추萩]로 엮은 바자[파자笆子], 바자는 달이나 대로 엮어 울타리 하는 것. ▷우지는 울어 지저귀는 것. ▷드더지는 들어 던지는 것. ▷역정逆情은 성내는 것. ▷동뢰연同牢宴은 동뢰연, 혼인婚姻 때 하는 잔치. ▷그를사는 글르다. ▷월로승月老繩는 월하노인月下老人이 인간人間의 연분緣分을 맺어주는 것. 월하노인月下老人은 옛날 당唐의 위고韋固라 하는 이가 여행旅行을 하다 송성宋城 남점南店에 이르니 한 노인老人이 달을 향向하고 앉어 무슨 책冊을 뒤적이고 있다. 위고韋固가 그게 무슨 책冊이냐 한즉 천하天下의 혼인婚姻을 적은 것이라 하였다. 그리고 싸전으로 들어가니 애꾸눈이 된 여자女子가 세 살 된 계집애를 안고 나왔다. 노인老人이 그 계집애를 가리치며 저 아이가 그대의 안해라 하였다. 위고韋固는 노하여 칼을 갈아 하인下人에게 주며 그 계집애를 죽이라 하였다. 하인下人은 여러 사람 속에서 그 계집애를 지르고 달아났다. 그런 뒤 십사十四년에 상주자사相州刺史 왕태王泰의 사위가 되었다. 그 안해가 얼굴은 퍽 화려華麗한데 항상 눈썹 사이에 한

화전花鈿을 부치고 있다. 위고韋固가 그 까닭을 물은즉 '옛날 어렸을 때 유모진씨乳母陳氏가 나를 안고 저자에 나갔다가 미친 도적놈에 찔렸다' 한다. 위고韋固가 또 묻되 진씨陳氏가 애꾸눈이냐 하매 과연 그러타 하였다. 위고韋固가 그 전 일을 다 말하고 서로 더욱 공경하고 사랑하였다. 송성宋城 원님이 듣고는 그 점店을 정혼점定婚店이라 하였다. 월로승月老繩이라는 문자는 이로써 생겼고 또 온인婚姻 중매하는 이를 월하노인月下老人, 또는 월하빙인月下氷人이라기도 한다.

나무아미타불南無阿彌陀佛 나무아미타불南無阿彌陀佛한들 중마다 성불成佛하며
공자孔子ㅣ왈曰 맹자孟子ㅣ왈曰한들 사람마다 득도得道하랴
아마도 득도성불得道成佛은 도양난都兩難인가 하노라

▷나무아미타불南無阿彌陀佛은 중의 염불念佛. ▷공자孔子ㅣ왈曰 맹자孟子ㅣ왈曰은 선비의 이르는 글. ▷득도성불得道成佛은 도道를 통하고 부처를 이름. ▷도양난都兩難은 둘이 다 어려운 것.

아희야 그믈 내여 어선漁船에 실어 놓고
덜괸술 막걸러 주준酒樽에 담아 두고
어즈버 배놓지 마라 달기다려 가리라

어리거든 채어리거나 미치거든 채미치거나
어린듯 미친듯 아는듯 모르는듯
이런가 저런가 하니 아모란줄 몰래라

삼각산三角山 푸른 빛이 중천中天에 솟아 올라
울총鬱葱 가기佳氣란 상궐象闕에 부쳐 두고
강호江湖에 잔잡은[26] 늙은이란 매양 취케 하소서

▷울총가기鬱葱佳氣는 성하게 여린 영기靈氣. ▷상궐象闕은 궐문闕門, 궁궐宮闕.

청천靑天에 떳는 매가 우리님의 매도 같다
단장고 빼깃에 방울소리 더옥 같다
우리님 주색酒色에 잠기여 매떠는줄 모르거라

▷단장고는 매단장고, 매를 표標한 것. ▷빼깃은 빼깃, 매의 미우尾羽가 십이十二인데 그 한가운데에 있는 이우二羽를 독미우獨尾羽라 하고 게다 매방울을 다는 것. ▷주색酒色은 술과 계집.

시비柴扉에 개짖어도 석경石逕에 올이 없다
듯느니 물소리오 보느니 미록麋鹿이로다
인세엇매나 지난지 나는 몰라 하노라

▷시비柴扉는 가시 사립. ▷미록麋鹿은 사슴, 노루 등.

누리소서 누리소서 만천세萬千歲를 누리소서
무쇠 기동의 꽃피여 열음 열어 따들이도록 누리소서

26 원문 168쪽에는 '간잡은'으로 오기되어 있다.

그남아 억만세億萬歲밖에 또만세萬歲를 누리소서

▷누리는 이어 사는 것. ▷무쇠는 수철水鐵, 생철生鐵, 선철銑鐵.

1947年 3月版

歷代時調選

臨時定價 80圓

編　者　李秉岐

發行者　博文出版社

서울市鐘로2街86

電光③ 1. 169

명시조감상 名時調鑑賞

명시조감상名時調鑑賞

이병기李秉岐 신석정辛夕汀 공저共著

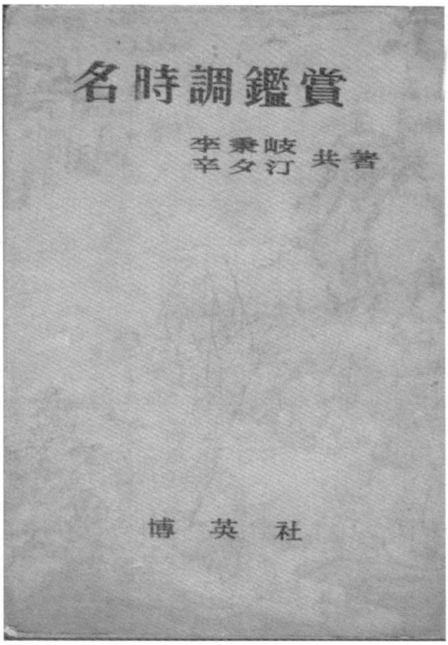

『명시조감상』 이병기, 신석정 저, 박영사,
1958 표지 사진

박영사博英社

서문序文

시조의 나이 오백 년을 헤어오건만 아직도 많은 사람의 것으로서 시조가 읽혀지지 않는 데는 그 이유가 여러 가지 있을 것이다. 이의 보급이나 해석을 위해서 그동안 고시조를 정해한 서적의 출판이 없지 않았으나, 대개 그 내용하는 바를 보면 천편일률 고어의 해석이나 맞춤법을 바로잡는 데 그치고, 그 시조가 지니고 있는 정신이나 한국적 리리시즘이 풍기는 그 진한 향기를 전하는데, 충실하기보다는 마치 한시를 새겨나가듯이 풀이한 것이 거의 그 대부분을 차지하고 있다.

그렇지 않아도 시조라면 언필칭 진부한 옛날 학자들이 한학漢學의 여기餘技로 또는 취여醉餘의 흥으로 화조월석花鳥月夕에 음풍영월吟風詠月로써 한시에 토를 붙인 정도로 인생의 무상을 탁의서회托意敍懷한 『어즈버』 『하노라』의 체념적 영탄을 비난하는가 하면, 그 시형이 가지고 있는 제약의 압축된 묘미는 알아보기도 전에 복잡다기한 현대 감정을 담기에는 너무 부자유한 그릇이기 때문에 자유분방한 현대 감정을 구태여 이런 구차한 그릇에 몰아넣는 고역을 하기에 전설을 추존追尊할 필요는 없다는 것이 시조를 경원敬遠하는 또 하나의 이유일 것이다.

고조古調가 지닌 여사如斯한 진부성陳腐性을 부정하는 것은 아니지만 시형의 제약적 부자유를 탓하기 전에 그 형이 간결하여 짓기에 쉽고 외우기에 쉬울 뿐 아니라 얼마던지 생활 주변을 읊을 수 있어 서민성이 풍부한 것은 이 부자유를 통해서 얻어진 절조節調의 자유가 아닐까 생각한다. 더구나 근래에 뜻있는 시조 시인들이 고조古調의 경지를 뛰어넘어 이 삼장시형三章詩形의 전설傳說을 새로히 계승하여 정형시整型詩로서의 드높은 비약적 발전을 꾀하고 있는 데는 무한한 신뢰와 애정을 느낄 따름이다.

여기 모은 작품을 고대 현대로 구분한 것은 육당六堂을 분수령으로 나누었을 뿐으로 오로지 독자의 흥미 있는 이해를 돕기 위하여 새로운 기식氣息을 불어넣고 싶은 의도에서 그 시조가 지닌 향기와 정신을 감상하기에 힘썼으나, 한 시인의 심오한 세계를 편력編曆하기란 그리 용이容易한 일이 아닌 것을 새삼 느낄 따름이다.

이 소저小著의 상재上梓를 위하여 음으로 양으로 힘을 보태주고 애써준 초애草涯 장만영張萬榮 형과 고하古河 최승범崔勝範 군의 노고에 사의를 표하고 박영사 안원옥 님의 호의에 깊이 감사한다.

1958년 삼월 일

저자著者 근지謹識

사비성泗沘城에서

이광수李光洙

반월성半月城 깊은 밤에 화광火光이 어인 일고
삼천 궁녀三千 宮女가 낙화암落花巖에 지단 말가
수변水邊에 푸른 양류楊柳야 넘어 무심無心

강산江山은 좋다마는 인물人物이 누구려냐
자온대自溫臺 대왕포大王浦에 오작烏鵲이 깃들이니
지금只今에 의자왕義慈王 없음을 못내 슬어

사비성泗沘城 궁궐宮闕터에 보리 밀 누렀으니
당시當時 번화繁華를 어대가 찾일는가
동문東門 밖 누누累累한 무덤에 석양夕陽 찾아 가시오

—『삼인시가집三人詩歌集』에서

☆ 이광수李光洙의 아호는 춘원春園으로 1892년 평북平北·정주定州 출생이다. 조도전대학 영문과 졸업을 1년 앞두고 1920년에 상해上海로 건너가서 『삼일三一신문』 주필로 활동하다가, 1924년에 귀국하여 『동아일보』 편집국장, 『조선일보』 부사장을 역임하면서, 우리나라 신문화 예명기의 개척자로서, 1917년 조도전대학 시절에 장편소설 무정無情을 『매일신보每日申報』에 연재하였으며, 뒤이어 수많은 역작을 남긴 우리 신문학 사상에 가장 거인적巨人的 존재임에 틀림없다.

작품집으로는 『춘원시가집』, 『삼인시가집』 춘원·요한·파인의 합저와 장편소설로 『무정』, 『유정』, 『흙』, 『단종애사』, 『마의태자』, 『이순신』 등 외에 수많은 단편과 기행 수필 등 헤아릴 수 없이 많다.

☆ 이 시조는 그의 얼마 되지 않는 시조 중에서 골라낸 것이다.

관조觀照보다는 영탄詠嘆과 회고懷古에 치우친 작품이다. 부여扶餘에 가서 반월성半月城을 돌아 삼천三千 궁녀가 꽃같이 떨어져 간 낙화암落花岩에서서 백마강 강가에 푸른 버드나무에 무심한 심사를 달래 보는가 하면 자온대自溫臺 대왕포大王浦에 오고 가는 오작烏鵲을 바라보며 지낸 날 왕업王業을 회고하면서, 사비성 궁궐터에 철따라 익어가는 맥랑麥浪과 더불어 찾을 길 없는 당시의 영화를 동문東門 밖 옛 무덤에 비낀 햇볕에 부쳐보는 심정은 읽는 이로 하여금 눈앞에 사비성泗沘城의 황량荒凉한 모습을 그대로 역력히 보여 주고 남음이 있다.

그러나 이 시조가 지니는 진부성은 부정할 수 없으니 육당의 것에 비하여 너무 한문투성이의 옛시조를 그대로 연장한 것은 그가 소설가로서의 여기餘技에서 오는 흠일 것이다.

달

이은상李殷相

그 언제 님의 아호雅號 「月」자字 넣어 지어 주고
지금도 달을 바라면 그 님 생각 합내다.

소식이 끊이오매 안부安否를 알 길 없어
저 달로 점치는 줄은 님도 아마 모르시리.

흐린 달을 보면 무삼 걱정 계시온가
내 맘도 깊은 구름에 싸이는 줄 압소서.

하마 밝아지신가 창 밖을 보고 또 보고
새벽만 환하시오면 그제 안심安心 합내다.

어느 땐 너무 밝아 너무 밝음 보다 가도
그 기쁨 생각하옵고 도로 축복 합내다.

일구삼이一九三二년 삼三월 이십二十일
—『노산시조집鷺山時調集』에서

☆ 이은상李殷相의 아호는 노산鷺山, 1903년 경남慶南·마산馬山 태생으로 연전문과延專文科를 수업하고, 조도전대학早稻田大學 역사과歷史科에 적을 둔 일이 있으며, 일찌기 『조선문단朝鮮文壇』을 통하여 등장한 시인으로 『남풍이 분다』「새벽이면」 등 신시新詩를 발표한 데서부터 인생의 무상을 노래한 동양적인 무상無常의 시인이다. 그 뒤 주로 시조와 사기史記에 전심하였다.

그의 저서로는 『노산시조집鷺山時調集』, 『조선사화집朝鮮史話集』, 『무상無常』, 『노방초路傍草』 『이충무공 일대기李忠武公一代記』 등이 있다.

☆ 이 시조는 그의 허다한 시조작품 중에서도 가장 특징 있는 양장시조작편兩章時調作篇에서 골라낸 것이다.

시조 시인 중에서 가장 작품이 많은 이도 노산일 것이요, 가장 많이 작곡되어 노래 불리워진 것도 노산의 시조일 것이다. 그중에서도 『성불사의 밤』, 『가고파』, 『금강에 살으리랐다』는 인구人口에 회자膾炙되는 명편들이다.

그러나 그가 사용하는 시어詩語를 추려보면 『어즈버』, 『두어라』, 『하노라』 식의 고시조의 테두리를 완전히 버리지 못한 감이 없지 않다.

그러므로 그 당시 참하고도, 참신한 내용을 담았음에도 그 시조의 껍질을 용감히 벗지 못한 데서 오는 진부성을 면치 못할 것이다.

그런 의미에서 이 양장시조의 시험은 그대로 시조 시단의 한 혁명적 시도試圖가 아니었던가 싶다. 신시新詩에 있어서 진주晋州의 시인 김병호金炳昊의 일행시一行詩가 그렇듯이, 노산의 양장시조 또한 시작試作에서 끝마쳤다고는 할지언정 그만한 창의성을 작품화하기에 이른 노산의 작가적 정신은 높이 사야 할 것이다.

이 시조의 내용을 보면 그의 삼장시조三章時調에서 보는 고시조의 가락을 벗어난 것이 얼른 눈에 띄인다.

먼저 언어 구사에 있어서 『어즈버』나 『하노라』를 버리고, 또 천편일률千篇一律의 인생의 무상과 영탄과 회고의 세계를 탈피하고, 낭만적인 내용이 자유시와 다름없이 시험 되었다. 다만 안이한 서정에 그쳤으나, 그 형식 면에 던져진 새로운 시험에서 높이 평가하고 싶다.

달을 바라보며 그리운 임을 간절히 사모하는 정이 가슴을 파헤치고 들어오니 그 3연과 4연만 보더라도 얽히고 서린 정이 간곡하기 그지없다.

흐린 달을 보면 무삼 걱정 계시온가
내 맘도 깊은 구름에 싸이는 줄 압소서.

하마 밝아지신가 창 밖을 보고 또 보고
새벽만 환하시오면 그제 안심安心 합내다.

조곤조곤 이야기하듯 평이하게도 간절한 심정을 허식虛飾없이 서정抒情한 일품이 아닐 수 없다.

진달래
-봄날의 네 처녀 기1其一-

수집어 수집어서 다 못 타는 연분홍이
부끄려 부끄려서 바위 틈에 숨어 피다
그나마 남이 볼세라 고대 지고 말더라.

—일구삼이一九三二년 삼三월 육六일

앉은뱅이
-피는 꽃 앞에서 기2其二-

노비산鷺飛山 모롱이는 어린 내 자라든 곳
이 봄도 그 언덕엔 앉은뱅이 피련마는
따담든 그 날의 가방은 버린대로 모르겠네.

—일구삼이一九三二년 삼三월 십十일

할미꽃
-봄날의 네 처녀 기3其三-

겉 보고 늙다 마소 속으로 붉은 것을
해마다 봄바람에 타는 안 끄지 못해
수심에 숙이신 고개 알 이 없어 하노라.

—이구삼이一九三二년 삼三월 육六일

개나리
-피는 꽃 앞에서 기4其四-

매화梅花꽃 졌다 하신 편지를 받자옵고
개나리 한창이란 대답을 보내었소
둘이 다 『봄』이란 말은 참아 쓰기 어려워서.

—일구사이一九四二년 사四월 이십二十일

☆『흐르는 봄빛』 중에서 골라낸 시조들이다. 모두 이른 봄에 피는 아름다운 꽃, 그중에서도 『진달래』, 『앉은뱅이』, 『할미꽃』, 『개나리』가 이 시인에게 붙들렸으니, 차례로 이 꽃들이 지닌, 그리고 속삭이는 이야기와 그윽한 향내와 타는 정을 굽어보기로 하자.

봄날의 네 처녀의 맨 앞장을 서서 걸어 나오는 『진달래』를 보면, 몹시도 수집어한다. 수집어한다는 것은 부끄러워하는 것은, 부끄러워한다는 것이요 수집어하는 것인데도, 같은 뜻의 말을 초장과 중장에 반복시켜서 독특한 언어의 뉘앙스를 이루었다.

그대로 수집어서 홍조를 띈 처녀의 탓할 데 없는 고운 얼굴이 연상된다. 그렇게도 부끄러워 바위틈사구니에 숨어서 겨우 얼굴을 반쯤 내놓고 바라보는 양이 슬프도록 아름다웁다.

그나마 남이 볼까 두려워서 고대 떨어지고 만다 하였으니, 요지음 젖통이를 내놓고 쏘다니는 양풍洋風에 들뜬 처녀가 아니다. 동양적東洋的인 전통의 부끄럼을 지닌 처녀이기에 더 아름다운 것이다.

다음 『앉은뱅이』의 부제副題 밑에는 『내가 소학생小學生이었을 때 봄이 오면 산山에 가 놀며 책冊상 속에 넣는다고 이 꽃을 꺾어 가방 속에 담았더니라』 이렇게 씌어 있는 것으로 보아 이 시인의 소년 시절을 회상할 수 있다.

『앉은뱅이』라면 『오랑캐꽃』, 『씨름꽃』 또는 『제비꽃』이라고도 불리워지는 『근채과菫菜科』에 속하는 아조 야물딱스럽고도 에쁜 꽃이다. 봄날에 소년과 소녀들은 들놀이에 가서 혹은 학교에서 돌아오는 언덕 아래 양지짝에서 이 꽃을 따서는 서로 꽃송이를 걸어 꽃시름을 하기가 일수다. 그리고 때로는 책장 사이에 접어 넣어 두었다가 오래오래 간직하고 두고두고 보기도 한다.

아무 수식修飾 없이 옛날 소년 시절을 회상하여 담담淡淡한 신경으로 읊었것만 읽는 이에게 주는 인상은 그 얼마나 깊이 파고드는가?

『할미꽃』 또한 『앉은뱅이』에 못지않게 어디라 없이 볼 수 있는 꽃들이다.

고개를 숙이고 피어 있는 『할미꽃』은 그 겉이 하얀 털로 쌓여있으나, 꽃 속을 보면 샛빩안 비로드같이 보드랍기 짝이 없다.

해마다 찾아오는 것잡을 길 없는 봄바람에 타오르는 가슴의 뜨거운 정렬을 어찌할 도리가 없어서 고개를 숙인 채 시름겨워하건만 그 누구 있어 이 뜻을 알아 주리요? 서령 할미꽃이 허리가 굽고 머리칼이 세었다고 하자, 그러나 그것으로 할미꽃의 정신연령을 칙정할 수는 없는 것이다.

『개나리』꽃은 매화梅花꽃에 뒤이어 시골길 냇가에나 울 옆에서 흔히 볼 수 있는 가냘픈 꽃이다.

매화꽃이 지자 봄은 금시 떠나는 것만 같아 조바심이 되는 마음을 찾을 길 없이 편지를 띄운 사람의 심정은 긴 설명이 새삼스럽게 필요하지 않을 것이요, 그 편지를 받아든 사람이 개나리꽃이 한창이라는 회답을 띄우는 것도 가히 그 심정을 알 수 있으니, 봄은 바로 청춘의 것이 분명하다. 꽃이 지고 핀다는 주고받는 사연에서 이내 봄은 무르녹았거늘, 구타여 『봄』이란 말을 쓸 필요도 없으려니와 참아 쓰기도 어려웠을 것이다.

인간이, 아니 청춘들의 서로 펴는 정이 이렇게도 높고 거룩하고 아름다운 것을 알고 또 노래할 수 있는 것은 과연 그 얼마나 성스러운 시인의 일이냐?

시름

이병기李秉岐

그대로 괴로운 숨 지고 어이 가랴하니
좁은 가슴 안에 나날이 돋는 시름
희도는 실꾸리 같이 감기기만 하여라.

아아 슬프단 말 차라리 말을 마라

물도 아니고 돌도 또한 아닌 몸이
웃음을 잊어 버리고 눈물마자 모르겠다.

살쌀한 되바람이 이따금 불어온다
실낱 만치도 볕은 아니 비쳐 든다
친구들 외로히 앉아 못내 초조하노라.

—『가람시조집嘉藍時調集』에서

☆ 이병기李秉岐의 아호는 가람嘉藍으로 1891년 전북 익산全北益山의 태생이다. 1913년에 한성사범漢城師範과 조선어강습원朝鮮語講習院을 졸업하고, 1926년 동아일보에 『시조란 무엇인가』를 발표한 이후 시조창작을 비롯한 고전문학의 연구 논문과 여러 주석집註釋集을 간행하는 한편, 우리나라 고전에 발굴적인 연구를 쌓아 그 공적이 자못 크다.

저서로는 일구사칠一九四七년에 백양당白楊堂에서 간행한 『가람시조집』을 비롯하여 『한중록恨中錄』 『의유당일기意幽堂日記』, 『요로원야화기要路院夜話記』 등 주석집註釋集 외에 『국문학전사國文學全史』 백철白鐵과 공저共著가 있다.

☆ 이 시조를 읽고 그 내용에 들어가기 전에 우리는 먼저 그 형식의 새로움에 놀라지 않을 수 없으니 34344, 3543의 고조古調를 완전히 벗어던진 것을 알 수 있다.

첫수 1연 삼장三章을 노놔 보면

그[三]대로 괴[三]로운 숨[一] 지[一]고 어[一]이 가[四]라하니

좁은 가슴 안에 나날이 돋는 시름
회도는 실꾸리 같이 감기기만 하여라

그대로 종래의 시조에서 찾아볼 수 없는 형식의 혁명을 이 시인은 감행한데 그 의의는 더 크다 할 것이다.

현대인의 새로운 사상과 감정을 담아야 할 현대시조가 그 형식에 현대성을 거부한다면 귀태여 그 부자유한 울안에 오늘의 복잡한 사상과 감정을 모라넣기 과분한 노력을 소모할 필요는 없을 것이다.

그런 점에서 가람은 현대시조의 새로운 개척자임에도 아무도 이의異議를 갖지 않는 것이다.

☆ 이 시조는 그 내용이 제시하는 바와 같이 일제日帝의 발악發惡이 절정에 도달할 무렵에 한결같이 느끼던 우리들의 숨 막히고 가슴 아픈 심정을 읊었으니, 그때의 암담한 현실을 아무 과장誇張 없이 조촐하기 물과 같이 읊은 것이다.

괴로운 숨결을 그대로 질머지고 아쉰 목숨을 이어가랴 하니, 좁은 가슴에는 날마다 한 겹 두 겹 시름만 돋아나고, 회회 돌아가는 실꾸리 같이 감기기만 할 뿐 좀체 풀릴 길이 없음을 노래하고 뒤이어 2연에서는, 괴롭니 슬프니 따위의 말은 아예 이르지 말라, 차라리 물이나 돌이었드면 이다지 슬프지는 않았을 것을 목석木石이 아닌 몸이라 어무찬 설음에 웃음도 잊어버리고 눈물마자 모르고 살아간다 하였으니, 통곡痛哭으로도 메꿀 수 없는 비극悲劇을 말함이요, 3연에서는 태연자약泰然自若한 위치에 돌아와서 의연毅然한 태세로, 그 쌀쌀하고도 매운 되바람胡風이 불어온다 하였으니 이것은 더 말할 것도 없이 일제 억압抑壓을 이름이다. 중장中章의 묘처妙處를 그대로 간과看過하지 말라. 그 당시 우리 민족의 염원念願은 우리의 조국이요, 우리의 태양이 솟는 날을 가슴 조이며 바라 왔던 것이다. 과연 그 언제나 우리가 염원하는 실낱같은 광명光明이라도 비쳐올 것인가 하고 친구들은 모여 앉을 때마다 서로 얼굴을 바라보며 초조하던 일을 생각하면 새삼 가슴이 뻐근한 것을 느끼게 된다. 이 『시름』은 『가람』의 『시름』이 아니라 실로 삼천만 민족의 『시름』이었던 것이다.

석굴암石窟庵

한 고개 또 한 고개 고개를 헤어 오다
토함산吐含山 넘어 서서 동해東海바다 바라보고
저믄날 돌아갈 길이 바쁜줄을 모르네.

보고 보고지어 이곳에 석굴암石窟庵이
험궂은 고개 넘어 굽이 굽이 도는 길을
잦은숨 잰걸음 치며 오고 오고 하누나.

―『가람시조집嘉藍時調集』에서

☆ 이 시조는 오랫동안 벼르고 벼르다가 찾아가는 석굴암을 읊은 노래니, 첫수의 중점은 중장 『토함산 넘어서서 동해바다 바라보고』에 있을 것이다.

보고도 보고 지어 하던 석굴암을 불국사佛國寺에서 떠나 고개 일곱을 넘노라고 숨이 잦고, 다리가 파근거리며, 토함산을 넘어서니 바로 동해바다가 바라다 보인다. 이 장쾌한 바다에 중점을 두지 않으면 이 노래는 산만하기 짝이 없을 것이다. 여기 중점을 두지 않고 『동해바다 바라보니』 하고 종장을 『창파蒼波에 하얀 돛폭이 오락가락하더라』라든지, 『맞추어 일진一陣, 청풍淸風이 가슴 스쳐 지내더라』라든지, 『일시一時에 천태千態 만상萬狀이 눈에 모여들더라』라든지 한다면 모처럼 얻어 본 이 장쾌한 광경을 파악把握하지 못할 것이다.

『동해바다 바라보니』의 『보니』를 『보고』라고 해야 하는 것은 그 중점이 『보고』에 있기 때문이다. 그리고 『한 고개 또한 고개 고개를 헤어오다』의 『오』도 또한 그 중심점을 더 중하게 함에 있으니, 만일 『헤어가다』 하고 『가』자字를 쓰고 종장의 『저문 날 돌아갈 길이 바쁜 줄을 모르네』의 『돌아갈 길』을 『돌아올 길』이라 한다면 그 중심이 희박稀薄할 뿐 아니라 평범한 기행문의 틀을 면치 못할 것이다.

이런 경우에는 『헤어오다』의 『오』는 무게가 있고 『돌아갈 길이』의 『갈』은 어딘지 가볍다. 이리하여 『동해바다 바라보고』라 하면 『하얀 돛폭』이나 『일진一陣 청풍淸風』이나 『천태千態 만상萬狀』이 모두 압축壓縮되어 그 속에 들어 있다. 그래서 다 저문 날에도 돌아갈 길이 바쁜 줄을 모르고 우두커니 서 있는 정경이 비로소 나타나게 된다. 저 도연명陶淵明의 채국동리하採菊東籬下 유연견남산悠然見南山의 국화꽃을 손에 꺾어 들고 조용히 남산을 바라보는 정경情景도 넉넉히 짐작할 수 있을 것이 아닌가?

2연 초장의 『보고 보고 지어』는 얼핏 보기에 아조 평범한 표현인 듯하나, 이 평범한 다섯 자 속에 석굴암을 보고 싶어 하는 절실한 심정이 숨어 있음을 보아 넘기면 안 될 것이다. 무기교無技巧의 기교를 얻었다 할 것이며, 종장 『오고 오고 하누나』의 『오고』의 중복重復에서 오는 어감語感의 향기는 그대로 『잦은 숨』과 『잰 걸음』을 여실히 이야기 해준다. 만일 이 『오고 오고』를 『가고 가고』로 해보라. 그 얼마나 어감에서 오는 향기뿐 아니라 이 시의 생명은 실로 여기서 결정하게 될 것이다.

해방전解放前
-살풍경殺風景-

갊아 두었던 붓이 거의 다 좀이 먹고
난蘭은 향香을 잊고 수선水仙도 자최 없고
상牀머리 거문고마저 귀가 절로 어둬라.

화분花盆을 테를 메어 불 담어 곁에 두고
보던 책冊을 뜯어 문틈과 구녁을 막고
설레는 바람소리나 반겨 자조 듣노라니.

—『한국시인전집韓國詩人全集』에서

☆ 해방 전 일제의 최후발악은 이루 헤아릴 수 없었으나, 조선어학회 사건을 비롯하여, 문인의 강제 징용, 전시문화정책에의 협력의 강요 등은 그 당시 문화부 면에만 그친 것이 아니라 정치, 경제, 종교, 사회할 것 없이 일찌기 세계역사상에 유례없는 탄압을 여지없이 자행하여, 뜻있는 문인들은 낙향이 아니면 도피의 길을 찾었던 것이다.

시골을 찾아 나려가지 않으면 어느 깊은 산중에 숨어 낚시질로 숨 가쁜 세월을 보냈으니, 위에 옮긴 시조도 그 당시의 살벌한 풍경을 읊은 것이다.

간직해 둔 붓은 이미 좀이 쓸고, 그렇게 애써 가꾸어 오던 난초도 손댈 틈이 없어 시들고, 해형蟹形 수선을 수반에 가꾸던 것도 모두 옛이야기, 책상머리에 걸어놓은 거문고마저 제 소리를 잊어버린 지 오래되어 귀가 절로 어두었던 것이다.

한때는 난초와 수선과 치자梔子를 고히 심어 가꾸던 화분花盆도 내박친 채 금이 가서 아무렇게나 테를 매어선 불을 담아 질화로 대용으로 곁에 두고, 보던 책은 문 틈사구니와 문구멍을 막는 휴지로 쓰게 되었으니 생각하면 숨이 막히는 옛이야기가 되었다.

조용한 세월을 제대로 보낼 수 없을 바에야 차라리 설레는 바람 소리라도 듣고 살아가는 것이 되려 무슨 위안이나 얻는 듯했으니, 그 당시 초조한 심경은, 좀 더 뼈저리게 슬픈 일이라도 있었으면 마음이 후련할 것도 같었다.

국가가 없는 민족에게 어찌 개인의 행복된 생활을 꿈꿀 수 있으리요? 나라와 겨레를 저바리고 한 개인의 행복된 생활을 영위하는 자가 있었다면 그것은 민족과 국가를 거역한 일제의 주구 외엔 없었을 것이다.

부르심

주요한朱耀翰

님이 부르시니 어이 아니 가보오리
평안할 때 부르셔도 님이시매 가올 것이

애 타서 부르신다니 아니 가고 어이리.

말 없고 소리 없다 못들은 체 할가보냐
한밤에 귀 기우려 정성드리 들어 보니
애 타서 부르시는 소리 우레같이 크더라.

님이 오라시매 물과 불을 마다하리
님이 가라시매 못 가올데 없을 것이
님에게만 바친 몸이니 님의 뜻만 따르리.

(一九二五. 八.)

—『삼인시가집三人詩歌集』에서

☆ 주요한朱耀翰의 아호는 송아頌兒로 1900년 평양 출생이다. 동경 명치학원東京明治學院 중학부中學部와 제일고등학교第一高等學校를 거쳐 1925년 6월에 중국 상해 호강대학滬江大學을 졸업하였다. 명치학원 시대에 학우들과 더불어 회람지回覽誌를 발행한 것이 동기가 되어 시인을 지망하고, 당시 일본의 상징파象徵派 시인 천로유홍川路柳虹의 문에서 신시를 공부하여 일본 잡지에 발표하여 오다가, 1919년에 같이 동경에 있던 김동인金東仁 전영택田榮澤 김환金煥 등과 함께 우리나라 최초의 문예 잡지 창조創造를 간행하여 동지에 『불놀이』라는 시를 발표한 뒤부터 우리나라 신시 운동의 선구자가 되었다.

그의 시는 어디까지나 이상주의적理想主義的 경향으로 일관되었으며, 그 아름답고 고요한 리듬은 그 당시 우리 시단의 자랑이었다.

시집으로는 『아름다운 새벽』, 『삼인 시가집』, 『봉사꽃』 등이 있고, 시조에 손을 댄 것은 그 뒤의 일이다.

☆ 이 시조는 『부르심』이란 제목 아래 아홉 수로 된 중에서 세 수를 옮긴 것이다.

『삼인시가집』에 수록된 사십여 수의 시조가 거의 서경敍景과 서정抒情을 읊은 것들인데, 이 『부르심』만은 경향을 달리한 작품일 뿐 아니라, 아홉 수에 흐르는 애국심이 절절하다.

그러면 우리 같이 읽어 가면서 그의 불타는 애국심에 젖어 보기로 하자. 님께서 부르시면 어찌 감히 아니 가오리까? 님께서 평안하실 때 부르시드라도 쫓아가야 하올 것을, 애가 잦아 부르시는 님을 생각할 때 어찌 아니 가고 마음이 조여 배겨 낼 수 있사오리까? 님께서 부르시는 소리가 귓전을 울리는 것이 아니라 한밤중에 귀를 기우리면 가슴에 울려오거니, 그 애 타시는 소리가 심금心琴에 부딛칠 때는 그대로 우뢰가 되는 것입니다.

님께서 오라 부르시오니 어찌 물과 불을 헤아릴 겨를인들 있사오리까? 님께서 가라 명령하시면 또한 그 어딘들 마다하겠읍니까? 님을 위하여 바친 몸이요, 또 바쳐야 할 몸이오니, 오로지 님의 뜻에 목숨을 걸고 따르오리다.

이렇게 이 시조는 처음에서 끝까지 가슴에 지닌 조국, 멀리 또 가까이 있는 조국을, 목메이게 찾고 찾아가야 할 그 절실한 심정을 시종일관始終一貫 읊었다. 저 악독한 일제日帝의 욕된 일장기日章旗가 조국의 하늘을 뒤덮던 암담한 속에서 요한은 이렇게 조국광복을 염원하였으니 그대로 목놓고 통곡하는 절규絶叫가 아닐 수 없었던 것이다. 그 당시의 어둡던 조국하늘과 더불어 호흡이 가뜩이나 가쁘던 일을 회상하면서 이 시조를 읽을 때 우리는 다시금 눈시울이 뜨거운 것을 아니 느낄 수 없을 것이다.

푸른 하늘

산마루 발가 벗고
강물은 메말라도

물리신 밭또야기
사탯속에 잃었어도

형제여 우러러보라
푸른 하늘 우러러
×
봄철에 개나리와
여름철에 모밀꽃 피네
잘 나도 내 땅
못 나도 내 땅

따끝을 두루 헤매도
푸른 하늘 잊을까
×
짓밟혀 시달리고
밀리다가 다시 뻗쳐

슬픔에 얼싸 안고

기를 들고 소리 쳤네.

때마다 가슴 벅찬 것
푸른 하늘 뿐일세.

×

런던에 안개 깊고
뉴욕에 해 안보여

에펠탑 쳐다보니
회색구름 가득하다.

초가집 집웅 너머만
푸른 하늘 있고나.

×

모른척 할 것인가
내버리고 갈 것인가.

가면 어딜 가고
잊으려면 잊을 것가.

떠나서 더욱 그립나니
푸른 하늘 그리워.

×

운명이 험궂은가

자유가 비쌈이라.

형들아 아우들아
물러감을 생각마라.

너와 나 죽은 뒤에도
푸른 하늘 푸르리.

—『신조新調』법法에서

☆ 이 시조도 읽어보면 조국 강산을 사랑하는 이 시인의 애국심이 전편을 강물처럼 흐르고 있다.

해방 뒤 어디라 없이 베어재낀 산은 앙상하게 발가벗고, 흙탕물이 흘러가는 강물은 여윌대로 여웠으나, 물려받은 밭또야기가 사태가 나서 떠나려갔다기로서니 어찌 조국의 푸른 하늘을 버릴 수 있으랴?

철따라 피어나는 노오란 개나리꽃, 메밀꽃이 소박한 우리 고장, 잘 나도 내 땅이요 못 나도 내 겨레를 어찌 잊으리요? 땅끝을 헤맬지언정 우리 조국의 푸른 하늘, 그 하늘 아래 이어오는 우리 겨레를 잊을 수는 없는 것이다.

오랜 역사가 흘러오는 동안 짓밟히고 시달린 적이 한두 번이 아니었다. 쫓기고 밀리어도 슬픔마저 얼싸안고 기를 앞세우고 우리의 힘을 뻗치었거늘 어찌 그 가슴 벅차지 않았을 것인가?

런던에 짙은 안개가 끼고 뉴욕 하늘에 태양이 안 보이고 회색 구름에 에펠탑이 가리울지언정 초가 집웅 너머로 흘러가는 저 청자빛 하늘이야 가실 날이 있을 것인가?

그렇다. 이 푸른 하늘을 모른 척하고 버리고 가면 그 어디로 갈 것이며,

설사 간다손 치드라도 이 하늘을 잊을 수는 없을 것이니, 떠나선 더욱 그리운 것이 또한 조국의 하늘이다.

형들이여! 아우들이여! 아무리 운명이 험궂을지언정 목숨을 내걸고 싸워 값비싼 자유를 누릴지어다. 어찌 한걸음인들 물러갈 것인가?

작자의 가슴 깊이 간직하고 있는 애국의 뜨거운 지성이 평범한 속에 곤곤滾滾히 흘러가는 것은 이 시인이 오래 닦아온 시도詩道에서 이루어진 무기교無技巧의 기교技巧가 아닐 수 없다.

높은 진리眞理는 항상 평범한 속에 깃들여 있는 것을 잊어서는 안 될 것이다.

매화사삼첩梅花詞三疊

정인보鄭寅普

쇠인양 억센 등걸 암향부동 어인 꽃잎
눈바람 분분한데 봄소식을 외오 가져
어즈버 지사고심을 비겨볼가 하노라

담담중 나는 낯빛 천상선자 분명하다
옥란간 어드메뇨 인간연이 무겁던가
연 좇아 의 생기나니 언다 저어 하리오

성긘듯 정다웁고 고우신 채 단정할사
천품이 높은 전차 우음에도 절조로다

마지못 새 이는 향내 더욱 그윽 하여라.

☆ 정인보鄭寅普의 아호는 위당爲堂으로 1893년 서울 태생이다.

한문학자이며 역사연구가歷史硏究家, 이에 관한 연구가 깊고, 한시漢詩와 시조에 능하다. 일찌기 연희전문학교延禧專門學校 교수를 지내다가, 해방 뒤에는 국학대학장國學大學長과 정부감찰위원장政府監察委員長을 역임歷任하다.

저서로는 조선사연구朝鮮史硏究 조선문학원류朝鮮文學源流 및 담원시조집薝園時調集 등이 있다.

☆ 이 시조의 감상에 들어가기 전에 먼저 이 시조에 쓰여진 한자어漢字語를 추려보기로 하는 것이 이 시조를 이해하는 첩경捷徑일 것이다.

『암향暗香』, 『부동浮動』, 『분분紛紛』, 『소식消息』, 『지사志士』, 『고심苦心』, 『담담淡淡』, 『중中』, 『천상天上』, 『선자仙子』, 『분명分明』, 『옥난간玉欄干』, 『인간연人間緣』, 『연緣』, 『의義』, 『단정端正』, 『천품天品』, 『절조節調』 등 무려 이십 개에 가까운 한자어가 섞여 있는 것을 볼 수 있을 것이다.

여기 나렬된 한자어에는 그대로 우리말로 받아들여 무방한 말도 없지 않으나, 한자로 쓰지 않고는 도저히 알아낼 수 없는 말이 한두 개가 아니다.

한자어는 한자어대로의 지니고 있는 그 장중莊重한 맛이 없지 않으나, 고시조古時調가 아닌 바에야, 단 세 수밖에 안 되는 이 시조에 20개에 가까운 한자를 써서 어찌 우리말을 조사격助詞格으로 그 품위를 떨어트릴 필요가 있을 것인가? 더구나 현대시조에 있어서 이 작자는 그대로 후퇴작전을 한 것이 독자의 비위에 거슬리지 않을 수 없을 것이다.

더구나 위에 지적한 한자어 외에도 『외오 가저』 『하노라』 『어즈버』 『어드메뇨』 『할사』 『전차』 『우음』 등의 낱말은 이미 고어사전古語辭典이라는 분묘墳墓에 묻혀 있는 죽은 말로서, 어찌 살아 있고 또 성장成長하면서 있는 오늘의 새로운 사상思想과 감정의 의상衣裳이 될 수 있을 것인가? 한 시인에 의하여 노래 불리워지는 『언어』는 그대로 피가 돌고, 숨을 쉬고, 나아가 그 언어가 지닌 체온體溫까지를 지녀야 할 것이다.

그러면 이제 『매화사梅花詞』는 매화를 어떻게 보고, 어떻게 읊었는가 살펴보기로 하자.

첫수 초장의 『쇠』는 『철鐵』을 말함이요, 『등걸』은 줄기 곧 『간幹』이요, 『암향부동暗香浮動』은 그윽한 향기가 떠도는 것, 『외오』는 『홀로』, 『어즈버』는 『오호嗚呼』라의 옛날 쓰여 오던 감탄사라는 것을 알고 보면, 눈바람이 분분한 속에 홀로 고절苦節과 암향暗香을 지니고 피어난 매화를 경국經國 제세濟世의 포부를 가진 지사志士에 비기어 노래한 것을 알 수 있을 것이니, 이 수에 나오는 암향부동은 중국 송宋나라의 처사處士 임포林甫의 산원소매시山園小梅詩 중에 있는 『疎影橫斜水淸淺, 暗香浮動月黃昏』에서 온 것이 분명하다. 이조말李朝末 고종高宗 때 사람인 안민영安玟英의 시조에 『어리고 성긴 가지 너를 믿지 아녔더니 눈기약 능히 지켜 두세송이 피었구나 촉잡고 가까이 사랑할제 암향조차 부동ㅎ더라』가 있기도 하지만—

둘째 수는 고아高雅한 매화꽃의 모습을 저 하늘에 있다는 옥란간玉欄干의 신선神仙이 인간의 연緣이 무거워서, 하계下界한 것으로 비기어 읊은 것이다.

마지막 셋째 수의 삼장을 보면, 섬소한 듯하면서도 도리어 정다웁고, 곱다면 요염妖艶한 것인데, 고운데도 단정하고, 타고난 성품이 고상한 까닭에 그 웃음도 도度를 넘지 않고 알맞게 웃음을 뜻함이요, 종장에서는 겸손하기 때문에 사양하는 듯하다가도 새로 풍기는 향내가 더욱 깊숙함을 읊어 놓았다.

이 『매화사삼첩』을 읽고 난 뒤에 더욱 절실히 느껴지는 것은 시에 종사하는 사람은 무엇보다도 그가 소속된 어족語族, 즉 자기의 모국어에 누구보다도 민감해야 하고, 언제나 그 어족과 같이 운명을 같이할 언어 창조에 누구보다도 앞장서야 한다는 것을 끝으로 덧붙여 둔다.

근음삼수近吟三首

변영로卞榮魯

(一)

머리에 하늘 이고 발은 땅을 디뎟건만
아득코 허전할사 가는 그 곳 어대멘지
발뿌리 내치는대로 진동한동 갈꺼나

(二)

가다 해 저물고 산궁山窮 수진水盡 앞 막히어
길가에 쓰러진채 찬 이슬에 얼지언정
그렇다 한번 떠난 길 돌쳐섬이 있으랴

(三)

초라코 하염 없다 포풍捕風 착영捉影 이 한 평생平生
찾는 것 가뭇 없고 처지는 것 슬픔뿐을
울부저 무엇 할꺼나 이 악물고 살리라

—『한국시인전집韓國詩人全集』에서

☆ 변영로卞榮魯의 아호는 수주樹州로 1898년 서울에 태어나, 일찌기 미국 캘리포니아의 싸노세대학에서 수업하고, 귀국한 뒤에는 신문기자 생활을 한 적도 있고, 오래동안 교원 생활을 하는 한편 1921년 월탄月灘 박종화, 회월懷月 박영희, 오상순, 상아탑象牙塔 황석우와 더불어 순시가 잡지 『장미촌薔薇村』을 발간하여 신시를 발표한 뒤부터 우리나라 선구적 시인으로, 그의 시는 기지機智와 수사修辭의 재치가 뛰어난 바 있었다.

해방 전후를 통하여 약간의 시를 발표하였을 뿐, 대체로 과작寡作으로, 시집으로는 『조선의 마음』 한 권이 있고, 수필집으로 유명한 『명정사십년기酩酊四十年記』와 『수주수필집樹州隨筆集』 외에 번역서飜譯書가 있다.

☆ 이 근음삼수近吟三首의 작품연대作品年代는 알 수 없으나 그 내용으로 보아 이차대전 중이거나 그렇지 않으면 그 이전이라도 얼마 거슬러 올라가기 전일 것 같다.

머리 위에는 우리 조국이면서 남의 하늘이고, 발로는 또한 우리 조국이면서 일제가 어지럽혀 놓은 땅을 밟고 가자니 아득하고 허전하기 비할 데 없어 그대로 허둥지둥 걷고 있는 서글픈 모습을 첫수에서 노래하였다.

그러나 아무리 저문 날 산궁山窮 수진水盡한 막다른 골목이라 한들 그대로 쓸어질 수도 없는 것이요, 가고 또 가다가 길가에 쓰러져 찬 이슬에 얼어 죽을지언정 그대로 멈출 수는 더욱 없을 것이다. 한번 떠나온 길을 어찌 돌쳐설 수 있으리요? 조국의 하늘과 땅을 찾아가는 길은 그대로 형극荊棘의 길인 것을 어찌하랴?

마지막 셋째 수에 들어가 보기로 하자. 의지할 데 없는 한평생이 어쩌면 이렇게도 초라하고 하염없을 것인가? 그렇게 목숨을 내걸고 찾아 헤매이던 것이 간데없고, 오직 슬픔에 몸을 감을 뿐이니 오직이나 원통하리요?

그러나 울부짖는 어리석음을 범犯하고 싶지는 않다.

내 하늘을 머리에 이고, 내 땅을 밟고 살아볼 날이 올 때까지, 이를 악물고 살아보리라는 심정은 그 얼마나 고귀한 애국愛國의 단성丹誠에서 나온 말이냐?

여기에는 조국이 그립다거나, 내 조국을 사랑한다는 말 한마디 없으되, 그 간절한 조국애의 단심丹心이 오히려 지배紙背를 뚫고 튀어나고 있음을 읽어 가면 가슴이 뜨거우리만치 느낄 수 있지 않은가? 이 시조가 지닌 뜨거운 호흡은 여기서 약동하고 또 오래오래 우리 가슴에 간직될 것이다.

「곤충구제昆虫九題」 중中에서

(一)

자벌레

숲속에 홀로 누워 내 보았다 유심히도
치寸올라 자尺나리되 쉬지않는 자벌레를
나무야 오르든 마든 그 뜻 못내 부러라.

(二)

반딧불

칠같이 검은 밤에 켰다 껐다 작은 등불
풀잎에 걸리일까 요정妖精의 길 밝힘인가
그 불빛 따라만 가면 시름 필까 하노라.

(三)

불나비

어둠에 쫓긴 나비 불빛 찾어 날아들어
깃만을 태우던가 몸마저 사루우네
어두면 어두운대로 살아보면 어떠리.

☆ 제이차대전第二次大戰 때 작자는 농촌에 묻혀 지냈다 하니 아마 이 작품은 농촌에서 쓰여진 것들이 아닌가 싶다.

일제가 최후발악을 하던 때 농촌에 묻혀서 무료無聊한 날을 보내던 이 시인의 심경을 한번 생각해 보기로 하자.

작은 생명인 이 곤충들의 움직임에도 이 시인은 그대로 간과看過하는 일 없이 눈여겨 바라보았을 것이니, 이 세 수의 시조는 곤충구제昆蟲九題 중에서 뽑은 것들이다. 이 밖에 『딱정벌레』, 『말똥구리』, 『오줌싸기』, 『베짱이』, 『문각씨門閣氏』, 『소곰쟁이』가 있다.

우선 『자벌레』 한 수를 보면, 숲속에 홀로 누어서 유심히 바라보니 나무에 오르내리는 무슨 작은 벌레가 눈에 언뜻 띄었을 것이다. 자세히 바라보니 오르내리는 것은 등을 굽히고 쉬지 않으며 올라가는 『자벌레』였으리라.

한 치一寸를 오르기 위해서 한 자一尺를 나려와도 좋다. 한 치의 전진前進을 위해서 한 자一尺의 후퇴後退도 좋다. 그 언젠가는 목적할 나무에 오를 날이 있을 것이다. 이 『자벌레』를 무료히 바라보면, 그것마저 부러워해야 되었던 그 당시의 이 시인의 초라한 모습은 그대로 몰리고 쫓겨 사는 눈물겨운 우리 민족이었던 것을 잊을 수는 없다.

다음엔 『반딧불』을 보면 이 시인의 가쁜 숨결을 찾아볼 수 있으니 칠같이 어둔 밤—이 밤은 바로 일제에 엎눌린 그 시절일 것이다—에 반딧불만한 광명光明이라도 우리는 기구冀求하였던 것이다.

쩌눌릴 대로 쩌눌린 숨 가쁜 그 시절의 참을 수 없는 암담한 심정은 그대로 반딧불만한 등불이라도 찾을 수 있었다면 거기서 우리는 얼마나 크나큰 법열法悅이라도 느꼈을 것인가?

그런 불빛이 있었다면 가슴에 쌓이고 쌓인 서름이라도 풀렸을 것이니 말이다.

맨 끝 연 『불나비』를 굽어보기로 하자. 칠흑 같은 어둠에 쫓겨 나비는 불을 찾아 한사하고 달려든다. 그러다가는 그 가녀린 날개를 불에 태우고, 끝내는 목숨마저 그 불에 태우고 마는 것을 우리는 자주 보는 것이다.

『어두면 어둔대로 살아보면 어떠리』 하였으나, 어찌 보면 이 종장終章을 너무 소극적이라 이를 사람도 없지 않으리라. 그러나 어둠에서는 살 수 없다는 절규絶叫가 이 속에 압축壓縮되어 있는 것을 잊어서는 안 된다.

『인간의 비극은 돼지가 아닌 데서 출발 됐다』고 말한 이상李箱은 인간이 돼지가 되기를 원한 것이 아니요, 인간이 본능本能 이외의 것을 욕구하는 데서 오는 인간의 불행을 이야기한 파라독스이었던 것과 같이 이 귀절이야말로 어둠 속에서 살 수 없다는 반어反語일 것이 분명하다.

이상 세 수의 시조가 모두 그 당시의 울분과 분노를 여실히 읊었으니 그 세대를 경험한 독자의 가슴을 속속들이 파헤치고 울려오는 것도 그 까닭인 것이다.

시름

한용운韓龍雲

비낀 별
소등 위에
피리 부는 저 아희야.

너의 소
짐 없으면
나의 시름 실어 주렴

싣기는
어렵잖아도
부릴 곳이 없어라.

—『고금명시조정해古今名時調精解』에서

☆ 한용운韓龍雲 1879년-1944년은, 충청남도 태생으로 그 아호는 만해萬海이다. 일찍이 1919년 3·1운동 당시에는 불교계佛敎界를 대표하여 33인의 한 사람으로 우리 민족 투쟁사에 그 빛나는 발자취를 남겼고, 시문학사상詩文學史上에 또한 드높은 기념탑 『님의 침묵沈黙』을 세웠으니, 그 시가 풍기는 향기는 그대로 동양적인 명상세계瞑想世界에서만 얻어 볼 수 있는 철학적 신비성神秘性과 자연몰입自然沒入에서 깊은 관조觀照의 세계를 개척하였다. 인도印度의 시인 타—골과 그 시풍이 같은 것은 그에게서 받

은 영향이 컸음을 말함일 것이다.

시집 『님의 침묵』 외에 『흑풍黑風』이라는 장편소설이 있고, 삼국지三國誌의 번안과 『불교유신론佛教維新論』, 『불교대전佛教大全』 등의 저서가 있다.

불교인으로 소설과 신시에 그 조예가 남달리 깊을 뿐 아니라 그가 시조에도 또한 일가의 풍모를 갖추었으니, 이 시조를 보드라도 그 구성이 비범한 바 적지 않다.

☆ 첫째 이 시조의 짜임새를 살펴보면 문답형問答形으로 엮은 것을 알 수 있다. 고시조를 보면 특히 사설시조에 있어서 이런 형식이 없지 않으나 새로운 시조에서 이런 수법手法을 빌린 데 먼저 그 묘처妙處가 눈에 띄인다.

초장을 보면, 『해질 무렵 따사한 봄볕이 비낀 소등에 한가히 타고 앉아 피리牧笛 부는 더 아이야!』

뒤이어 중장에서, 『너의 소에 싣고 갈 짐이 없거들랑 내 가슴 속에 천 갈래 만 갈래로 얽히고 얽힌 시름이나 실어 가 주렴으나』 하고 소 치는 목동牧童에게 말을 던졌다.

종장은 목동의 화답和答이니 『당신이 청하시는대로 그 시름 싣고 가기는 어렵지 않습니다마는 부릴 곳이 없으니 어찌 하오리까』 능청맞은 대답이 멋이 있지 않은가?

이 시인의 『시름』이란 과연 어떠한 『시름』이었을까? 실국失國의 우국지사憂國志士로서 심오深奧한 불교철학자佛教哲學者로서, 진지眞摯한 종교가宗教家로서 불행한 민족에 태어난 시인으로서 그가 지닌 『시름』은 그야말로 천 갈래 만 갈래였을 것이다.

『님만 님이 아니라 기룬 것이 다 님이다. 중생衆生은 석가釋迦의 님이라면 철학哲學은 칸트의 님이다. 장미화薔薇花의 님이 봄비라면 마시니의 님은 이태리伊太利다. 님은 내가 사랑할 뿐 아니라 나를 사랑하나니라』

『님의 침묵』 서문에서 이렇게 님을 말하듯, 『시름』 또한 속중俗衆의 가슴을 오고 가는 그런 『시름』은 아닐 것이다.

다시 서문序文의 맨 끝줄을 보면,

『나는 해 저문 벌판에서 돌아 가는 길을 잃고 헤매는 어린 양羊이 기루어서 이 시詩를 쓴다』 하였으니 이 시인의 가슴에 맺힌 『시름』은 그대로 우리 조국祖國이요 우리 겨레였을 것이다.

『시인은 종교가이든, 혁명가이든 예술가이든 이 밖에 무엇이든 다 될 수 있지만 무엇보다도 시인은 시인이라야 한다』는 괴—테의 말은 누구보다도 이 시인에게 가장 적절히 들어맞는 말인 것을 끝으로 덧붙여 이 시조 감상에 도움을 삼고 싶다.

단풍丹楓

박종화朴鍾和

곱게도 물든지고
타는듯이 붉었구나

석경石徑에 앉았으니
내 얼굴도 취한양하이

뉘라서
이 단풍丹楓시절을

꽃만 못다 하드니

☆ 박종화朴鍾和의 아호는 월탄月灘 또는 조수루주인釣水樓主人으로 1901년 서울 태생이다.

1920年 휘문의숙徽文義塾을 마치고, 1922년대 우리 문단에 로맨티시즘 운동이 일어났을 때 『백조白潮』 동인으로 많은 시와 소설을 발표하기 시작하였고, 후기에는 주로 역사소설에 힘써 온 우리 문단의 중진重鎭이다.

저서로는 1934년에 발간한 시집 『흑방비곡黑房悲曲』과 『청자부靑磁賦』를 비롯하여, 소설 『금삼의 피』, 『대춘부待春賦』, 『다정불심多情佛心』, 『민족』, 『청춘승靑春勝利리』, 『홍경래』 외에 『임진왜란』은 3년간에 걸쳐 조선일보에 연재한 거작巨作이다.

☆ 이 시조는 단풍을 읊조린 노래라기보다는 그 색채가 선명한 한 폭 그림이다. 『곱게 물든지고』의 초장 허두가 고조古調의 내음새를 풍기면서도 『타는듯이 붉었구나』는 산뜻한 몸차림이 아닐 수 없다. 중장 또한 『석경에 앉았으니』는 그대로 고조의 수법이나 『내 얼굴도 취한양하이』의 『하이』가 멋이 질질 흐른다. 이 『하이』에서 오는 어감語感은 그대로 애띠고도 다정하고 어딘지 매력이 있어 단풍의 붉은 빛갈에 젓어 붉으레 홍조를 띈 듯한 인상 깊은 얼굴이다.

만일 이 귀절을 『취한양하다』로 읽어보라. 그대로 나무토막을 씹는 맛이 아니고 무엇이랴? 『하이』가 가지고 있는 독특한 언어의 생명감生命感을 능히 알 수 있을 것이다.

종장 『뉘라서 이 단풍시절을 꽃만 못다 하드니』는 초, 중장에 비하여 좀 뒤떨어진다. 녹음방초승화시綠陰芳草勝花時의 진부한 감이 없지 않다. 지나친 욕심이지만. 그러나 전편으로 보아 그렇게 큰 상처는 아닐 것이다.

역시 월탄은 시조보다는 신시에 능하고, 시보다는 소설에 능하다고 보는 것이 옳을 것이다.

바람

김억金億

님 그려 나는 생각
그 뉘에 붙일는고

바람에 하소하니
허황해 못 믿업고

혼자로
딱한 이 사정事情
어일 줄이 있으랴
×
바람아 불랴거든
너 혼자 휘돌 것이

웨 이닷 남의 속을
흔드며 헤치는다

님 그려
늙은 마음이
날아드란 어이리
×
바람이 불때마다
이 마음 외로울시

한번 곳 들떠드란
갈곳은 바이 없고

넓은 들
비인 하늘을
어이 돌가 하나니

☆ 김억金億의 아호는 안서岸曙, 1893년 평북平北 곽산郭山 태생이다. 저 유명한 오산학교五山學校를 졸업한 다음 경응의숙慶應義塾 문과를 중도에 고만두고, 1918년부터 문예 주보 태서문예신보泰西文藝新報 지상에 트르게네프의 산문시散文詩를 비롯하여 베르레에느, 보오드레르 등을 소개하고 뒤이어 『창조創造』, 『폐허廢墟』 등에 많은 창작시를 발표하여 그 당시 주요한 황석우黃錫禹 등과 더불어 우리나라 신시 운동에 끼친바 공헌이 크다.

저서에는 번역시집 『오뇌懊惱의 무도舞蹈의 무도』가 우리나라에서는 처음으로 1920년에 발간되었으며, 『해파리의 노래』, 『금모래』, 『안서시집』, 『봄의 노래』, 『지새는 밤』 장편 시 『동이 터올 때』 등 수많은 창작시집 외에 타―골의 『원정園丁』, 『기탄자리』, 『신월新月』, 『시몬즈시선집』

및 한시 번역서에 『망우초忘憂草』, 『야광주夜光珠』 『중국여류시선집中國女流詩選集』 등이 있다.

이 시인의 작품세계에 있어서의 특색은 천편일률千篇一律 인생을 무상하게 관조한 데 있으며 지나치게 감상感傷에 젖어 가냘프고 애달픈 것이 그 특색일 것이다.

압운시押韻詩를 시험하여 항상 시의 외형률外形律에 치중置重하여 정형시定型詩를 고집 제작하였다.

한편 천생의 서정시인 김소월金素月의 스승으로, 에스페란토의 권위로도 유명한데, 6·25사변 때에 납북拉北된 뒤 소식이 묘연하다.

☆ 이 시조는 『부재시인의 시不在詩人의 詩』라 하여 1957년 『새벽』 지상에 발표된 작품 중의 하나다.

『바람』 전편을 읽고 나서 느끼는 것은 이 시인의 독특한 인생의 무상관이 넘치는 것을 알 수 있을 것이니, 믿을 곳 없는 바람에 부쳐 하소할 수도 없는 인생의 애달픈 심사를 그저 평범한 솜씨로 얽어놓았다.

이 시조에 쓰인 시어詩語를 보면

『어일 줄이 있으랴?』

『웨 이닷 남의 속을』

『날아드란 어이리』 등등 옛시조를 본떠 어딘지 진부한 내음새를 풍기고 있다. 현대인의 사상과 감정을 읊어내는 데는 어울리지 않는 의상衣裳이다.

물론 이 시조의 내용 또한 현대 감정과는 적지 않은 거리가 있긴 하지만 현대시조로서 구성할 바에야 그 형식부터 새로운 것이 아니어서는 안 될 것이다.

항상 인생은 안이安易한 무상無常과 체념諦念에 두는 감정은 흔히 감상주의를 초래招來하기 쉬운 것이니, 감정은 언제나 냉철한 지성知性을 여과濾過해야 보다 높은 차원次元에 도달할 수 있을 것은 더 말할 필요도 없을 것이다.

그러므로 그 시인이 의지하고 있는 철학哲學이 깊고 높아야만 그 작품은 높고 깊을 것이다.

이 시조 세 수를 읽고 우리는 다만 바람결 같은 인생의 무상하고 허무한 것을 느낄 뿐, 그 이상 인생에 대한 진지한 사고라거나, 뼈저린 고민이라거나 또는 새로 불타는 의욕을 자아낼 수는 없다.

이 시인의 창작 시조보다는 시조체로 번역한 한시漢詩가 더 아름다웁고, 한시 번역보다는 창작시가 더 우위에 속할 것이다.

이 시인은 우리나라 신시 운동에 있어서 외국의 근대시를 번역 소개한 데 그 공로가 더 크다 할 것이다.

석류石榴

이희승李熙昇

입속에
반만 숨어
푸른 하늘 쳐다보고

그 뺨이
그 입술이
새빨갛게 타오르네

이보오
겉만 그런가
속도 헤쳐 보임세.

☆ 이희승李熙昇의 아호는 일석一石으로 1896년 경기京畿 광주廣州의 태생이다. 30이 훨씬 넘은 1930년에 『경성제대』 법문학부 조선어문학과를 졸업하고, 십수 년 동안 이화여전에서 교편생활을 해오다가 8·15 후에는 서울대학교 교수로 동대학원 부원장, 동대학 문리대학장을 역임, 1953년에는 교환교수로 도미渡美하여 다음 해에 귀국하여 현재 서울대학에 재직 중이다.

저서에는 『조선문학연구초朝鮮文學硏究抄』, 『국어학개설國語學槪說』, 『조선어학논고朝鮮語學論攷』 등 국어국문학에 관한 것 외에 시집 『박꽃』과 수필집 『벙어리냉가슴』 등이 있다.

☆ 『석류』는 많은 시인들이 그들의 시의 소재素材로 쓰여온 과일이요, 화가畵家들도 또한 많이 그려온 과일의 하나일 것이다.

우리는 이 시조를 읽고 떠오르는 시가 있으니

『장미薔薇꽃처럼 곱게 피어가는 화로에 숯불
입춘立春때 밤은 마른풀 사르는 냄새가 난다

한 겨울 지난 석류石榴열매를 쪼기어
홍보석紅寶石 같은 알을 한알 두알 맛 보노니』

로 시작한 『시인C』의 『석류』가 바로 그것이다.

그러나 일석의 『석류』는 한겨울이 지난 뒤 입춘 때 꺼내서 쪼개어 맛보는 『석류』는 아니다.

드높이 개인 청자빛 가을 하늘 아래 노랗게 단풍 든 잎새에 숨어 따스한 가을 밝은 햇볕을 쪼이고 있는 석류다. 그 뺨과 입술이 새발갛게 타고 있는 석류는 겉만 붉은 것이 아니요, 가슴을 제치고 보면 그대로 홍보석 같은 알맹이가 들어 있는 석류다.

시인C는 입춘立春 때 겨우내 간직해 두었던 석류를 꺼내서 쪼개어 한 알 두 알 맛보며

『아아 석류石榴알을 알알이 비추어 보며

신라천년新羅千年의 푸른 하늘을 꿈꾸노니』

하고, 석류알에 들여박히는 푸른 하늘을 꿈꾸었지만 일석은

『잎 속에

반만 숨어

푸른 하늘 쳐다보고』

하였으니 가슴 속엔 홍보석 같은 알을 간직하고, 타오르는 정렬을 고즈넉히 눌러가며, 격하지 않는 감정을 순화시키고 함축시켰으니, 시인C의 석류를 화사한 불란서제佛蘭西製 쟁반에 담은 석류라면 일석의 석류는 고려자기高麗磁器에 담아 놓은 석류일 것이다.

연달아 또 한 개의 『석류』가 생각히니 그것은 저 불란서의 유명한 시인 『폴·바레리』의 그것이다.

이 시조의 감상을 돕기 위하여 옮기기로 한다.

×

속에 찬 구슬의 하많은 힘을 이기지 못해

마침내 쪼개진 굳은 열매여.
아, 바로 내 눈 앞에 본다,
스스로의 익음에 쪼개져 여윈 고귀한 이마!

아, 반만 입을 연 굳은 석류여.
너를 키운 『때』 슬기롭게도
너로하여 이 구슬의 알알을 이처럼이나 굳게 하였는가.

황색으로 마른 껍질마저
마침내 이 힘의 욕망에 이길 바 없어 붉은 구슬의 이슬로
바숴지고 말았는가,

이 눈부신 파렬破裂을 나는 모른다
일찍 내 것이었던 영혼의
아, 아껴 깊이 간직해 두었던 자랑을 함께 한다.
×

이 석류는 어디까지나 바레리의 독특한 석류일 것이다. 때의 슬기로 하여 절로 터져 나오는 이 눈부신 환호歡呼 속에는 석류가 간직했던 예지叡智와 더불어 이 시인의 감회가 같이 터져 나온 것이다. 일석의 『석류』를 맛보기에 적지 않은 도움이 될 것이기 옮겼을 따름이다.

아는 이는 알리라

고두동高斗東

몇날로 남기리라
글을 새겨 쇠비碑 돌비碑

비바람 헌다 한들
제대로 서 있는가

오늘에 내 이 글을 쓴 뜻
아는 이는 알리라.

×

쉬운 가락인들
술술이 넘어 가랴

도꾸어 뽑는 목청
굽이굽이 어렵거니

애닯은 나의 이 노래
아는 이는 알리라.

—『신조新調』에서

☆ 고두동高斗東의 아호는 황산皇山으로 1903년 경남慶南·통영統營 태생

이다. 별로 학력은 없으나, 시조연구에 조예가 깊을 뿐 아니라 『시조연구』時調硏究라는 시조 전문잡지를 발간하는 한편 고서화古書畵 골동품骨董品의 수집가로도 이름이 높다.

☆ 이 시조 시인의 작품세계를 굽어보면 형식과 내용이 고조古調를 완전히 탈피한 것을 알 수 있으니, 78•78•89의 케케묵은 껍질을 훌훌 벗어 던졌다. 여기서 오는 자유로운 리듬은 거침없이 흘러가는 저 장강長江의 그것이다.

쇠를 달구고, 돌을 깎고 갈고 다듬어 정성들여 글자를 새겨서 성대한 제막식除幕式을 올린 다음 세워 놓은 비석은 과연 그 얼마나 그 위치를 지탕하는 것일까? 비바람에 씻기우며 제자리에서 세월을 보내는 비석이 있는가 하면 송두리째 뽑혀서 돌다리가 되는 비석도 있을 것이요, 그대로 잡바뜨려 놓고 때로는 여름날 더위를 피해온 어린. 아이들의 고누판이 되는 비석도 없지 않을 것이다.

이와 마찬가지로 오늘날 우리들이 쓰고 있는 글 또한 이 비석의 운명을 밟지 않는다고 누가 보증할 것이냐? 그러나 이 글의 뜻을 아는 사람은 알 것이니, 적어 두는 것이 시인의 심경일 것이다.

아무리 쉬운 가락이라서 그렇게 쉽게 넘어 갈 수도 없는 것이요, 목청을 돋꾸어 뽑아 보아도 굽이굽이 넘기기란 그리 쉬운 일도 아닌 것을, 내 지금 쓰고 있는 이 애닯은 노래 또한 아는 이는 알아줄 것이요, 모르는 이는 모를 것이니, 비석의 운명과 무엇이 다르리요?

생각하면 시인의 작품에만 어찌 한할 것인가? 모든 인생이 그렇거늘 그 선악善惡, 미추美醜 또한 모두 아는 이는 알 것이다.

노래

노래를 잊자한들
꾀꼬리의 넋이 울고

설음을 말자해도
목청이 두견杜鵑일레

애꿏은 나의 소리는
얼과 피가 얽힌다.

☆ 시인이란 결국 시의 거목巨木에 와서 우는 새임에 틀림없다.

꾀꼬리의 사설과 두견의 목청이 좋은 줄을 누가 모르랴?

즐겁게 울진대 꾀꼬리의 사설을 빌려야 할 것이요, 슬프게 울진대 뼈에 사모치는 두견의 목청을 얻어야 할 것이니, 기쁨과 설음에도 그 층계와 격格이 한이 없는 것이다.

꾀꼬리의 넋이 그 맑고 고은 노래를 잊고 가마귀의 서투른 까악 까악 까르르를 흉낼 수 없을 것이며, 두견이 또한 부엉이를 흉낼 수는 없을 것이다.

지조 있는 시인이 감히 그 높은 지조를 목숨과 바꿀지언정 어찌 가마귀의 목청과 부엉이의 사설을 빌릴까 보냐?

이 시조의 종장은 그것을 가장 웅변으로 이야기하고 있는 것이다.

『애꿏은 나의 소리는

얼과 피가 얽힌다』

남이야 애꿎은 소리로 듣건 말건 그 가락에 시인의 얼과 피가 얽혔으면 그것은 생명 있는 노래일 것이다.

얼과 피가 얽히지 않은 노래, 그것은 허수아비가 입은 의상衣裳에 불과하지 않을까?

얼핏 읽어 나가면 관념적觀念的인 듯하지만 읽고 또 읽고 하는 동안 이 『노래』는 우리 심금心琴을 흔드는 것을 느낀다.

오목대梧木臺

조종현趙宗玄

폭포같이 쏟아질 말
하자 보니 할 말 없어

새도
못 날던
그런 때 있더란다.

운雲첩첩 쌓인 그 시절
산山만 오늘 푸르렀다.
×
흰나비 노랑나비

푸짐한 그 노래

안감내 성북동城北洞을
봄하늘에 감돌았지

앵도알
덤치던 작란
불시 하고 싶고나.
×
무슨 말 금시 할듯
산山이 앞을
다가 선다.

내 속 풀어 줄듯
시냇물도 귀에 종알

내 고장 네 그린 산수山水
정도 다분 하구나.

—이십육년전二十六年前 시우詩友를 만나서

☆ 조종현趙宗玄은 1905년 전남全南 태생으로 일찌기 경성중앙불교전문강원京城中央佛敎專門講院을 거쳐 일본日本에 유학한 바 있고, 1930년대에 이미 수많은 작품—동요童謠와 시조—을 동아일보東亞日報와 동광東光 지상에 발표한 시조 시인이다.

☆ 위에 옮긴 시조 『오목대梧木臺』는 3년 전에 필자筆者를 찾아왔다 돌아간 뒤 전남일보全南日報에 발표한 작품이다.

실로 26년 만에 만난 회포와 감격을 회고하여 더듬어 읊었으니, 나도 처음 찾아온 그를 몰랐거니와, 그도 나를 한눈에 알아보지는 못했으리라.

그때 나는 주름살 물결치는 그의 얼굴 속 깊이 숨어 있는 또 하나 '종현'을 겨우 찾아냈던 것이니, 참으로 꿈같은 일이었다.

대뜸 그는 붓을 들어

『폭포 같이 쏟아질 말

하자보니 할 말 없어』 하고 그때의 감격을 아무 수식修飾 없이 대담하게 초장을 불끈 일으켜 놓고 나서,

『새도

못 날던

그런 때 있더란다』라고 지낸 세월의 숨 가쁘던 이야기를 털어놓는가 하면 그져 말문이 다시 막혀

『운雲첩첩 쌓인 그 사연』 풀 길도 없었던지 다시 산을 물끄럼히 바라보고는

『산山만 오늘 푸르렀다』고 말하였다.

둘째 수는 옛날 안감내로 성북동으로 쏘다니며 한창 무르익은 앵도알을 덤쳐 따 먹던 시절을 회상한 것이니, 그런 작란이 갑자기 하고 싶은 충동을 다시 일으키는 것은 죄 없는 동심일 것이다.

그날 그와 나는 오목대 아래 사시는 『가람』을 모시고 한벽당寒碧堂을 지나 전주천全州川에서 해를 보내고 천변川邊 주점酒店에 들려 천어에 막걸리를 나누었으니, 셋째 수는 바로 그때 정경을 읊은 것이다.

『무슨 말 금시 할듯
산山이 앞을
다가 선다.

내 속 풀어 줄듯
시냇물도 귀에 종알』

그대로 일사천리一瀉千里의 귀절이다.

끝으로 이 『오목대』에 화답和答한 필자의 졸작拙作을 옮겨 『오목대』의 감상을 도웁고져 한다.

너를 보내고
-『오목대梧木臺』에 답答하여-

네가
왔을 때에
나는 미쳐 몰라 봤다.

스믈 여섯 해라면
아득한 옛날이어

주름살
파도波濤치는 속에

겨우 널 찾았더니라.

×

보리수菩提樹
우거지고
월견초月見草 피던 학원學園

석진石顚스님 모시고
높은 뜻
세우던 우리

덧없이 센 머리칼을
서로 보고
웃었다.

×

하룻밤 이야기로
풀릴길이 있겠느냐?

청춘青春도
흘렀거니
가슴에 묻어 두자.

오늘도
네가 준 염주念珠
헤어 보며 늙나보다.

춘일春日

정훈丁薰

노랑 장다리 밭에
나비 호호 날고

초록 보리 밭 골에
바람 흘러 가고

자운영紫雲英 붉은 논뚝에
목메기는 우는고

—시조집時調集 『벽오동碧梧桐』에서

☆ 정훈丁薰의 아호는 소정素汀, 1911년 충남忠南 태생으로, 일찌기 휘문고보徽文高普를 거쳐, 오래 농촌에 칩거해 오다가 8·15 해방 후에 다시 대전大田에 나와 『향토시가회鄕土詩歌會』라는 동인회를 갖고 『동백』이라는 동인지를 주재·간행하는 한편 충남대학의 전신인 호서대학湖西大學의 학장을 역임하였으며, 『호서문학회』의 대표위원으로 지방문화 발전에 기여한 바 크다.

저서에는 『머들령』, 『파적破笛』 등 시집과 『벽오동碧梧桐』이라는 시조집이 있다.

☆ 이 시조는 봄날 전원 풍경을 아조 간결한 솜씨로 그려낸 한 폭 그림이다.

초장에 노오란 장다리꽃이 흐드러지게 핀 속에 호호 날아가는 나비를 등장시켜 전원의 한가한 풍경을 그린 다음, 중장에는 초록빛 보리밭 골을 타고 가는 바람에 이는 맥랑麥浪을 읊었으니 그대로 아늑하고 평화하기 짝이 없다.

종장을 보면 아득한 벌판 자운영꽃 눈부신 논뚝에 메— 메— 어린 송아지가 울고 있는 가장 인상적인 풍경이니 어디서 금시 송아지의 우는 소리가 들려오는 성싶다.

더구나 초장의 노랑빛, 중장의 초록빛, 종장의 붉은빛이 잘 어울리게 배합된 속에 나비와 맥랑麥浪과 목메기아직 코를 뚫지 않고 목에 고삐를 맨 송아지를 등장시켜 마치 밀레—의 그림을 보는 듯한 평화롭고도 한가한 전원 풍경을 조금도 어색함이 없이 구성해 놓았다.

그리고 초, 중, 종 3장의 끝맺는 말에 『호호 날고』『흘러 가고』『우는 고』 하여 『고』의 각운脚韻을 붙인 것도 또한 멋진 표현이 아닐 수 없다.

애화哀話

산山길 굽이 굽이
몇 굽이 돌고 돌아

뻐꾸기 자추던 날
네 고향故鄕 찾아드니

샘 길에 어린 네 모습
찾을 법도 하고나.
×
흰 조고리 감장 치마
감태 같은 머리채며

물동이 옆에 끼고
거니는 양 서언한데

향낡에 서리 연기는
수심인듯 이는다.
×
뽕밭도 예와 같고
정구지밭 그저 있다.

사리문 들어스니
꽃밭도 옛모양이

반기는 늙으신 양주
설은 양을 알려라.
×
호롱불 둘러앉아
말끝 마다 목이 멘다

헐벗든 못먹든
죽지나 말을 것을

불상히 사다간 그를
더욱 설어 하였네

—시조집時調集 『벽오동碧梧桐』에서

☆ 이 시조를 읽고 나면 어느 적막한 산촌山村이 눈앞에 떠오르고 뽕나무밭을 나와 정구지부추 밭을 지내오면 향나무가 둘러 있는 샘에서 부녀자들의 주고받는 이야기가 들려온다.

지낸날 이 샘에는 애화哀話의 주인공이 감태같이 검은 머리채를 느리고, 흰 저고리 감장 치마에 물동이를 옆에 끼고 오고 갔던 것이니, 샘을 둘러 있는 향나무에도 수심이 연기같이 서려 있을밖에—.

뻐꾸기 애가 잦아 우는 산길을 굽이굽이 돌아가면 옛날 네가 오고 가던 샘길에도 네 모습이 어려 있는 듯하고나, 하얀 저고리에 감장 치마를 받쳐 입고 어깨너머로는 칠같이 검은 머리채를 삼단같이 느리고 팔을 접어 물동이를 끼고 가던 네 모습이 눈에 서언하니 눈시울이 뜨거운 동공에 들어오는 샘가 향나무도 수심의 연기가 서려 있는 것이다.

옛날 너와 더불어 이야기 주고받던 뽕나무밭도 그대로 있고, 배추밭도 예와 다름없이 새파랗고 사리문을 들어스면 꼼꼼이 가꿔놓은 꽃밭 더욱 눈물겨운데 나를 반겨 맞아 주는 너의 어버이, 새로 설음이 복받치는 모습 더욱 가슴이 설렌다.

희미한 초롱불을 둘러앉아서 서로 주고받는 이야기에도 목은 메는 것이니, 헐벗어도 좋고 좀 굶주려도 좋으니 제발 죽지 말 것을 다시 다짐해

보는 것도 덧없는 이야기에 지나지 않는 것이다.

이 시조를 다 읽고 나면 어느 이야기의 줄거리가 꿰뚫고 있는 것을 알 수 있으니 서사시叙事詩의 수법을 시험한 자취가 역력히 보인다.

끝으로 한마디 나의 욕심을 덧붙이자면 이왕 이런 서사시적 수법을 시험할 바에는 좀 더 뼈저린 귀절이 있었으면 싶은데 너무 평범한 것이 저으기 섭섭하다. 너무 안이安易한 이 시인의 시작 태도에서 오는 흠이 아닌가 싶다.

정은 어찌 남어

최성연崔聖淵

모른채 입은 웃고
홀홀히 떠났건만

정은 어찌 남어
저리도록 우벼드노

내 가슴 뻐개제치고
솟아오른 싹이러라.

밤거리를

비오는 밤거리를
철벅철벅 홀로 가다.

한우산 둘이 받고
임과 함께 걷던 길을

긴 한숨 옛길을 따러
헤진 정을 좇다니.

달밤에

얼룩진 달그림자
골라 딛고 가다보니

임의 웃는 빛이
보다 은은 하오마는

싸늘한 석고상石膏像인양
영영 굳어 지리이다.

—『은어銀魚』에서

☆ 최성연崔聖淵의 아호는 소안素眼으로 1914년 인천仁川 태생이다. 서울 제이고보현 경복중고등학교를 거쳐 강계영림서江界營林署에서 십여 성상을 압록강 연안의 원시림 속에서 일을 보아오다가 해방 후 언론계言論界에 종사하는 한편 서울 동방사진뉴—스 편집국장을 역임하고, 동아일보東亞日報 35주년 기념 문예작품 현상모집에 응모하여 『핏자욱』이라는 시조로 당선되어 시단에 데—뷰한 시조 시인이다.

작품집으로는 시조집 『은어銀魚』가 있다. 『은어』에 수록收錄된 70여 편의 작품은 거의 생활 주변에서 취재된 것으로 어찌 보면 단순한 소재素材이면서도 그 작풍作風이 리얼한 것이 특징이라 하겠다.

☆ 위에 뽑은 세 편은 『임은 가고』 중에서 뽑은 것으로 가장 서정적인 작품인데 골라낸 이유가 있을 따름이다.

맨 첫수 『정은 어찌 남어』부터 감상하기로 하자.

임은 모른 체하고 훌훌히 떠나갔건마는, 정은 어찌 남아 이렇게 뼈저리도록 파고드는 것일까?

임이 남기고 간 정은 생각하거니 아마도 내 가슴 깊이 묻어두고 간 무슨 종자種子이기에 이렇게 싹이 터오는 것인가 보다.

인간에게 애정愛情처럼 고귀하고 또 무서운 것은 없을 것이다. 정이 있어 인생은 즐거운 것이라면, 또한 정이 있어 인생은 슬픈 것인지도 모른다.

희로애락喜怒哀樂이 모두 이 정에서 출발하고 정으로 끝맺는 것이 아닐까? 그러기에 애정이 없는 인생을 말하여 사막이라고 하는 것이다.

내 가슴 빠개제치고

솟아오른 싹이러라.

붉은 피가 끊임없이 뛰는 이 가슴을 빠개제치고 정은 싹처럼 솟아오르는 막아낼 수 없는 위대한 힘이다.

둘째 수 『밤거리를』를 읽어보면 소녀적小女的인 감상성感傷性이 없지 않으나 누구나 한 번씩은 경험했을 것이어서 넌즈시 선웃음도 나오는 것이다.

보슬보슬 오는 봄비라도 좋다. 아니면 낙엽이 발뿌리에 걷어채는 싸늘한 가을비가 나리는 밤이어도 좋다.

홀로 비 오는 밤거리를 철벅철벅 걸어가다가 문득 한 우산을 둘이 받고 오손도손 이야기하며 걷던 옛날이 생각히는 것이니, 그날 밤비는 그대로 가슴을 에어내는 예리한 칼이 아닐 수 없다.

길게 내쉬는 한숨은 정녕 옛길을 따라서 헤진 사람의 그림자를 찾아갈 것이 아닌가?

비는 개었다. 달밤이다.

『달밤에』 얼룩진 듯한 우중충한 그림자를 덧없이 밟고 가노라면, 그리운 이의 웃는 얼굴이 은은히 보이는 것이다.

그러나 그 웃음의 주인공은 싸늘하게 영영 굳어버려 석고상石膏像이라면 어찌하리요?

세 수가 모두 청춘의 서정을 읊은 아름다운 노래이긴 하나, 너무 감상적인 흠이 없지 않다. 그러나 정에는 감상이 또한 뗄 수 없는 것임도 부인할 수 없는 것이다.

병실病室 이二

이호우李鎬雨

밤인지 새벽인지 자꾸만 비가 온다
지구地球는 이제 어디쯤을 굴르는고
싸늘히 가난한 벽은 시계時計 하나 없구나.

머리맡 탁자卓子위에 다만 한 개 약병
한 묶음 꽃을 안고 찾아 올 사람은 없다
너무도 초라한 삶이 병보다도 설어라.

홀로 등燈으로 더불어 밤 새기를 기다리다
이 비를 따라서 봄이 행여 오려는가
넌즈시 젊음을 믿으며 팔을 걸어 보도다.

—『이호우시조집爾豪愚時調集』에서

☆ 이호우李鎬雨는 그 필명筆名을 <이호우爾豪愚>라고 하며 1912년 경북慶北 청도淸道 태생으로, 일찌기 1940년 가람 이병기李秉岐 추천으로 문장지文章誌를 통하여 시단에 등장하게 되었다.

작품집으로 이호우시조집爾豪愚時調集과 고금명시조정해古今名時調精解 등이 있다.

☆ 이 시조는 그의 시조집에서 옮긴 것인데 그 시조집에 수록된 70편의 시조는 모두 구슬같이 아름다운 작품들이다. 흔히 말하기를 정형시定

型詩 하면 현대인의 감각을 넣기에는 너무 부자유한 어느 좁은 『틀』로 여기는 것이 거의 상식화된 선입견인데도 이 시조를 읽어보면 추호秋毫도 그런 것을 느낄 수 없는 것이 이 시조의 특징이요, 아울러 이 시조 시인이 가진 독특한 세계다.

그 누가 시조라는 정형시에는 오늘의 우리가 지니고 또 펴고 싶어 하는 사상과 감정을 자유분방하게 집어넣을 수 없다고 감히 말할 수 있겠는가? 그런 의젓하지 못한 회의를 가진 독자가 있다면 서슴치 말고 이 시조를 다시 몇 번이고 읽어보라. 어디 한 군데 숨이 막히거나 부자연한 귀절이 있는가 쉽사리 체험하는 기쁨에 잠기리라.

이 시인의 시조를 읽고 나는 강렬히 풍겨오는 생활의 벅찬 체취에 오직 숨이 막힐 따름이라고 그 결론부터 이야기하고 싶은 충동을 느꼈다.

그러면 『병실病室』의 세계를 구경하기로 하자. 그 누구나 일생에 병을 앓아 보지 않은 사람은 없을 것이다.

그러면서도 병실이 지닌 독특한 분위기를 이렇게 절절히 노래한 이는 흔치 않을 것이니, 오래 병상에 누어 전전반측輾轉反側, 눈을 감았다 떴다 하는 동안, 창밖에선 빗소리가 서글프게 들려올 때, 시계 하나 없는 가난한 병실에서는 새벽인지, 밤중인지도 분간할 수 없어 하염없이 누었노라면 지구地球가 어디메쯤 굴러가고 있는가 그것마저 궁금하게 생각할 것이다.

촛불이 외로이 밝혀진 탁자 위에는 한 개 약병이 놓여있고, 생각해 봐야 그 누구 하나 꽃 한 묶음 가지고 찾아올 사람도 없거늘, 너무도 초라한 생명이 어찌 생각하면 앓고 있는 병보다도 설어울 밖에……. 이 간절한 심정을 작자는 일러

『너무도 초라한 삶이 병보다도 설어라』

하였으니 참으로 눈시울 뜨거운 귀절이 아니고 무엇이랴?

밤새도록 홀로 켜져 있는 등불을 벗 삼아 이 더딘 밤이 언제나 샐 것인가 하고 가슴 조이면서도 창밖에 빗소리를 따라 이윽고 찾아올 봄을 기다리는 덧없는 심사는 그래도 거친 목숨을 이끌고 다만 청춘靑春인 것을 믿기에 여윈 팔을 걷어 보는 것이니 참으로 눈물겨웁기 짝이 없다.

창외삼경우窓外三更雨
등전만리심燈前萬里心

의 경지가 절실히 가슴을 파고드는 작품이다.

영어囹圄 이二

벽에 옮아지는 가느다란 햇볕을 지켜
오늘도 진 종일 시간을 징험타가
불현듯 하늘이 보곺아 발돋움을 하였다

아직도 짐승이 다 되지 못했는가
바람결 풍겨 드는 봄의 내음새에
탄 가슴 와락 치미는 이 어이런 정이뇨

가만이 헤어보니 진달랜 이미 지고
강마을 살구꽃이 철 마자 곱겠구나
어머님 날 생각 하시고 그 얼마나 우시랴

날 새면 저물기를 저물며는 또 새기를
다만 바램이란 세끼의 끼니뿐이
목숨이 진정 목숨이 욕되기도 하여라.

—『이호우시조집爾豪愚時調集』에서

☆ 이 시조를 읽고 나는 가을밤 찬비를 맞은 듯 온몸이 으쓱하는 소름 같은 것을 아니 느낄 수 없었다.

첫수부터 채근채근 읽어 가면 나의 전제前提를 이해理解할 줄 믿는다.

좁은 감방監房의 음산한 속을 때로는 햇볕이 실낱같이 찾아올 때도 있어, 그 광선이 옮아가는 대로 시간을 징험하는 것이 유일한 낙이라고 하느니보다 무료한 시간을 보내는 수인囚人의 일과임에 틀림없다. 광선을 따라 손톱으로 마루장에, 혹은 판자벽에 그어도 보고 밤이 들어올 때를 기다려도 보다가 답답한 마음에 불현듯이 일어서서는 좁은 철창 새로 멀리 있을 하늘이 보고 싶어 발돋음을 해보기도 하는 것이다.

이렇게 덧없는 세월을 보내는 중에는 차라리 짐승이라도 되었드면 싶은 생각이 것잡을 수 없이 떠돌다가도 바람결에 솔깃이 풍겨오는 향긋한 봄의 푸성귀 내음새가 스쳐갈 때에는 다시금 어쩌지 못하는 정情이 와락 가슴에 치미는 것이다.

이렇게 몇 번을 되풀이하다가 가만이 헤어보니 산엔 진달래꽃도 이미 졌을 것이요, 기름진 강물이 흘러가는 고향의 마을에는 철따라 흐드러지게 피었을 살구꽃이 눈에 선하다.

내 속이 이렇게 설렐 때 어머님의 날 생각하는 정은 과연 그 어떠하리요?

『뜰에 파초芭蕉 있어 빗소리도 굵으러다

내가 이리 그리울제 어버이야 좀하시리
어머니 어머니 머리 내가 세게 하다니』

그 누구의 시조든가 문득 이 한 수가 생각힌다.

종련終聯 넷째 수를 보면 그대로 통곡보다 더 아픈 것을 어찌할 도리가 없다. 그러나 이 시인은 조금도 흥분하지 않고 수정水晶처럼 차고 고운 솜씨로 끝을 맺았으니

『날 새면 저물기를 저물며는 또 새기를
다만 바람이란 셋끼의 끼니뿐이
목숨이 진정 목숨이 욕되기도 하여라』

처절하기 어찌 귀촉도歸蜀道의 울음에 비하리요? 참아 흘릴 수 없는 눈물이 온 가슴을 소리 없이 젖어 나리는 것을 느끼는 것은 독자인 나 한 사람에게 한 된 일은 아닐 것이다.

이단異端의 노래 삼三

높디 높은 하늘 아래 땅은 넓기만 하고
사람의 사랑과 노래 금수禽獸보다 복福되던 그 날
목숨은 불꽃처럼 붉고 뜨겁기만 했으리라.

×

산山과 들과 물이 있는 곳 어데나 기름졌고
마시고 먹음이 모도 절로던 후예後裔어든
어이들 가슴을 앓으며 여위어만 가는가

×

꽃같은 젊은인데 봄바람을 돌아서서

슬픔도 죄罪이런가 울수조차 없는 터전

지구地球를 번쩍 쳐들어 던져 버리고 싶다

×

금단禁斷의 동산이 어디오 지옥地獄도 오히려 가려니

생명生命이 죽음을 섬기어 핏줄이 욕辱되지 않으랴

차라리 이단異端의 자랑앞에 내 나로서 살리라.

—『이호우시조집爾豪愚時調集』에서

☆ 이 시조를 읽어 가면 그 외형률外形律과 내재률內在律은 혼연일체渾然一體가 되어 그대로 곤곤滾滾히 흘러가는 장강長江을 연상하게 한다.

시조時調도 이쯤 되면 천의무봉天衣無縫이다. 3행 3장 초중종初中終으로 띄어 썼기에 시조로 볼 수 있는 것이지 그대로 자유시自由詩 쓰듯 행行과 글자를 줄을 맞추지 않았다면, 무엇이 자유시와 다르겠는가? 이 점點으로 보아 『가람』 이후의 새로운 현대시조는 그대로 자유시에의 접근接近을 꾀하고 있다면 시조 시인들이 노할 것인가?

고시조에서 보는 『34344, 34344, 3543』의 엄격한 틀을 벗어던지고 뛰어나온 것부터가 현대시조가 몸부림쳐 얻은 혁명일 것이다. 여기서 비로소 오늘의 시조는 새로운 영토領土를 개척하게 되었으리라. 형식形式에서 오는 새로운 개척은 결국 그 내용內容의 욕구慾求에서 결과한 것이니, 새로운 술은 이미 낡아빠진 푸대에 담을 수 없는 것이다.

우선 그 실증實證으로 이 시조 시인의 작품을 읽어보면 나의 긴 설명은 도리어 사족蛇足에 불과할 것이다.

그러면 『이단異端의 노래』를 감상하기로 하자. 먼저 첫수를 읽어보면 높푸른 하늘 아래 광막하게 열린 땅은 태초太初를 이름이니, 거기 사람 있어 짐승보다 복된 날을 누리며, 축도가祝禱歌 속에 애정과 노래로 얽힌 그 평화스럽던 날을 우리는 상상할 수 있을 것이다.

『목숨은 불꽃처럼 붉고 뜨겁기만 했으리라』

그 얼마나 아름다운 시인의 상상이뇨?

둘째 수에 오면 첫수와의 시간적 거리距離가 몇억만 년을 지낸 뒤의 이야기로 옮아진 것을 쉽사리 알 수 있으니, 산천山川이 있는 곳이 어디라 없이 기름진 곳이요, 마시고 먹고 하는, 우리들이 영위하던 생활은 그대로 아무 거리낌 없이 절로 이루어지던 후예後裔들인데, 오늘날의 반목질시反目嫉視와 약육강식弱肉强食은 끝내 우리에게 그 무엇을 가져왔던가?

『어이들 가슴을 앓으며 여위어만 가는가?』

알력軋轢과 투쟁鬪爭과 기아飢餓와 절망絶望은 그대로 불안 속에 가슴을 앓으며 정신과 육체가 고소라니 여위어 가고 있는 것이 오늘날의 인류사회가 아닌가? 차라리 그렇게 평화롭고 자유로운 것을 모르고 그런 이상理想이 없었던들 우리는 이렇게 불안에 엎눌려 울부짖지는 않을 것이다.

어찌 현실을 증오憎惡하고 현실에 저항하는 것이 시인에게만 한된 일이리요마는 누구보다도 시인의 꿈은 너무나 크고 높은 것을 어찌하랴?

『꿈 꾸는 힘이 없는 자는 살 힘이 없느니라』 누구의 말이던가 새삼 생각난다. 그렇다! 꿈이 없는 곳에 보다 빛나는 발전은 없을 것이다. 새로운 역사에의 창조와 발전은 그대로 인간이 지니고 있는 꿈의 실현이 아니면 안 될 것이다.

다시 셋째 수로 붓을 옮기자.

꽃같이 아름다운 청춘인데 어찌 청춘이 구가謳歌해야 할 봄을 등지고 돌아서서 울어야 하는 것일까?

둘째 수와의 시간적 거리는 한층 더 멀어졌으니, 가슴을 앓으며 여위어 가는 것만이 아니라 마음 놓고 울 수도 없는 한정된 지역地域을 읊었으니, 그 울분을 참다못해 이 허잘 것 없는 지구를 내동댕이치고 싶었으리라.

『지구地球를 번쩍 쳐들어 던져 버리고 싶다』

이 얼마나 가슴 아픈 이야기리요?

그러나 인간은 살아야 한다. 바위에 달라붙어 돌을 깨물면서라도 인간은 살아야 한다. 살아서 인간이 지닌, 인간만이 지닌 구원한 이상을 실현해야 한다.

이것을 읊은 것이 종연 3장일 것이다.

『금단禁斷의 동산이 어디오』 하였으니 에덴동산에 가서 또 한 개의 능금을 훔쳐서라도 살아야 할 것이요,

『지옥地獄도 오히려 가려니』 하였으니 우리 인간의 고귀한 생명을 위해서는 지옥도 불사不辭하겠다는 것이니, 한편 생각하면 우리가 살고 있는 이 현실을 지옥이라 야유揶揄한 파라독스가 아니고 무엇이냐?

중장, 『생명生命이 죽음을 섬기어 핏줄이 욕辱되지 않으랴』는 전률戰慄의 경지를 지나 되려 처절凄絶하기까지 우리 생명의 고귀성을 구가하였다. 어찌 펄펄 뛰는 이 핏줄을 죽음에 굴복하여 욕되게 하랴.

독일의 유명한 서남학파西南學派의 철학자哲學者 빈델반트Wilhelm Windelband 1848/19/15는 『진리眞理를 위해서 죽는 것은 어려운 일이라고 사람들은 말한다. 그러나 진리를 위해서 살아가는 것은 더 어려운 일이다』 라고 말하였다.

『차라리 이단異端의 자랑앞에 내 나로서 살리라』

고귀한 생명을 체득한 시인이 아니고서야 어찌 이렇게 간곡히 노래하

리요?

해바라기처럼 사四

너는 나의 태양太陽 밤이면 더 슬픈 태양太陽
눈 감고사 하늘을 보는 멍든 이 젊음은
이 날도 해바라기처럼 너를 바래 섰도다.
×
한 가슴 너를 지닌채 더불어 못하는 이 봄
마음은 늙지를 못해 꿈은 오히려 짙소
일찌기 그 봄을따라 저버리지 못하고—
×
다만 바람과 달만이 있는 어느 사막砂漠에
한밤내 너를 안고 울고 울다가
차라리 그냥 그대로 아아 그냥 그대로.

—『이호우시조집爾豪愚時調集』에서

☆ 끝으로 서정抒情을 가슴이 쩌릿쩌릿하게 읊은 이 시조 한 편을 감상하기로 하자.

항상 가슴 깊이 태양처럼 지니고 있는 사랑하는 사람, 그 사랑을 생각하기에 청춘의 타는 가슴엔 멍이 들고, 흡사 태양 따라 회돌고 있는 해바라기처럼 그를 바라봐야 하는 덧없음을 1연 3장에 읊었으니, 우리 인생에게 『사랑』이 없었던들 그것은 황량한 사막砂漠이 아니고 무엇이겠는가?

『이 날도 해바리기처럼 너를 바래 섰도다』 청춘의 애끊는 심정은 우리의 언어言語로는 아예 그 천분지일도 표현할 수 없는 것이다. 그러기에 흔히 언어절言語絶의 경지니, 필설난기筆舌難記니 하는 것은 이런 심경을 말함일 것이다.

더구나 그 계절이 봄이고 보면 가슴에 지닌 사랑을 생각하는 정도 한결 절실할 것이니, 오히려 꿈은 저 꽃덤풀과 더불어 나날이 짙어만 갈 것이 아닌가? 차라리 지낸날 그 사랑과 더불어 즐기던 봄에 꽃잎처럼 소리 없이 저버리지 못한 것을 뉘우침은 누구나 경험할 수 있는 세계다. 회한悔恨의 부칠 길 없는 정서를 가장 고요히 읊어 보다가 끝내 3연 3장에 도달해서는 껑충 비약하여 휘영청 밝은 달과 오직 바람만 휘몰아치는 아무도 없는 사막에서 한밤 내 사랑하는 사람을 껴안고 그의 가슴에 머리를 묻은 채 울고 울고 하다가

『차라리 그냥 그대로 아아 그냥 그대로』라고 하였으니 그다음에 오는 것은 독자가 맡아서 메꾸어야 할 여백餘白일시 분명하다.

그러나 독자여!

『아아 그냥 그대로』의 다음에 행여

『숨을 걷우리로다』 하고 슬픈 글잘랑 써넣지 말라. 부디.

비

이영도

그대 그리움이

고요히 젖는 이 밤

한결 외로움도
보배냥 오붓하고

실실이 푸는 그 사연
장지 밖에 듣는다.

—『청저집青苧集』에서

☆ 이영도는 1916년 경북慶北 청도淸道 태생으로 시조 작가 이호우爾豪愚 씨 누이동생이라고 한다.

저서에 시조집 청저집青苧集이 있고, 때때로 주옥같은 작품을 발표하여 시조 시단에 이채를 띄우는 여류 시조 시인이다.

☆ 이 시조는 1연 3장으로 된 가장 짧은 작품인데도 압축壓縮된 정서는 그대로 백행을 능가凌駕하고 남음이 있으리라.

참을 수 없이, 그러나 지긋이 눌러보는 복바쳐오는 그리운 정에, 온통 검은 밤이 고요히 젖는다 했으니, 뜰 우에, 창밖에, 지붕에 남모를 기쁜 소식을 전하는 <요한>의 비도 아니요, C시인의 뿌리는 비, 날리는 비, 부으 뜬 비, 쏟는 비, 뛰는 비, 그저 오는 비, 허둥지둥하는 비, 촉촉 좇는 비, 쫑알거리는 비, 지나가는 비도 아니요, 보슬보슬 창밖에 듣는 비를 읊었으니 그대로 이 작자는 실실이 푸는 사연이라고 하였다. 가슴에 맺혔던 그리움도 때에 따라 그 무엇에 부딛칠 때 불현듯 머리를 들고 일어나는 것을 누구나 경험하는 것이니, 꽃피고 이울 때, 달 밝고 버레 우는 가을바람 설레고 비 오는 밤, 한결 서정抒情하고 싶은 충동을 받게 될 것이다.

중장에서 이 작자는 외로움도 보배 모양 풍성하게 지녔으니, 고요가 저자市 섰다는 비유와 같을 것이다. 그리움을 지니되 담담淡淡하기 달관한 세계에 의젓하게 위치한 작자의 조촐한 모습이 역력히 보인다.

종장을 보면 보슬보슬 오는 비가 끊임없이 창밖에 오는 것을 『실실이 푸는사연』이라 했다. 실실이 푸는 이 간절한 사연은 비가 푸는 사연이 아니요, 깊어가는 밤, 촛불 아래턱이라도 고이고이 조용히 앉아서 외로이 풀어 보는 작자의 사연이 분명하다.

『눈 오고 개인 별이 터지거라 비친창에
낙수물 떨어지는 그림자 지나 가고
와지끈 고드름 지는 소리 가끔 맘을 설레네』의 경지다.

읽고 다시 읽어 가슴에 파고드는 아름다운 비의 이메지에서 작자의 보드라운 호흡이 들려오지 않는가?

머언 생각

숲속을 흘러드는 달빛은 은은하고
호수湖水 자는 물결 바람이 삼가는데
그 음성 귀로 외우며 머언 생각 하옵내다.

이미 그대는 가고 내가 홀로 남었어라.
아스라한 하늘가에 별들은 잠이 들고

가슴에 꿈이 어리며 머언 생각 하옵내다.

—『청저집靑苧集』에서

☆ 이 시조를 읽고 나면 바람 한 점 없이 거울 같은 호수湖水에 숲새로 흘러오는 푸른 달빛이 되려 차거운데 그 호반湖畔에 홀로 서 있는 그 어느 여인을 생각하게 한다.

조각彫刻처럼 서 있는 그 여인의 입상立像은 행여나 호수의 자는 물결을 일으킬가 두려워서 바람도 조심조심 삼가는 거울 같은 호수를 바라보고 있는 것이다.

그 여인의 귓전에 부딪치는 것은 바람 소리도 물결 소리도 아니요, 그리운 이의 음성이었을 따름이다.

이리하여 몇 번이고 몇 번이고 그 음성을 귀로 외우며 내인 생각에 잠기는 것이니, 마치 어느 동양화 한 폭을 선하게 눈앞에 보는 듯한 호반의 달밤이다.

둘째 수를 구경하기로 하자.

이미 그대는 멀리 떠나고 홀로 나만 남아서 밤이면 밤마다 하늘가에 드믄 별들도 잠이 들었는데, 가슴에 떠오르는 그대가 잊히지 않아 꿈인 듯 생시인 듯 우두커니 서서 머언 생각에 잠겨 있는 것이 아닌가?

간절한 생각을 그져 타일르지 않아도 좋다. 호수처럼 맑게 개인 심금心琴은 가야금 진양조처럼 넌즈시 울리기만 하니 어찌 격激하여 그 가락의 멋을 찾으리요?

얼골 하나야
손가락 둘로

폭 가리지만,
보고 싶은 마음
호수湖水만 하니
눈 감을 밖에

시인 C의 호수湖水를 생각히는 일품逸品이다.

맥령麥嶺
-무오년丙戌年 어느 봄날-

사흘 안 끓여도 솥이 하마 녹 슬었나
보리누름 철은 해도 어이 이리 긴고
감꽃만 줍던 아이가 몰래 솥을 열어 보네.

한끼 건느기가 강江물보다 어렵던가
고국故國을 찾아온 겨레 몸둘 곳이 없단 말이
오늘도 밥 얻는 무리속에서 새 얼굴이 보인다.

—『청저집靑苧集』에서

☆ 『보리고개』를 읊은 처절凄絶한 시조다. 언제부터 우리 족속族屬은 춘궁기春窮期를 『보리고개』 맥령麥嶺이라 불러 왔는지는 알 수 없으나, 농촌에서는 이 『보리고개』를 넘기기에 수미愁眉를 펼 날이 없다.

더구나 이 시조의 부제副題가 표시한 바와 같이 <병술년丙戌年>이면 해방되든 이듬해이니 뒤끓는 해방 기분에 국내는 아무 질서도 없었을 때이니 그 혼란상混亂相은 가히 짐작하고 남음이 있을 것이다.

그때에 맞이한 『보리고개』이니 비참한 정상은 더 말할 나위로 없지 않겠는가?

첫수 초장만 읽어도 여실히 당시에 겪던 『보리고개』의 참상을 엿볼 수 있으니,

『사흘 안 끓여도 솥이 하마 녹슬었나』

날마다 바라보는 보리는 좀체 목은 숙을성 싶지 않고, 솥에 넣고 끓일 것은 없어 하루 이틀쯤 아궁에 불을 집히지 않는 것쯤은 항다반恒茶飯 있는 일이다. 사흘이나 내박쳐 둔 솥에 녹이 쓸지 않을 리 없다.

보리 누름철 긴긴날에 주림에 지쳐 감꽃을 줍고 놀던 어린 것이 오늘에나 무엇을 끓이나 하고 솥을 가만히 열어보는 정경은 그대로 눈물겨운 우리 농촌의 비극이 아닐 수 없다.

『감꽃만 줍던 아이가 몰래 솥을 열어 보네』

오직 할 일이 없어야 감꽃만 줍고 놀겠느냐 말이다. 더구나 몰래 솥을 열어보다니……, 여기에 이르러서는 그대로 눈시울이 뜨거워진다.

둘째 수에 들어가면 처절의 도를 넘어 통곡이 아닐 수 없으니, 초, 중, 종 할 것 없이 목이 메일 뿐이다.

『한끼 건느기가 강江물보다 어렵던가』

아무 죄 없는 그 어린 것들을 굶기기란 진정 죽음보다 슬픈 일이다. 더구나 그 까만 눈망울을 바라볼 때 어찌 가슴을 쥐어뜯어서만 속이 풀릴 수 있으랴?

강물! 이 무서운 기아饑餓의 강물이야말로 공포의 강물일 것이다.

『고국故國을 찾아온 겨레 몸둘 곳이 없단말이』

조국의 광복을 찾아 이역에서 돌아온 겨레를 그때 과연 그 누구 있어 따뜻이 맞아들였던가? 움막과 판자집이 그들의 몸담아 둘 곳은 아니어야 했을 것이다. 더구나 밥 얻어먹는 거지 떼에는 날로 새 얼굴이 늘어만 갔으니, 이 무슨 참상慘狀이뇨? 그 당시의 고난사苦難史를 이렇게도 뼈저리게 기록한 노래는 그리 흔치 않을 것이다.

그러면서도 이 시조에는 가엽다거나, 원통하다거나, 슬프다거나 하는 말을 한마디도 쓰여 있지 않다. 실로 이 시조의 묘처妙處는 여기 있다.

구름

정녕 윤회輪廻 있어 받아얄 몸이라면
아예 목숨일랑 허공虛空에다 앗아지고
한오리 연기로 올라 구름이나 되려오

무수한 해와 달을 품안에 안아 보고
삼라만상森羅萬象을 발아래 굽어 보고
유유히 산악山嶽을 넘는 구름이나 되려오.

저녁놀 비껴 뜨면 꽃구름이 되었다가
때로는 한 하늘 먹장으로 덮어도 보고
아침해 솟는 빛 앞에 몸을 맡겨 타려오.

아득한 소망대로 이루어 지량이면
인간人間을 멀리하여 무량無量한 하늘가로
탓없이 떠서 오가는 구름이나 되려오.

—『청저집青苧集』에서

☆ 이 『구름』은 작자의 달라진 세계를 읊었으니, 그 첫수 초장에 대뜸 윤회설輪迴說을 이끌어 만일 인간이 인과응보因果應報로 말미암아 지옥地獄 축생畜生 아귀餓鬼 수라修羅 인간人間 천상天上의 육도六道를 영원히 선전旋轉하면서 지내야 한다면 아예 이 주체스러운 목숨일랑 그대로 허공에 앗아버리고 한오리 연기로 사라져 구름이 되기를 원하였다.

어떤 시인은 인간이 물이 되려면 그 몇 생生이나 닦아야 물이 될 것이며, 또 몇 겁劫이나 전화轉化해야 금강金剛에 물이 될 수 있겠느냐?고 읊은 일이 있거니와, 구름이 될 양이면 과연 그 몇 겁劫을 두고 육도六道를 돌아야 할 것인지…….

무수한 해와 달이라면 이 지구를 중심한 태양계가 아니다. 그대로 무한 광막한 우주를 가르킴일 것이다. 그 수 없는 해와 달을 품 안에 너그럽게 포옹도 해보고, 삼라만상森羅萬象을 발아래 보며 유유히 청산을 넘어가는 구름의 멋을 생각하라, 서로 아우성치고 싸우고 희로애락喜怒哀樂에 사로잡혀 허덕이고 있는 인간쯤이야 거들떠볼 멋인들 있으리요?

셋째 수의 3장은 그대로 신운神韻이 아닐 수 없으니 저녁놀 비껴 뜨면 현란絢爛한 꽃구름으로 되었다가, 때로는 온 하늘을 먹장같이 새까맣게 덮어도 보고 자유자재의 재간을 부리다가 끝내는

『아침해 솟는 빛 앞에 몸을 맡겨 타려오』 하였으니 재탄 삼탄의 묘미妙味는 결정結晶되었다느니보다 오히려 지배紙背를 뚫고 의연毅然히 솟아오

른 푸른 산봉우리가 아니냐?

그렇다! 이 광란狂亂의 아우성이 끊임없는 좁은 지구에 계속되는 한限 우리의 소망所望이 이루어질 수 있다면 차라리 인간계를 멀리 떠나 아무도 탓할 사람 없는 하늘을 오고 갈 수 있는 구름이 되고 싶은 심정을 어찌 이 시인에게만 한한 일일까 보냐? 그러나 이 시인의 높은 소망所望은 그대로 인간세계를 도피하고 싶은 데서 출발한 것이 아니라는 또 하나의 의도意圖를 잊어서는 안 될 것이다.

지상천국地上天國을 이룩하고 싶은 간절한 이 시인의 소망을 그대로 간과看過하지 않는 데서 이 시조는 또 하나의 세계를 우리에게 제시한 것을 잊지 말지어다.

물소리

김상옥金相沃

—그는 다시도 풀려 날 수 없는 머언 유배流配같은 슬픔을 언제나 가지었다—

×

오오리
바닷가에
외따로 살아오며

자나 깨나
물소리만

귀에 익혀 들었더니

바람 잔
고요한 날엔
가슴 도로 설레라

—『초적집草笛集』에서

☆ 김상옥金相沃의 아호는 초정草汀, 1915년 경남慶南 출생으로, 1941년 『문장』지文章誌의 추천을 통하여 문단에 등장한 시조 시인이다.

시조집 『초적집草笛集』, 『고원故園의 곡曲』 외에 현대시집으로 『목석木石의 노래』, 『이단異端의 시詩』 등이 있다.

☆ 이 시조는 1연 3장의 아조 간단한 구성이면서도 읽어서 그 인상이 오래오래 가슴에 남을 수 있는 작품이다.

이 시조의 부제副題가 말하듯이 『그는 다시도 풀려 날 수 없는 머언 유배流配 같은 슬픔을 언제나 가지었다』고 하였으니, 작자의 가까운 벗이나, 일가친척이 그 어느 머언 해촌海村에 들어가서 마치 유배처럼 칩거蟄居하고 있다고 상상해도 좋을 것이다. 그렇다면 이 시조는 거기 있는 이의 심정을 읊었음이 분명하다.

멀리 외따로 떨어진 해변에서 살아가노라면 날이면 날마다 갈매기와 파도 소리와 벗 삼아 살고 있을 것이다.

그렇게 몸에 젖고 귀에 익은 물소리는 그 사람의 생활에서 뗄 수 없는 그 일부가 되었을 것이니, 때로 바람 잔 고요한 날에는 오히려 가슴이 설렌다는 것은 마치 아무도 없는 산기슭에 누어서 무심히 하늘을 바라보고 앉아 있는 기나긴 봄날, 그 어느 머언 마을에서 낮닭 우는 소리가 아스라하게 들려올 때 우리는 도리어 그지없는 정적靜寂을 느끼는 심사와 같은 것이다.

그 낮닭 울음은 죽음 같은 정적을 확실히 깨뜨린 소리에 틀림없건만 한결 더 정적을 느끼는 것은, 물결소리 잠자는 고요가 되려 가슴을 설레게 하고 그 심경으로 통하는 길이 아니고 무엇일까? 이렇게 종잡을 수 없는 마음의 그림자를 표현하는 것은 그리 쉬운 일은 아닐 것이니, 실로 예술이 가진 지상至上의 묘미妙味가 바로 여기 있는 것이다.

다시 한번 이 시조의 종장을 읽어보라. 그 얼마나 놀라운 감각이 은은히 스며오는 것이냐?

『바람 잔 고요한 날엔 가슴 도로 설레라』

여기 우리 심금心琴에 부딪치는 파도 소리의 한없이 간지러운 여운餘韻을 들어보라.

다보탑多寶塔

불꽃이 이리 티고 돌쪼각 저리 티고
밤을 낮을 삼아 정소리가 요란터니
불국사佛國寺 백운교白雲橋 우에 탑塔이 솟아 오르다

꽃장반 팔모 난간欄干 층층이 고운 모양
임의 손 간데마다 돌옷은 새로 피고
머리엔 푸른 하늘을 받쳐 이고 있도다

—『초적집草笛集』에서

☆ 이 시조를 감상하기 전에 잠시 불국사佛國寺 다보탑多寶塔을 구경하고 돌아오자.

토함산吐含山 울창한 숲속에 자리 잡은 불국사를 찾아가면 그 구조構造의 절륜絶倫을 보여 주는 운제雲梯와 석탑石塔이 있으니, 청운교靑雲橋 백운교白雲橋의 구름사다리를 올라 부르면 날아갈 듯한 자하문紫霞門을 들어서면 대웅전大雄殿을 중심으로 동에는 다보탑, 서에는 석가탑釋迦塔이 서로 마주 바라보고 서 있다. 신라新羅 제35대 경덕왕景德王 시대에 세운 탑으로 높이 34척 5촌이나 되는 거창한 구조이건만 돌을 깎아 세운 것이거니 하고 아모리 바라보아도 돌은 같지 않다. 목조木造로 해도 어려울 터인데, 하물며 석조石造로 이와 같은 조탑을 했으니, 마치 떡가루를 반죽해서 마음대로 주물러 만든 것만 같다.

탑의 기단基壇을 방각형方角形으로 쌓고 그 사면四面에 열 계단의 각돌을 놓아 그 계단 밑에는 좌우로 꼭대기가 둥근 사각형 석주石柱가 서 있다. 이 석주를 다시 사각형의 지붕屋蓋으로 덮어씨우고 그 위에 다시 사각형 난간欄干을 네 모퉁이에 세워 둘재 층의 옥신은 팔각형 평면을 새겨 여덟 개의 각은 기둥으로 세째 층을 받고, 세째 난간 지주支柱인 기부基部에는 한 잎의 연꽃을 본떠 섬세하게 이고, 다시 세째 층의 옥신을 둘러 대竹나무의 마디節를 새겨서 여덟 개의 기둥이 서 있어 연꽃에 의해서 마련된 사층을 받들었다. 직선直線과 곡선曲線을 주무르고 닥달하여 그렇게 조화調和 정제整齊의 극치를 이루었으니, 그야말로 동중정動中靜과 정중동靜中動을 한 몸에 지니고 있는 미美의 상승上乘이 아니고 무엇이랴?

어찌 감히 다보탑의 구조미를 덧붙여 설명하여 그 숭고한 미에 상채기를 내는 어리석음을 범하리요? 다시 걸음을 돌려 초정草汀의 노래 한 수를 읊어 보충하기로 하자.

저 미켈란젤로Michelangelo, 1475/1564가 다루던 대리석大理石에 비하여 그 살결이 너무나 투실투실하고 거센 화강암花崗岩을 떼어다 놓고 밤을 낮 삼아 정으로 닥달하여 탑을 세웠으니 『불꽃이 이리 티고 돌조각이 저리 티고』 할 밖에……

『불국사佛國寺 백운교白雲橋 우에 탑塔이 솟아 오르다』 그 얼마나 담담한가? 고적을 찾아가는 시인묵객詩人墨客이 흔히 가질 수 있는 지나친 회고와 영탄은 되려 값싼 감상感傷을 자아내어 이마를 찌푸리는 것을 우리는 경험한다. 그러나 이 『다보탑』에서 그런 영탄은 그림자도 찾을 길 없다.

둘째 수 초장 중장은 언뜻 보기에 평범하다. 꽃장반 팔모 난간으로 층층이 받치고 있는 고운 모양과, 석공石工의 손자욱마다 돌옷이 새로 된다 하였으나, 한 잎이 떨어져 천하의 가을을 느끼듯, 그 요밀요밀한 다보탑을 꽃장반의 곡선과 돌난간의 직선으로 슬적 변죽만 이야기하는 가운데, 독자에게 스스로 다보탑을 느낄 수 있는 여백의 함축성을 부여하고 난 뒤에, 종장에 와서

『머리에 푸른 하늘을 받쳐 이고 있도다』 하였으니 서라벌 천년의 푸른 하늘 아래 웃뚝 솟아 있는 다보탑은 우리의 눈을 황홀케 하고 말게 하였다. 가히 신운神韻이 생등하는 귀절이라 하겠다.

십일면관음十一面觀音
-석굴암石窟庵-

으즛이 연좌蓮坐 우에 발돋움하고 서서

속눈섭 조으는듯 동해東海를 굽어 보고
그 무슨 연유緣由 깊은 일 하마 말씀 하실까

몸짓만 사리어도 흔들리는 구슬소리
옷자락 겹친 속에 살결이 꾀비치고
도도록 내민 젖가슴 숨도 고이 쉬도다.

해마다 봄날 밤에 두견杜鵑이 슬피 울고
허구한 긴 세월이 덧없이 흐르건만
황홀한 꿈속에 쌓여 홀로 미소微笑 하시다

—『초적집草笛集』에서

☆ 다보탑多寶塔을 구경한 우리는 다시 발길을 돌려 강파른 토함산吐含山 고개를 넘어 석굴암石窟庵으로 옮겨 보기로 하자.

운강雲崗 석불石佛과 나라奈良 법륭사法隆寺 금당金堂 벽화와 더불어 극동極東 삼대 예술의 하나로 구가謳歌되는 이 석굴암도 약 40여 년 전에 뜻하지 않은 배달부의 발견으로 세상에 알려지게 되었었다.

처음 굴을 들어가면 굴 밖으로 내다보는 석굴의 좌우 문에 금강역사상金剛力士像이 서서 괴상한 모습으로 굴을 수호하고 있다. 연좌蓮坐 위에 세워진 팔각형八角形 돌기둥을 들어서면 직경直徑 20여 척의 암실庵室의 중앙中央에는 화강암석으로 곱게 닥달한 두 칸의 연좌 위에 높이坐高 9척이나 되는 주존불타主尊佛陀가 안치되어 있다. 바로 이 주존불타의 후면 석벽에 십일면관음상十一面觀音像이 새겨져 있다.

중앙에 안좌한 불타佛陀의 반개한 눈, 그 아담한 눈섭, 사랑이 넘칠 듯한 입, 길게 늘여 놓은 귀, 『구부타』 식의 나발螺髮은 그대로 숭엄崇嚴하기 짝이 없거니와 십일면관음상 또한 그 섬세한 미美와 자애로운 표정은 이루 말할 수 없다.

아담한 입술, 양 뺨, 눈섭 할 것 없이 바로 생동하는 듯하며, 몸에 감고 있는 옷, 앞에 늘어놓은 장신구 등의 선명한 수법은 오직 재탄 삼탄할 따름이다. 더구나 발아래 연꽃은 금시 피어난 듯하고 왼손에 들고 있는 병, 왼편 어깨에서 늘어진 천의天衣를 받고 있는 오른손, 영락瓔珞을 걸어 쥐고 있는 손가락에 이르기까지 미의 극치를 이루고 있는 이 관음觀音은 어디까지 단엄장중端嚴莊重 하면서도 원만미묘圓滿微妙한 여성미女性美를 나타내고 있다.

☆ 그러면 초정草汀의 가락을 들으면서 십일면관음의 모습을 그려보자.

연좌蓮坐 위에 발돋움하고 의젓이 서서 멀리 동해를 바라보는 다문 입술은 그 무엇인가 한마디쯤 연유緣由 깊은 말을 하실 것도 같은데 이내 말은 없고 몸이 조금만 사리어도 구슬은 흔들리어 영롱玲瓏한 소리가 들려오고, 겹친 옷자락에서는 엷은 살결조차 비치는데, 도도록이 나온 젓가슴에서는 숨소리도 들리는 것이다.

허구한 세월이 덧없이 흘러가는데 해마다 봄에는 두견杜鵑이도 목메어 밤을 새우건만 이도 저도 모르쇠 한 채 오직 황홀한 꿈속에 싸여 소리 없이 가는 웃음을 지을 뿐이다.

이 시조의 연대年代는 자세히 알 길 없으나 첫수1연 종장의

『그 무슨 연유緣由깊은 일 하마 말씀하실까』는 아마도 일제 시의 숨가쁜 작자의 답답한 심경이 여실 나타났음이 분명하다. 욕담세사불무어欲談世事佛無語 이 모든 세상일 말하고 싶어도 입을 다문 부처님은 말이 없다는 뜻의 경지를 말함이다.

셋째 수3연 중장을 보면 허구한 세월이 덧없이 흐른다 했으니, 허구許久한 세월이란 매우 오랜 세월을 이름이니, 그 당시의 절박한 세월이 그저 그 모양으로 덧없이 흐름을 말한 것이어늘, 어찌 봄밤을 두견이만 울어 새었으리요? 허구한 36년을 울어 새운 것은 우리 삼천만 전 민족이었던 것이다.

하늘을 바라보아도 슬펐고, 땅을 보아도 슬펐으니, 우리 조상이 남기고 간 예술품을 보아 어찌 가슴 아프지 않았으랴?

옥적玉笛
-신라新羅 삼보三寶의 하나-

지긋이 눈을 감고 입술을 추기시며
뚫린 구멍마다 임의 손이 움즉일 때
그 소리 은하銀河 흐르듯 서라벌에 퍼지다

끝없이 맑은 소리 千年을 머금은 채
따수히 서린 입김 상기도 남았거니
차라리 외로울 망정 뜻을 달리 하리오

—『초적집草笛集』에서

☆ 석굴암石窟庵에서 돌아오는 길에 경주慶州에 들려서 옥적玉笛 소리를 듣기로 하자.

박물관博物館 금관고 앞으로 발을 옮기면 금관에 달려 있는 영락瓔珞과 나래 모양으로 장식된 금부처가 어울려 짜르릉 짜르릉 소리를 낸다.

이 금관고 남쪽에 놓여있는 것이 옥적玉笛이니 지금으로부터 1260여 년 전 신라 31대 신문왕神文王 때에 만든 것으로 길이 1척 8촌, 직경 1촌 되는 황취 색에 검은 반점斑點이 많은 흡사 오죽 같은 옥玉을 사용하여 삼절구공三節九孔으로 되었고, 모작模作은 길이 1척 5촌 6푼 직경 9푼 5리의 대모양으로 마디를 붙여 만들었는데, 진품眞品은 화재로 끊어져서 납蠟으로 붙이고 은판銀板으로 장식해서 모조와 같이 나무 상자에 담아 놓았다. 이 상자는 금구로 장식하고 금구金具에는 월성 안압지, 첨성대 등을 조각하고, 자물쇠는 봉덕사 종을 본따서 만들었다.

이 옥적에 대해서는 여러 가지 전설이 있는데, 적병이 처 올 때 불면 적병은 물러가느니, 가물 때에 불면 비가 오고, 장마에 불면 비가 개고, 병자 앞에서 불면 병이 낫는다는 것인데 그중에서도 신라新羅 이외의 땅에서 불면 소리가 나지 않는다는 것이다. 그래서 신라 멸망 후 고려가 건국되어 왕건王建이 이 옥적을 송도松都로 옮겨 놓았으나 죽령竹嶺을 넘은 즉 이 옥적은 소리가 나지 않아서 도로 경주로 보냈다는 전설이 있으니 이것은 모두 옥적이 신기한 데서 생긴 이야길 것이다.

☆ 그러면 『玉笛』 2수의 감상에 들어가자. 눈을 지긋이 감고 입술을 추긴 다음 옥적을 들어 불 때의 그 옛 님의 모습을 고요히 한 번 눈을 지긋이 감고 생각해 보라.

그 소리 은하銀河 흐르듯 신라의 푸른 하늘에 멀리 퍼지는 여운餘韻이 우리들의 귓전에 들려오지 않는가?

실로 시인은 저 은하의 물결 소리를 들을 줄 아는 귀耳의 소유자가 되어야 하듯이, 천년 옛날의 옥적 소리도 들을 줄 알아야 할 것이다.

오오! 서라벌에 퍼지는 맑고 섬세한 옥적 소리의 신비神秘함이여!

지금은 부는 이 없는 옥적엔 그대는 맑은소리 머금은 채, 상자에 놓여 있건만, 예날 불어보던 임의 입김은 아직도 옥적 취구吹口에 남아 있으니, 차라리 입을 다문 채 외로울망정 어찌 임의 그 높은 뜻을 어겨 허튼 가락을 함부로 날릴 수 있으리요!

이 『옥적玉笛』이야말로 그 맑은소리에 못지않은 절창絶唱이 아닐 수 없다.

갑자기 대피리라도 불어보고 싶은 충동을 느끼는 것은 이 시조를 읽고 있는 나 한 사람에게 한된 일은 아닐 것이다.

청자부青磁賦

보면 깨끔하고 만지면 매촐하고
신神거러운 손아귀에 한줌 흙이 주물러져
천년千年전 봄은 그대로 가시지도 않았네

휘넝청 버들가지 포름히 어린 빛이
눈물 고인 눈으로 보는듯 연연하고
몇 포기 난초蘭草 그늘에 물오리가 두둥실!

고려高麗의 개인 하늘 호심湖心에 잠겨 있고
숙으린 꽃송이도 향내 곧 풍기거니
두 날개 향수鄕愁를 접고 울어 볼줄 모르네

붓끝으로 꼭 찍은 오리 너 눈동자엔
풍안風眼테 넘어 보는 한아버지 입초리로
말 없이 머금어 웃던 그 모습이 보이리

어깨 벌눔하고 목잡이 오목하고
은조리 어루만지면 따스른 임의 손길
천년千年을 흐른 오늘에 상기 아니 식었네

☆ 이 시인의 『물소리』를 듣고, 서라벌 푸른 하늘을 머리에 받쳐 이고 있는 『다보탑』을 바라보고 나서 다시 석굴암 『십일면관음』을 구경한 다음 경주에 들러 은하 흐르듯 퍼져가는 옥적玉笛 소리를 들었으니 인젠 고려高麗 하늘처럼 파아란 청자기青磁器를 어루만지고 이 노정을 끝내기로 하자.

☆ 5수로 엮어 놓은 이 청자부青磁賦는 지면紙面에 쓰여진 문자文字가 아니라 이차원二次元의 평면平面에 독자적인 공간空間을 구성構成한 그대로 신운神韻이 생동生動하는 청자기인 것이다.

한 줌 흙을 주물러 그 신神거러운 손아귀에서 창조된 청자기에서는 지금도 천년 전 봄이 흐드러지게 무르녹고 있으니, 휘넝청 늘어진 버드나무 실가지엔 어려 있는 포름한 빛이 아지랑이 속에 연연하고, 난초蘭草 향내 은은한 언덕 아래에는 고려의 개인 하늘이 잠겨 있는 호심湖心에 향수鄕愁마저 날개에 고히 접어 넣고 물오리가 둥둥실 떠 있지 않은가?

섬세한 붓끝으로 꼭 찍어 넣은 물오리의 눈망울에서는 그대로 광채가 영롱한데, 풍안風眼을 코 나즉히 걸으시고 안경 넘어로 바라보시는 할아버지의 웃음 머금은 입초리를 그 눈망울에서 찾아낸 시인의 뛰어난 감각을 보라.

어깨가 벌눔하되 참하고, 목이 오목하되 멋이 자르르 흐르는 이 청자기에서는 스며든 채 아직도 가시지 않은 임의 체온體溫과 더불어 따스한 손길을 느끼는 것이니, 어찌 이대로 천년만 가리오?

궁거워

최남선崔南善

찾는듯 뷔인 가슴
바다라도 담으리다.

우리 님 크신 사랑
그지 어이 있으리만,

솟는채 대시옵소서
벅차 아니 하리다.

—『백팔번뇌百八煩惱』에서

☆ 최남선崔南善의 아호는 육당六堂으로, 1886년 서울에서 태어나, 열다섯 살 나던 해에 일본에 건너가 조도전의숙早稻田義塾에 입학하였다가 몇 달 뒤에 동맹휴학이 된 때문에 동의숙을 중도 퇴학하였다. 그 당시 일본에는 소위 대륙문학大陸文學-노서아 문학-이 성행하던 때로 동경에 같이

있던 춘원春園 등과 함께 트르게네프의 산문시散文詩를 윤독輪讀하기 비롯한 데서 소위 신체시新體詩를 실험하게 되었으니 트르게네프의 산문시에서 받은 영향이 크다 할 것이다. 그 당시 대한유학생회보大韓留學生會報에 신체시新體詩와 시조時調를 자조 발표하였다. 17세 약년弱年에 귀국하여 1908년에 우리나라 최초의 문화잡지 소년少年을 간행하여 약 4년 동안 계속하였다. 뒤이어 『붉은 저고리』, 『아이들보이』, 『새별』, 『청춘』 등을 발간하여 국민운동을 위한 계몽사상啓蒙思想을 고취하기에 힘쓰는 한편 『소년시少年詩』, 『신체시』, 『시조』 등을 발표하여 우리나라 초기의 언문일치言文一致의 새로운 문장을 세우는 데 선구적인 공적을 남겼던 것이다.

1919년 3·1운동의 『독립선언서』 기초起草의 책임으로 34개월간 재감되었다가 출옥 후 잡지 동명東明 등을 간행하는 한편 오로지 역사 연구에 사계의 권위로 『조선역사』, 『고사통古事通』, 『삼국유사三國遺事』 등 많은 저술과 아울러 『심춘순례尋春巡禮』, 『백두산참관기白頭山參觀記』의 기행문 외에 시조집 백팔번뇌百八煩惱가 있다.

육당이 『백팔번뇌』를 엮을 무렵만 하더라도 시조라면 거의 음풍영월吟風詠月의 귀족 취미로 여겨 오던 때였는데 근대사조近代思潮를 받아들여 그 당시의 가쁜 호흡과 괴로운 몸짓을 시조의 틀을 빌려서 담게 된 것은 새로운 시조의 부흥을 위하여 성공했다고 보아 좋은 것이다.

☆ 이 시조는 『백팔번뇌』 제 1부 『동청나무 그늘』—님 때문에 끊긴 애를 읊은— 36수 중의 『궁거워』 9수 중의 셋째 번의 작품이다. 초장初章 『찾는듯 뷔인 가슴』은 무엇인지 차 있는 듯하면서도 아무것도 없이 텅 빈 허전한 가슴을 이름이니, 『바다라도 담으리다』의 『라도』라는 반어反語로서 어찌 빈 가슴에 바다만 담을 수 있으랴는 심정을 강조하였으니, 저 무한한 하늘을 담아도 남음이 있으리라.

『우리님 크신 사랑 그지 어이 있으리만』은 그대로 크고 높은 『님』의 한량限量없는 사랑을 말하였으니 『님』의 사랑이 솟아오르는 대로 물대듯 대어 주시드라도 아예 벅차게 여기지 않겠다는 종장終章과 더불어 안타까운 심정을 간곡히 읊었다.

종래에 흔히 써오던 『어즈버』, 『하노라』의 체념締念의 세계를 벗어던 지기에 애쓴 자욱이 역력하다. 전편을 통하여 속 깊이 흐르는 조국애祖國愛의 거룩한 사상은 그대로 실국失國의 민족에게 정신적 불멸의 커다란 횃불을 밝히고 남음이 있으리라. 그러므로 육당의 가슴에 지닌 『님』은 삼천만의 가슴에 한결같이 지닌 우리의 조국이 아니면 아닐 것이다.

다도해多島海

허연許演

푸른 섬이 섬을 안고
안은 섬이 섬을 안아

섬섬이
섬을 낳고
낳은 섬이
섬을 지어

오오래 재롱부리며

『사랑』이라 일르리

—『불망비不忘碑』에서

☆ 허연許演은 전남全南 나주羅州 태생으로 광주사범光州師範 출신으로 전남일보全南日報 기자를 거쳐 향문사香文社라는 출판사를 가지고 있다고 한다.

일찌기 시에 뜻을 두어 『향나무』라는 시집을 출판하였고 1955년 현대문학現代文學지를 통하여 추천을 받아 문단에 데뷰—한 시인으로 시조집 불망비不忘碑가 있다.

☆ 『다도해多島海』는 한 수 3장의 아조 짧은 시조로 엮었는데 『섬』이라는 명사가 무려 아홉 개나 나온다. 『다도해』의 섬이 아홉 개만은 아니겠지만 여러 번 되풀이 되는 이 『섬』이라는 명사는 그대로 『다도해』의 수많은 섬을 바로 연상시킨다.

파란 남해南海에 유방乳房처럼 동동 떠있는 섬, 서로 의지하고 서로 안고 있는 섬, 고개를 길게 느리고 서서 섬을 넘어다보고 있는 섬, 서로 다정하게 어깨를 가즈런히 하고 무슨 이야기라도 주고받고 있는 듯한 섬, 아조 참하게 생긴 섬은 물오리처럼 재롱을 부리기도 하며, 다정하게 얼싸안고 살아가는 섬들은 그대로 사랑을 속삭이고 있는 또 하나 다른 세계를 이루고 있는 것이다.

이 시조를 읽다가 생각히는 것은 저 노산鷺山의 오륙도五六島니

『오륙도 다섯 섬이 다시 보면 여섯 섬이

흐리면 한두 섬이 밝으신 날 오륙도라

흐리락 마르락 하매 몇 섬인줄 몰라라』

『다도해』는 『오륙도』 첫수보다 『섬』이라는 명사가 더 등장 되었어도

그렇게 매끄러운 기교技巧가 노출되지 않고 더 무게가 있고 진경進境을 보이고 있다.

언어와 기교에서 오는 매끄러운 형식미形式美보다는 그 작품이 속 깊이 지니고 있는 에스프리가 그 작품을 좌우하는 까닭이 아닐까?

항상 형식은 그 내용을 살리기 위한 의상衣裳인 것을 다시 한번 아니 느낄 수 없다.

삭막索漠한 세파에 밀리고 허덕일 때마다 우리는 무엇인가를 구하고 염원하고 있으니 그래서 철학을, 종교를, 또 예술을 찾게 되는 것인지도 모른다.

그대들도 외로울 때 서글플 때 눈물겨울 때가 있걸랑 이 『다도해』 한 편을 가장 나지막한 소리로 외어 보는 시간을 가지라.

서해상西海上의 낙조落照

이태극李泰極

1

어허 저거 물이 끓는다
구름이 마구 탄다

둥근 원구圓球가
검붉은 불덩이다

수평선水平線
한 지점地點 위로
머믄듯이 접어 든다.

2

큰 바퀴 피로 물들며
반半나마 잠기었다

먼 뒷섬들이
다시 환히 얼리드니

아차차
채운彩雲만 남고
정녕 없어졌구나

3

구름빛도 가라 앉고
섬들도 그림진다

끓던 물도 검푸르게
잔잔히 숨더니만

어디서
살진 반달이

함艦을 따라 웃는고?

—4290년 8월 4일 밤 해군 함정 810으로
제주도濟州島를 찾아 서해상西海上을 달리다가

☆ 이태극李泰極의 아호는 월하月河로, 현재 『이화여자대학』에서 교편을 잡는 한편, 『국어국문학회』 대표간사代表幹事로 있다고 한다.

창작 시조 외에 시조론時調論과 아울러 시조월평時調月評은 거의 독찿이 하여 각 신문에 발표하고 있다.

☆ 이 시조는 그 말미末尾에 부기附記한 바와 같이 제주도를 찾아가는 도중 함상에서 지은 것이 분명하다.

전편을 통하여 나무랄 데 없이 째인 작품이다. 첫 수 초장을 보면 그 허두에 『어허 저거 물이 끓는다』 아조 평면적이면서도 그 수법이 여간 대담하지 않다. 중장 『둥근 원구圓球』는 초장에 이어 그대로 대담성이 좋으나, 『원구圓球』 자체가 둥근데 덧붙여 『둥근 원구圓球』라면 좀 어색한 표현이 아닐 수 없다. 그러나 그리 큰 흠은 아니요, 옥에 티라 할 수밖에 —.

2연 3장은 분초分秒를 다투어 수평선 너머로 숨어가는 낙조의 모습을 숨 가쁘게 그렸으니 읽는 이도 함艦 위에서 이 작자와 더불어 같이 바라보는 느낌을 자아낸다.

『아차차
채운彩雲만 남고
정녕 없어졌구나』

이 종장의 『아차차』는 감탄사感歎詞로서 제자리를 빈틈없이 잡았다고 아니할 수 없으나, 낙조를 바라볼 때에는 실망失望도 환호歡呼도 아닌 그

미묘한 감탄사를 발음發音하게 되는 것이다.

2연에서 고조되었던 감정은 3연에 이르러서 수평선을 걸어오는 황혼과 더불어 고요히 가라앉았으니

『구름빛도 가라앉고
섬들도 그림진다』

눈부시게 끓던 물도 한결 잔잔한 속에 벌써 섬에는 그림자가 지는 것이다.

고개 돌려 바라보니 북새도 가시고 연옥색 하늘에는 날로 불어 살진 달이 함상艦上을 나려보고 있지 않은가? 해상 풍경이 눈에 선하게 보인다.

『화통火筒옆 사닥다리에 나란이
제주도濟州島 사투리 하는이와 아주 친했다』

문득 『다시 해협海峽』의 한 귀절이 생각난다.

춘일장금春日長吟

신석정辛夕汀

오고 가는 잔에
호이 꾀꼬르르 소리

바람에
지는 꽃잎
옷깃에 쌓였고나!

봄은 또
깊어만 가고
꽃잎은 흩날리고
×
길게
빼는 노래
다락이 흔들린다

멋은 지닐 것이
늙어도 저렇거늘

멋속엔
≪가람≫도
아직은 청춘靑春이어.

—〈1956〉

☆ 마지막으로 나의 시조 한 편을 감상하고 『현대시조편』의 끝을 맺기로 한다.

나는 1907년 7월 7석날 전북 부안읍에서 태어났다.

내세울 학력은 없고, 내 나이 스물이 훨씩 넘어서야 서울에 뛰어 올라가 동대문 밖에 있던 『경성중앙불교전문강원』의 문을 두드리고, 석전石顚 박한영朴漢永 스님의 문하에서 한 일 년 반 남짓 불경佛經 공부를 한 것이 내 학창 생활의 최초요 최후였다.

고독과 불행 속에서 보낸 내 소년 시절은 대낮보다는 석양을 사랑했고,

석양보다는 밤을 더 사랑하게 된 데서부터 아마 이 고독과 불행을 메꾸기 위해서 시詩에 의지했는지도 모른다.

십대十代에 시랍시고 낙서落書한 것이 불향인지 다행인지 그 때 『조선일보』에 실린 뒤부터 필생畢生의 업業인 양 지니고 온 것이 해가 묵어 몇 권의 시집을 갖게 되었으니, 『촛불』 『슬픈목가』 『빙하氷河』가 그것들이다.

☆ 여기 옮긴 『춘일장음春日長吟』은 여기餘技 삼아 써오던 시조 몇 편 속에서 골라낸 것이다.

3년 전 봄도 저물어 가는 어느 날 가람 님이 불러서 갔더니, 객사동에 영산홍映山紅이 피었다니 구경 가자 하여 전주 임업장에 있는 『R』이라는 친구와 또 한 분 충청도에 사시는 노래 잘하는 노인을 모시고 고덕산 아래 객사동이라는 마을을 찾아갔었다.

그 마을 오씨라는 집에 눈부시게 피어 있는 두 그루 영산홍을 구경하고 그 마을 앞 시냇가에 있는 육모정이라는 다락에서 해를 지우고 돌아왔으니, 이 시조는 그 다락에서 우리 일행이 놀던 정경을 그대로 읊은 것이다.

읽어서 그대로 알 수 있는 것을 사족蛇足을 붙이여 이해에 도움이 될까 싶어서이다.

그 육모정 주위에는 벚나무가 휙 둘러 있고 때마침 늦인 봄바람이 불어 올 때마다 벚꽃 잎파리가 무수리 날라와 옷깃이고 술잔이고 할 것 없이 달려들었다.

그 때에 꾀꼬리마져 호이 꽈꼬르르 하고 울었으니, 다락은 온통 꽃잎과 새소리에 묻혔던 것이다.

잔이 오고 가는 사이 충청도 태생이라는 노인의 길게 빼는 진양조는 쩌르렁 쩌르렁 다락이 흔들리는 듯하였다.

날씨가 맑고, 바람이 맑고, 술과 노래 소리까지 맑으니 마음이 무슨 티 하나 있었으랴? 그 노인과 더불어 같이 흥얼대는 가람 님 또한 젊어진 듯하였거늘

『멋속엔

<가람>도

아직은 청춘青春이어』

이렇게 종장을 맺어 보았다.

『멋』! 『멋』이 없는 예술, 멋이 없는 삭막한 인생은 곧 죽음을 의미하는 것이 아니랴?

이 『멋』을 마셔본 하루의 청유淸遊를 읊어 본 것이 이 시조의 전부다.

춘산春山에 눈 녹인 바람

우탁禹倬

춘산春山에
눈 녹인 바람
건듯 불어 간듸 없다.

적은덧 빌어다가
마리 우헤 불리고저

귀 밑에
해 묵은 서리를
녹여 볼가 하노라.

☆ 우탁禹倬은 고려 원종元宗 2년1261에 태어나, 충선왕忠宣王 때에는 경상도 영해사록寧海司錄을 지나고 이어서 감찰규정監察糾正으로 공로가 있었으며, 충숙왕忠肅王 때엔 벼슬이 성균제주成均祭酒에 이르렀다.

우리나라에 처음 들어온 정전程傳을 풀어 가르쳐 이해理解를 펼쳤다고 하거니와, 충혜왕忠惠王 3년1342 여든한 살에 졸하니, 문희공文僖公이라 시호諡號를 나렸다.

단양丹陽이 본인 탁의 자字는 천장天章이요, 호號를 역동易東이라 하여 곧잘 역동 선생으로 불리웠다.

☆ 이 우탁의 시조로는 <춘산春山에>와 더불어 <한손에> 하는 또 한

수가 전한다.

우선 <춘산春山에>로 시작되는 시조를 우리의 감상鑑賞에 올리어 보자.

워낙 우리의 순연한 국어체國語體로 쏙 빠진 작품이기에 어려운 낱말도 없다. 초장初章의 <건듯>은 문득으로, 중장中章의 <적은덧>은 잠시 동안, <마리>는 머리, <우헤>는 우에로 바꾸어 생각하면 된다. 종장終章의 <귀밑에 해 묵은 서리>는 귀 밑에 늘어가는 서리 같은 흰 머리카락을 심볼<symbol>로 하여서의 표현이다.

오늘날 여러 사람들의 애송하는 시조로서 가장 오래인 이 시조는 노소老少의 어느 층에나 앳필<appeal>하는바 크다. 기하급수적幾何級數的으로 늘어가는 자기의 흰 머리카락을 보고 갱소년更少年하고 싶은 노인네로는 이 시조에 공감共感에서 오는 쾌재快哉를 부를 것이요, 육순六旬을 넘은 어른을 모신 젊은이로는 그 어버이들의 심경心境을 미루어 헤아려 볼 때 이 시조에서 가슴을 꼭 찔르는 무엇인가를 느끼게 될 것이기에 말이다.

한 손에

한손에 막대 잡고
또 한손에 가싀 쥐고

늙는 길 가싀로 막고
오는 백발白髮 막대로 치려터니

백발이
제 몬저 알고
지럼길로 오더라.

☆ 같은 작자作者의 시조다.

☆『춘산春山에』에선 산마다 자자든 눈을 녹인 부드러운 바람을 잠시 동안 빌어다가 머리 우에 불게 하여 귀밑 흰 머리카락을 도로 검게 하곺다고 다소 희망<hope>을 걸어 놓았으나, 이『한손에』와선 그 희망마져 완전히 잃고 만다. 백발白髮과 싸우다 싸우다가 이도 저도 할 수 없이 계궁역진計窮力盡한 노인네의 <백발에의 항복시>라고나 할까!

> 한손에 막대기를 잡고 또 한손에는 가시를 쥐고, 늙게 하는 길을 가시로써 가로 막고 까만 머리털을 희게 하는 그 흰 머리카락도 못 오도록 막대기로 쳐서 쫓으려 하였더니…….

하는 이 백발과 노인과의 싸움의 광경을 보라. 노인으로선 이렇게 온갖 힘을 다하였어도, 어느 절에 백발은 노인의 머리 우에 군림君臨하고야 만다. 그제야

> 백발이 나보다도 먼저 알고서 어느 절에 내 머리 우에 오니 과연 백발은 샛길질러가는 길로 오는가 보다.

고, 노인은 <후유—> 한숨을 내어 뱉는다. <늙음에의 항전은 승산勝算이 없는 것!> 노인은 이렇게 체념諦念에까지 이르른다.

인생이 늙어 감을 애석히 여기지 않을 사람이 있겠는가!
더욱이 만권서萬卷書를 쌓아 놓고 학문을 한다는 사람에 있어서랴—.

봄 오고
난 늙어 가고

슬픈
평행선이여……

〈시집詩集, 『빙하氷河』에서〉

이화梨花에 월백月白하고

이조년李兆年

이화梨花에 월백月白하고
은한銀漢은 삼경三更인제

일지춘심一枝春心을
자규子規야 알랴마는

다정多情도
병病인양하야
잠 못 들어 하노라.

☆ 이조년李兆年은 고려 고종高宗 45년1258에 경산부京山府에서 태어나 충렬왕忠烈王 20년1294 등제登第 이후 충숙왕忠肅王 때를 거쳐 충혜왕忠惠王 때엔 벼슬이 정당문학 예문관 대제학政堂文學 藝文館 大提學에 이르렀고 성산군星山君에 봉封함을 입은 분으로, 어려서부터 이미 신채神彩와 위엄이 있었으며 글을 잘하였다.

그의 관계 생활에는 원元나라에 사신으로 여러 번 연경燕京을 다녀왔고, 또한 바른말을 너무 잘하여 참소讒訴를 만나 벼슬을 떠나기도 한두 번이 아니었다. 그의 임종臨終 시만 해도 충혜왕忠惠王에게 간諫하여 듣지 않으매, 벼슬을 버리고 고향에 돌아와 있다가였다.

이조년의 자는 원로元老요 시호는 문렬공文烈公이다.

☆ 이 시조는 한문어체漢文語體로 되어 있다. <이화에 월백하고 은한은 삼경인제>가 마치도 <이화월백梨花月白·은한삼경銀漢三更>의 한문에 <에·하고·은·인제>하는 토를 달아 놓은 것 같음이 그렇고, 또한 <일지춘심一枝春心>이 그렇다. 한문어체로 된 시조로선 이가 가장 오래인 것이 아닌가 싶다.

<이화>는 배꽃이요, <은한>은 은하수銀河水다. <삼경>은 하룻밤을 오등분五等分한 초경初更·이경·삼경·사경·오경五更의 삼경을 일컬음이니, 정밤중을 중심으로 삼고 그 전후前後를 가리키는 시각時刻이요, <자규>란 우리나라 말로는 두견새·소쩍새·접동새·꾸꾸기 등 이름을 가진 새鳥인데, 한자어로는 이 <자규> 외에도 망제혼望帝魂·촉혼蜀魂·촉백蜀魄·촉조蜀鳥·두백杜魄·두우杜宇·곽공郭公·시조時鳥·불여귀不如歸·귀촉도歸蜀道 등의 별칭別稱이 있다. 일지춘심一枝春心은 한 가지의 봄마음이라고 우선 풀이해 두자.

☆ 이쯤 낱말은 알아두고, 이제 다시금 이 시조를 읽어보자.

하얗게 배꽃이 활짝 피인데다가 밝은 달빛이 또한 어려 더욱 희고 차고 아름다운 자정子正 무렵 두견새 처량히 울어 예는 속에서 다정함으로 하여금 병病인 양 가슴을 앓는 작자의 모습을 우리는 눈앞에 그리어 볼 수 있지 않은가?

그리고 한문어체의 시조이긴 하지만 초·중·종장을 흐르는 리듬 <rythm>에는 막힘이 없고 읊는 이로 하여금도 <이화>·<월백>·<자규>를 배경背景으로 그 속에 안기인 듯싶어 어딘지 모르게 감상적인 정서 <sentimental emotion>를 돋군다.

그러나 한편 곰곰이 따져 살펴보면 퍽으나 상징적인 수법手法을 쓴 게 엿보인다. 중장 <일지춘심을 자규야 알랴마는>의 <일지춘심>부터가 그렇다. 한 가지의 봄마음이란 무엇을 뜻한 말이겠는가. <일지>란 반듯이 <한 가지>라고만 볼 것도 아니다. <한 나무>도 되겠고 <한 송이>도 되겠고 <한 뭉치>로도 된다. <춘심>도 남녀간男女間의 상사想思의 정을 이를 수도 있고, 나아가서는 임금君主을 섬기는 마음, 즉 단심丹心과도 바꾸어 생각할 수도 있다. 이렇고 보면 이 <일지춘심>은 <임군을 그리는 한 뭉치 단심>을 상징한 것으로 보아 좋지 않을까? 참소를 당하여, 때로는 임군에게 간하다가, 곧잘 벼슬을 고만두고 고향에 은거隱居하기 여러 번인 작자의 일생에서 미루어 보아서도 그렇다.

종장의 <다정>에 오면 임군만을 그리는 정에 그치지 않는다. 고려 말 기울어져 가는 국가의 정세며, 도탄에 빠져 신음하는 민생이며, etc. 여러 가지가 착잡錯雜하게 끼기게 된다. 그리하여 병처럼 가슴을 앓게 된다. 어찌 눈 감는다고 잠을 이룰 수 있겠는가!

어느 시인은 <그리움>을

보고 싶은 마음
하늘만 하니
눈 감을 밖에

하였지마는 이 시인은 그 눈을 감고도 잊겨지질 않아, 되려 심한 몸부림을 일으킨다.

잠 못 들어 하노라.

여담餘談으로 초장 <이화에 월백>하고 같은 표현은 퍽으나 감각적感覺的이다. 불어佛語로 번역된 이 시조를 보고 프랑스의 어느 시인도 이 구절에 재탄再嘆 삼탄하였다는 에피소드<episode>가 있음을 여기 덧붙여 놓는다.

아무튼 봄밤 같은 때엔 외어보고 싶은 시조다. 우리들에겐 모두 무엇엔가의 그리움이 있지 않을 수 없기에 말이다.

구름이 무심無心탄 말이

이존오李存吾

구름이 무심無心탄 말이
아마도 허랑虛浪하다.

중천中天에 떠 있어

임의任意로 다니면서

구태여
광명한 날빛을
덮어 무삼 하리오.

☆ 이존오李存吾는 고려 충혜왕忠惠王 원년1340 경주慶州 태생으로, 호를 고산孤山 자를 순경順慶이라 했다. 공민왕恭愍王 9년1360에 등제하여, 동왕 15년1366에는 정언正言의 벼슬에 이르렀다. 이때 왕은 노국공주魯國公主를 잃고 비탄하던 남어지 중 신돈辛旽을 불러드려 별에별 해괴한 일을 다 할 지음이었으나 감히 아모도 바로 잡는 이가 없었다. 이에 이존오는 신돈의 교만 무도함을 통격하는 상소문上疏文을 올리어 왕에게 간하였으나, 왕은 도리어 그 상소문을 태우게 하고 존오를 불러 꾸짖고 심지어는 죽이고자까지 하였다.

이에 존오는 벼슬을 내어놓기까지에 이르렀고, 그 후 공주公州 석탄石灘에서 홧병에 죽게 되어서도 <신돈이 죽어야 내가 죽겠다>고 소리치며 죽으니, 그때 존오의 나이 설흔 한 살 공민왕 20년·1371이었다. 그의 사후 성균 대사성成均 大司成의 벼슬을 증하였다.

☆ 이 시조는 그가 임종臨終할 때까지 이를 갈며 미워한 그 신돈을 주고 읊은 것이라고 한다.

<구름>은 신돈을 상증한 말이라고 생각할 때 그렇다. 운수雲水를 중僧에 비기기도 한다. <허랑>은 거짓을, <임의>는 마음대로 함을 일컫는다. <날빛>은 햇빛日光, <무삼>은 무엇을 뜻한다.

이로써 전체를 풀이함에는 막힘이 없으리라고 본다. ―저 하늘의 구름

을 일러 무심하다고들 하지마는 그 말은 암만해도 거짓말 같구나. 하늘을 한가운데 떠 있어 가지고 마음대로 이리저리 왔다 갔다 하면서 하필이면 밝고 밝은 햇빛을 가려서 무엇 하려는가?―

하늘의 구름을 중 신돈에 비긴 것이라고, 본다면, 중장 <중천에 떠있어 임의로 다니면서>로 보아 그가 당시 얼마나 임군의 귀여움을 받았고, 또한 그로 하여, 그가 얼마나 능참불법凌僭不法하였는가를 가히 짐작하고도 남겠다.

당시 신돈은 왕과 함께 상에 마주 앉기도 하였다고 한다. 정승政丞들로도 감히 왕의 앞에선 고개를 들지 못하던 때이었다. 이뿐만이 아니었다. 심지어는 왕비王妃의 침실에까지도 거침없이 드나드는 이 중놈의 교만무도함에 존오의 분통은 터지고야 만 것이다.

잔잔한 물결이 이는 온 방죽을 미꾸라지 한 마리가 꾸중이는 격이 됨을 몹시도 싫어하였던 것이다.

> 구태여 광명한 날빛을 덮어 무삼 하리오.

<날빛>은 국가國家로 보아도 좋겠고, 군주君主로 보아도 좋다. 그때로 보면 국가 곧 군주요, 군주 곧 국가이었기에다.

여기서 우리는 저 유명한 동양의 시선詩仙 이백李白이 실의失意하고 남쪽으로 낙탕落宕할 때에, 장안長安을 흐리게 하는 간신奸臣들을 두고서 읊은 <등금릉봉황대登金陵鳳凰臺>의 시구詩句

> 총위부운능폐일總爲浮雲能蔽日
> 장안불견사인수長安不見使人愁

하늘을 우러러 장안 쪽을 보아도
만리 길 구름 덮여 아득만 하다.

를 생각하게 된다. 여기 <부운>이 신돈과 같은 간신이라면 <능폐일>의 <일>은 국가나 군주를 상증하는 말이기에다.

이백이나 이존오가 다 나라를 흐리게 하는 간신을 미워함에는 한결같은 뜻이 깃들인 시와 시조다.

목에 칼이 들어와도 할 말은 해야 하는 게 정치가요, 예술가다. 이런 이들로 하여 역사歷史는 바로 잡혀왔고, 또한 바로 잡혀가는 것이다. 일신一身의 부귀나 영화만을 생각하여, 아무렇거나 상관이 하는 일이면 <그져 지당至當하외다> 식으로 나간다면 그 국가사회는 고작 암흑에 쌓이고야 말 것이다.

존오가 간 지 이미 육백 년이 가까웁지마는 이 한 수 시조로 하여 오늘날도 존오는 우리의 좋은 사범師範이 되고 있는 것이다.

존오는 참으로 참다운 정언正言이었다. <구름이>, 이 한 수 시조가 이를 실증하여주고 남는 것이다.

이 몸이 죽어 죽어

정몽주鄭夢周

이 몸이
죽어 죽어

일백번 고쳐 죽어

백골白骨이
진토塵土 되고
넋이라도 있고 없고

님 향向한
일편단심一片丹心이야
가실줄이 있으랴.

☆ 정몽주鄭夢周는 충숙왕 6년1337 경주慶州 영일현迎日縣 태생, 고려의 충신忠臣이다.

공민왕 9년1360에 과거科擧를 보아 삼장三場에 연괴連魁하여 첫째로 뽑히고, 동왕 16年1367엔 예조정랑禮曹正郎으로써 성균박사成均博士를 겸하고, 동왕 21년엔 명明나라에 서장관書狀官으로 다녀왔다. 우왕禑王 원년엔 우사의대부右司議大夫에 성균관 대사성成均舘 大司成이 되어 일본日本·명나라에 사신으로도 갔다 오고, 창왕昌王 원년엔 예문관 대제학藝文舘 大提學이 되었다.

이때, 날로 높아가는 이성계李成桂의 위세에 무너져 가는 고려왕국을 붙들고 다시 일으키려 하였으나, 뜻을 이루지 못하고 선지교選地橋에서 조영규趙英珪등 무리에 맞아 쓸어지니 나이 쉰여섯이었다. 쓸어진 다리 위에 대竹가 났다하여, 그 후 선지교를 선죽교善竹橋로 고쳐 부르게 되었다.

이분의 자는 달가達可요 호는 포은圃隱이며, 문장에도 호방준결豪放峻潔하여 저서著書론 포은집圃隱集이 있다.

☆ 이 시조는 너무나 유명하여 국민학교 아동으로도 모를 이가 없다. <백골>은 흰 뼈라고 자역字譯할 게 아니라 그져 뼉다귀로 보면 되겠고, <넋>은 영혼靈魂, <일편단심>은 한 쪼각 충성된 마음, <가실줄>은 변할 줄로 풀이하면 된다.

정 포은 선생이 이 시조를 부르게 된 동기에는 다음과 같은 사연이 있다. 즉 이조李朝 태종太宗이 아직 잠저潛邸에 있을 때, 자기네들의 화가위국化家爲國하는데 대한 포은 선생의 뜻을 보려고 잔치를 베풀고 선생을 청하여 술을 권하며

이런들 어떠하리 저런들 어떠하리
만수산 드렁츩이 얽어진들 긔 어떠리
우리도 이 같이 하여 백년까지 누리리라

는 왕씨조선王氏朝鮮을 섬기나 이씨조선李氏朝鮮을 섬기나 섬기기는 매일반인 걸 우리 서로 같이 어울려 한평생을 누리고 사는 게 어떻냐는 뜻의 노래를 지어 부르매, 포은 선생이 정색正色을 하고 이 노래를 지어 부르셨다고 한다.

☆ 초장 <이 몸이 죽어 죽어 일백번 고쳐 죽어>에 <죽어>를 세 번이나 넣은 거라든지, 중장 <백골이 진토 되고 넋이라도 있고 없고>라든지가 얼마나 정열적情熱的이며 또한 절개節介 싱싱한 표현인가?—이 몸이 죽고 또 죽고 백번이나 거듭 죽는 일이 있어 뼉다귀가 다 부서져서 흙덩이 먼지처럼 되고 또 혼이야 남아 있거나 없거나—하는 이 표현은 결코 입술에 침 바르고의 지나친 과장誇張으로 보아서는 안 된다. 저 뱃속 밑으로부터 울기고 울기어 나온 정열적 표현의 극치인 것이다.

이 노래가 끝나면 고만 죽음을 당할 줄을 번연히 알면서도 태연자약泰然自若하며 벅차게 불렀을 포은 선생의 그 모습을 상기하여 볼 때 스스로 고개가 숙어짐을 금할 수 없다.

이 천고에 빛나고 남을 청성됨이여!

생자필멸生者必滅이란 불가佛家만의 철리哲理가 아닌 것! 우리는 어떻게 사느냐보다 어떻게 죽느냐를 가려야 한다.

저 송宋나라 문천상文天祥의 충의忠義의 노래에도

> 인생자고수무사人生自古誰無死
> 유취단심조한청留取丹心照汗淸

이 있다.

포은 선생의 시조와 대조하여 보아 좋을 작품이다.

백설白雪이 자자진 골에

이색李穡

백설이 자자진 골에
구름이 머흘에라

반가온 매화梅花는
어늬 곳에 피였는고

석양夕陽에
호올로 서서
갈곳 몰라 하노라

☆ 이색李穡은 자를 영숙穎叔, 호를 목은牧隱이라 했다.

공민왕 7년1358 추밀원 우부승선 한림학사樞密院 右副承宣 翰林學士로 동왕 16년1367에는 판개성부사判開城府事 겸 성균대사성兼成均大司成으로, 20년1371엔 정당문학政堂文學에 문충보절 찬화공신文忠補節 贊化功臣의 호를 더 받았다.

우왕禑王 3년1377엔 사부師傅가 되고 공양왕恭讓王 때엔 판문하부사判門下府事를 받았으나, 오사충吳思忠 조박趙璞 등의 상소에 의하여 한때 장단長湍으로 귀양가기도 했다.

뒤에 다시 불리어 예문춘추관사藝文春秋館事에 올랐으나, 정몽주 죽음을 당하자 다시 금천衿川·여흥驪興으로 귀양 가 있다가 이씨조선이 되어서는 장흥長興으로 옮기었다. 이윽고 풀리어 태조太祖로부터선 옛 친구의 대접을 받다가 태조 5년1396에 졸하였다. 왕은 문정공文靖公이라 시호했다.

목은은 야은冶隱 길재吉再·포은圃隱 정몽주와 더불어 고려 삼은三隱이라는 일컬음을 받거니와 글도 잘하고 중국에도 여러 번 사신하여, 수십 년간 문한을 일삼아 그의 저서로는 목은집牧隱集 55권이 있다.

☆ 이 시조도 이조년·이존오의 시조에서처럼 상징적인 수법을 쓴 작품이다.

쓰인 낱말의 뜻은 그리 어려운 게 없다. <잦아진>은 약간 남아 있는 것을 일컬음이요, <머흘에라>의 <머흘>은 머흘머흘한 모양 즉 농담濃淡지게 엉긴 모양을 이름이요, <에라>는 어라와 같은 토吐로 보면 된다.

<호올로>는 홀로獨를 길게 뽑은 말이다.

☆ 그러나 이 시조는 표면에 나타난 뜻만을 보아서는 안 된다. <백설> <구름> <매화> <석양> 등 낱말이 모두 무엇인가를 상징하여 쓰이었기 때문이다. 곧 <백설>은 고려의 사직社稷을 붙들고 나대는 선비들을 비긴 말이라고 한다면 <구름>은 새로 일어나 고려왕조를 망가트리고 새 왕조를 세우려고 하는 이성계 일파를 뜻함이라고 보겠다. <매화>는 고려를 섬기려는 우국지사憂國之士에 비기었고, <석양>은 기울어져 가는 고려의 판국에 비긴 것이라고 본다.

이렇고 보면 이 시조의 갖은바 속뜻을 선명하게 들추어내어 볼 수 있으리라고 본다.

500년 왕업이 지고 새는 판국에 한 우국의 문사인 작자는

> 석양에 호올로 서서 갈 곳 몰라 하노라.

고 적극성積極性을 띠지 못한 채 괴로워하는 몸짓을 우리는 족히 읽을 수 있다. 과도기過渡期 문약文弱한 인사들에게서 흔히 볼 수 있는 몸짓이다.

같은 문신文臣이요, 삼은의 한 분인 포은 선생의 시조에선 목은 선생의 이 시조나 야은 선생의

> 오백년 도읍지都邑地를
> 필마匹馬로 돌아 드니
>
> 산천은 의구依舊하되
> 인걸人傑은 간듸 없네

어즈버
태평연월太平烟月이
꿈이련가 하노라

하는 망해버린 고려왕조를 회고하는 시조에 비하여 얼마나 적극성을 띈 작품인가를 다시금 느끼게 된다.

야은 선생의 시조가 나온 김에 여기 이분의 약력을 덧붙여 놓기로 한다.

야은은 길재吉再의 호요, 자는 재부再父이었다. 일호一號엔 금오산인金烏山人이라기도 했다.

일찌기 포은·목은·양촌陽村의 문하에서 성리性理 공부를 하여, 우왕禑王 12년1386엔 진사進士가 되고 이듬해엔 성균관학정成均館學正 박사博士가 되었다. 창왕昌王 원년1398에 문하주서門下注書를 내렸으나 그의 어머니 이미 늙음으로써 벼슬을 버리고 고향인 경상도 선산善山으로 돌아 가 효도를 다하였다.

고려가 망한 후 태종太宗이 불러 태상박사太常博士를 나리었으나, <계집에겐 두 지아비 있을 수 없으며, 신하에겐 두 임금이 있을 수 없다> 하여 굳게 사양하고 나서지 않았다.

세종世宗 원년1419에 졸하니 그 나이 예순일곱이었고 저서엔 야은집冶隱集이 있다.

대추 볼 붉은 골

황희黃喜

대추 볼 붉은 골에
밤은 어이 듯드르며

벼 뷘 그루에
게는 어이 나리는고

술 익자
체장사 돌아가니
아니 먹고 어이리.

☆ 황희黃喜는 자를 구부懼夫라 했고, 호를 방촌厖村이라 했다.

일찌기 고려 우왕 때에 문과文科에 올라 이조 태조太祖·정종定宗·세종世宗 역대를 통하여 벼슬하여, 우의정 세자사右議政 世子師를 거쳐, 영의정領議政을 지나고, 나이 칠십에 은퇴하여 문종文宗 임신壬申·1452에 졸하였다.

재상宰相 노릇 24년 간에 중외가 모두 울어러보았고, 또한 많은 일화逸話를 남기어, 오늘날까지도 <황희, 황 정승> 하면 삼척동자로도 모를 이가 없다.

☆ 이 시조 외에도 <전원에> 하는 또 한 수가 전하여 오거니와, 이 두 수가 다 전원田園에서의 검소하고 평온한 생활을 읊은 그의 만년晩作의 작이라고 본다.

<듯드르며>는 뚝뚝 떨어지며, <그루>는 곡식을 베어낸 자리, <체장사>는 체를 메거나 팔러 다니는 이를 일컬음이다.

순연한 우리말로 뽑아낸 작품이고 어려운 대문도 없다.

<대추 볼 붉은>이며 <밤은 어이 듯드르며> 같은 표현은 사실적이면서도 읽는 이로 하여금 구수한 감흥을 돋군다.

초·중장에서 술 안주감은 다 골라 놓았다. 붉읏붉읏 익은 대추며, 토실토실 여문 밤栗이며 살찐 계찜이 그것이다. 술맛을 모르는 이로도 입 안에 침이 돌아 구미口味를 돋군다. 게다가

> 술 익자 체장사 돌아가니 아니 먹고 어이리

종장에 오면 참으로 술 생각이 익는다. 새로 빚어 넣은 술을 새로 멘 체로 걸러내어 마신다고 생각하여 보라. 이 얼마나 아취雅趣가 풍기는 식도락食道樂인가!

구스름한 안주와 더불어 술도 구스름할 것 같고, 또한 이 시조도 그에 못지않게 구스름하게 짜인 작품이라 하겠다.

황 정승의 또 한 수 <전원에>를 내친김에 여기서 보아 버리기로 하자.

> 강호江湖에 봄이 드니
> 이 몸이 일이 하다.
>
> 나는 그믈 깁고
> 아희는 밭을 가니
>
> 뒷 뫼헤

엄긴 약초藥草를
언제 캐려 하나니

<강호>는 향촌鄕村 즉 시골을 이름이요, <일이 하다>의 <하다>는 많다의 옛말이다. 종장의 <엄긴>은 엄싹·순이 긴 것을 일컫는 말이다. 이 시조도 우리말 글로 쏙 빠진 작품이어서 그대로 이해할 수 있어 좋다.

도회인都會人의 봄과 향촌인鄕村人의 봄이 다른 점을 묘하게 지적한 이 시조는 뒤에 나온 작가들에게도 많은 영향을 주었다.

이정보李鼎輔의

산가에 봄이 오니 자연이 일이 하다
앞내에 살도 매며 울밑에 외씨도 심고,
내일은 구름 걷거든 약을 캐라 가리라

하는 시조나, 또 성운成運의

전원에 봄이 드니 나할 일이 전혀 많의
꽃남근 뉘 옴기며 약밭은 언제 갈리
아희야 대 븨어 오너라 사립 몬져 겨르리라.

는 시조가 모두 황 정승의 <강호에>와 같은 뜻으로 읊어진 것이라 하지 않을 수 없다.

같은 봄을 맞고도, 도회인은 바람맞이 꽃맞이에 한유로운 놀이를 나갈 수 있는 것이라면 향촌인은 이러한 기분을 풀고 있질 못한다. 흙을 파고 흙을 다루고 흙을 가꾸어야 하기 때문이다.

겉으로 보기엔 시냇물이 졸졸 흐르고 뫼새 지줄대는 속에서 게으름에 지친 낮닭의 긴 울음소리에 아주 한가로운 풍경을 이룬 듯싶지마는 향촌의 봄에 들어 실속을 보면 그렇질 않다는 것이다.

강호에 봄이 드니 이 몸이 일이 하다.

어쩌면 평범한 것 같은 이 시조이지마는 실은 무위도식無爲徒食하는 봄바람꾼들에 대한 신날한 비꼬움으로도 볼 수 있지 않을까 싶다.

삭풍朔風은 나모 끝에 불고

김종서金宗瑞

삭풍朔風은
나모 끝에 불고
명월明月은 눈 속에 찬듸

만리변성萬里邊城에
일장검一長劍 짚고 서서

긴 파람
큰한 소리에
거칠 것이 없에라.

☆ 김종서金宗瑞는 자를 국경國卿 호를 절제節齊라 했다.

태종 을유乙酉에 문과에 올라 문종文宗 때엔 우의정右議政이 되고 단종端宗 때엔 좌의정左議政이 되었으나, 계유癸酉·1453년 수양대군首陽大君이 일을 일으키자 죽음을 당하였다.

그러나 <김종서> 하면 문관으로서보다도 무관으로 널리 알려져 있다. 그것은 세종世宗이 북진을 다스릴 때, 종서로 하여금 관찰사觀察使를 삼고, 이어 본도도절제사本道都節制使를 삼았기 때문이다.

또한 담이 크기로도 그러하니, 종서 이미 4진을 누리어 풍악을 펼치고 술을 마실 때, 난데없는 화살 하나이 날라와 좌중을 놀라게 하였으나, 오직 종서만이 꼼짝하지 않았다는 에피소—드가 있다. 무신으로서의 놀라운 기개가 엿보이지 않는가?

☆ 이 시조도 육진을 다스릴 무렵에 읊은 것이라고 본다.

<삭풍>은 높샛바람 즉 북풍北風, <변성>은 변방을 지키는 성, 즉, 국경지대에 있는 성, <일장검>은 한 자루의 큰 칼, <긴 파람>은 긴 휘파람을 각각 뜻한다. 한자어漢字語가 초·중장 각구各句 첫머리에 낑기어 되려 이 시조의 장중한 멋을 돋구고 있다. 또한 마른 나무 끝에 소리치며 부딛치는 <삭풍>과 하얀 눈을 비취어 찬 <명월>이며, <만리변성>과 <일장검>의 대對도 잘 되어 있거니와 초·중·종장의 배합配合도 비약이 없이 그리고 빈틈없이 짜이어 있다.

무관의 지기志氣를 엿 볼 수 있는 작품으로는 이 시조를 높이 사지 않을 수 없다.

고려 말, 양광전하경상도통사楊廣全羅慶尙都統使를 거쳐, 팔도도통사八道都統使까지 지낸 최영崔瑩 장군의 시조

녹이상제綠耳霜蹄 살지게 먹여
시냇물에 싯겨 타고

용천설악龍泉雪鍔을
들게 갈아 두레 메고

장부의
위국충절爲國忠節을
세워 볼가 하노라.

보다도 종서 장군의 시조가 더 구상적具象的이다. 종장에 더욱 그렇다.

최영 장군의 시조 중, <녹이상제>는 고사古事에 나오는 말의 이름이요, <용천설악> 또한 고사에 나오는 칼의 이름이며, <위국충절>이란 나라를 위한 충의와 절개를 이름이다.

뜻을 풀이하며 두 장군의 시조를 다시 한번 읊어보라. 어느 것이 더 구상적인 표현인가를 짐작할 수 있으리라고 본다.

끝으로 한 가지, 같은 무장이오 사육신死六臣의 한 분인 유응부兪應孚가 김종서의 죽음을 슬퍼하고 분하게 여기어 지은 시조

간밤에 부던 바람 눈서리 치단말가
낙낙장송이 다 기울어 지단말가
하물며 못다 핀 꽃이야 일러 무삼 하리오

를, 여기 소개하여 두기로 한다.

이 시조의 중장 <낙낙장송>落落長松은 물론 사직공신社稷功臣인 김종서

를 비기어 이른 말이요, 종장의 <꽃>은 단종端宗의 복위復位를 꾀하여 바른 세상을 만들고자 애쓰는 젊은 선비들을 견준 말이다.

술이라도 취토록 마시면서 이 노래를 읊으며 비분강개悲憤慷慨하였을 작자의 모습마저를 우리의 눈앞에 선하게 그리어 볼 수 있는 시조다. 무장들의 시조에서 흔하게 밟히는 한자어가 많지 않은 것도 이 시조에서 맛볼 수 있는 멋이라고 하겠다.

유응부의 자는 신지信之 또는 선장善長이었다. 세종·문종이 모다 그의 무용武勇을 장히 여기어 벼슬이 이품二品에까지 이르렀고, 단종 복위를 꾀하다가 실패로 돌아가 세조의 친국親鞫을 받을 때에도 끝까지 굽힘이 없이 반항하다가 죽음을 당한 분이다.

수양산首陽山 바라보며

성삼문成三問

수양산首陽山 바라보며
이제夷齊를 한恨하노라

주려 죽을진들
채미採薇도 하는 것가

아모리
푸새엣 것인들

그 뉘 따헤 낫더니

☆ 성삼문成三問은 자를 근보謹甫 또는 눌옹訥翁 호를 매죽헌梅竹軒이라 했고 태종太宗 18년1418 태어날 때 하늘에서 <낳았느냐>고 세 번 소리가 들리었다 하여 이름을 삼문이라 지었다고 한다. 세종조에 임금을 모시고 박팽년朴彭年·최항崔恒·이개李塏 등과 함께 훈민정음訓民正音을 지을 때 요동遼東에 귀양 와 있는 명明나라 음성학자 황찬黃讚에게 질문하기 위하여 실로 열세 번을 가고 오고 하였다. 세조 원년1456 단종사건端宗事件으로 죽음을 당하니 그의 나이 설흔 아홉이었다.

재조가 팔랑팔랑하여 겉으로는 농담을 즐기었다 하나, 안으로는 굳은 절개를 간직하였었다고 전한다.

☆ 이 시조는 <이 몸이>이 하는 또 한 수 시조와 더불어 그의 굳은 절개를 읊어 보인 것이다.

<수양산>은 중국에도 여러 지방에 같은 이름이 있으며, 우리나라에도 황해도에 이와 같은 이름의 산이 있으나, 여기서는 중국 산서성山西省 영제현永濟縣 남쪽에 있는 뇌수산雷首山을 가르킨다. 일찌기 삼천여 년 전 <1818B.C> 은殷나라가 망할 때에 주周 무왕武王이 은나라를 칠랴고 감을 보고 말리다 못하여 <나는 주나라 곡식을 아니 먹겠다>고 이 산으로 들어가 고사리를 캐어 먹다가 마침내 주려 죽은 백이伯夷와 숙제叔齊의 고사로 하여 유명하다. <이제>는 백이와 숙제를 주려서 한 말이요, <채미>는 고사리 캐는 것을 일컫는 말이다. <푸새엣 것>은 풋나물인 것, <그 뉘 따헤>는 그것이 누구의 땅에와 같은 뜻이다.

이 시조는 매죽헌이 일찌기 중국의 연燕나라 땅을 지나다가 이제묘夷齊廟를 보고 지었다는 한시漢詩

당년고마감언비當年叩馬敢言非
대의당당일월휘大義當當日月輝
초목역첨주우로草木亦霑周雨露
괴군유식수양미愧君猶食首陽薇

라 한 것과 같은 뜻의 시조다. ―수양산을 바라다보면서 옛날의 백이와 숙제 두 분을 위하여 한탄한다. 주려서 굶어 죽을지언정 고사리인들 캐어 먹을 것인가. 아무리 풋나물의 것이라 한들 그것은 누구의 땅에 났던 것인가. 주나라 곡식을 안 먹겠다고 했으면 주나라 땅에 싹이 나서 주나라에 나리는 이슬비를 맞아 자란 고사리인들 왜 캐서 먹었는가―하는 게 이 시조나 한시의 뜻한 바다.

이 얼마나 칼날 같은 무서운 절개를 읊은 시조인가 짐작이 가리라 믿는다.

☆ 또 한 수 그의 절개를 엿볼 수 있는 시조

이 몸이 죽어 가서
무엇이 될고 하니

봉래산蓬萊山 제일봉에
낙락장송 되었다가

백설이
만건곤滿乾坤할제
독야청청獨也靑靑 하리라

를 마자 보기로 하자.

<봉래산>은 발해渤海 중에 있다고 전하는 삼신산三神山의 하나인데 우리나라에선 강원도 금강산이라고도 하나, 여기서는 궁궐이 있는 서울 주위에 있는 산, 특히 남산南山을 말한 것이라는 설이 옳을 것 같다. <만건곤>은 하늘乾과 땅坤에 가득 참을 일컫는 말이요, <독야청청>은 홀로 푸르고 푸름을 일컬음이다.

이 시조의 중•종장에는 한자어가 많고 특히 종장은 한문어체로 되어 있으나 되려 우리로 하여금 장렬한 호흡에 맞추게 한다. 또한 초장에서 자문自問의 형식을 취하고 중•종장에서 자답自答의 형식을 취한 것도 자미스럽거니와, 종장에 있어서의 <백설>과 <청청>을 넣어 가지고 들어낸 회화성繪畫性이라든가 그리고 중장의 <낙락장송>과 종장의 <독야청청>이 어울려 하—모니<harmony>를 이룬 음악성音樂性 같은 것은 높이 사지 않을 수 없다고 본다.

아무튼 <그 사람의 글이 곧 그 사람이라>는 말이 있듯이, 이 두 수 시조로 미루어 보아 우리는 매죽헌을 충분히 그릴 수 있다. 이렇듯 장렬한 충절이 없고서야 어찌 세조에게 친국을 당하고 형장으로 끌리어 가면서까지도 어찌 이런 노래와 더불어

격고최인명擊皷催人命
회수일욕사回首日欲斜
황천무일점黃泉無一店
금야숙수가今夜宿誰家

라는 한시까지를 읊으며 태연할 수 있을 것인가. 과연 매죽헌이 있고 이런 노래도 있게 된 것이다.

창窓안에 혓는 촉불

이개李塏

창 안에 혓는 촉불
눌과 이별 하였관듸

겉으로 눈물 지고
속 타는줄 모르는고

저 촉불
날과 같아여
속 타는줄 모르더라.

☆ 이개李塏의 자는 백고伯高 또는 청보淸甫이고, 호는 백옥헌白玉軒이다. 고려 말, 삼은三隱의 한 분인 목은 이색異色의 증손曾孫으로 세종 병진년丙辰에 등제하여 이어 벼슬이 직제학直提學에 이르렀다.

세조 병자년丙子 단종 복위를 꾀하다가 역시 세조의 국문鞫問을 받아 사형을 입은 사육신의 한 분이다.

시문詩文이 아울러 맑고 빼어났다고 한다.

☆ 이 시조는 단종이 영월寧越로 옮기어 갔을 때 그의 심정을 촛불에 비기어 읊은 것이다.

—창 안에 켜 놓은 저 촛불은 누구와 더불어 이별을 하였기에 겉으로는 눈물을 뚝뚝 떨어트리면서도 속이 타는 줄은 모르는가? 생각컨대 저

촛불도 나의 슬픈 마음속 같아서 속 타는 줄을 모르고 눈물만 흘리는구나!—

워낙 쉬운 우리말로만 엮어진 이 시조는 한 번 읽어 바로 선명하게 우리 가슴속에 스미어 오는 것을 느낀다.

이 시조를 해동소악부海東小樂府에는

방중홍촉위이별房中紅燭爲離別
풍루범란부자금風淚汎瀾不自禁
필경괴이전사아畢竟怪伊全似我
임정회맹촌래심任情灰盟寸來心

이라고 한역漢譯하여 있거니와 또한 저 당나라 때의 시인 두목지杜牧之의

다정각사총무정多情却似總無情
유각준전소불성唯覺樽前笑不成
납촉유심환석별蠟燭有心還惜別
체인수루도천명替人垂淚到天明

이라는 증별시贈別詩에서 취의取意한 것도 같으나 반듯이 그렇다고만도 할 수 없다. 그것은 환경에 따라 의사意思가 같을 수도 있기 때문이다.

아무튼 이렇게 슬프고도 쓰라린 가슴을 풀지 못한 채, 단종 복위는 실패로 돌아가고, 이개李塏는 가진 악형을 다 당하고 마침내는 수레에 실려 형장刑場으로 끌리어 가게 되었다. 그는 수레 위에서 마지막 한시 한 수를 읊으니,

우정중시생역대禹鼎重時生亦大
홍모경처사유영鴻毛輕處死猶榮
명발불매출문거明發不寢出門去
현릉송백몽중청顯陵松柏夢中靑

이 곧 그것이다.

죽음에 즉면하면서도 되려 의리를 위하여 개벼히 죽음을 빛되히 여기며, 오직 어린 임금 단종만을 그리워하는 이 고운 넋에 우리는 고개를 숙이지 않을 수 없다.

이에 사후에도 숙종肅宗은 의열공義烈公을 나리시고, 영조英祖는 이조판서吏曹判書에 다시 충간공忠簡公이라 시호하신 것이다.

☆ 이 외에도 단종 복위를 꾀하다가 무참한 죽음을 당한 사육신의 시조로는 박팽년朴彭年의 <가마귀>가 있고 또한 생육신生六臣의 절절히 단종을 그리는 시조로는 원호元昊의 <간밤에>가 있다. 여기 아울러 간단히 살펴보기로 한다.

가마귀

박팽년朴彭年

가마귀 눈비 맞아 희는 듯 검노매라
야광명월이야 밤인들 어두우랴
임 향한 일편단심이야 가실줄이 있으랴.

☆ 중장의 <야광명월夜光明月>은 밤에도 빛나는 구슬을 이름이니 <야광명월주>의 준말이다.

☆ 박팽년朴彭年의 자는 인수仁叟 호는 취금헌醉琴軒. 이 시조는 시대나 환경을 따라 변할 수도 있는 게 인심이라고들 하지만 단종을 위한 자기의 한 조각 충성된 마음이야 변할 리가 없다는 뜻의 시조다.

간밤에

원호元昊

간밤에 우던 여흘 슬피 울어 지내거라.
이제야 생각하니 임이 울어 보내도다.
저 물이 거스리 흐리과저 나도 울어보내리라.

☆ <여흘>은 여울물灘水, 거스리는 거슬러와 같은 뜻이다.

☆ 이 시조도 역시 이개의 <창 안에>서와 같이 단종을 그리는 애끊는 마음의 표현이다. 단종께서 유폐幽閉된 영월寧越 땅에서 흘러나리는 물소리만을 들어도 어린 임금의 흘리는 눈물이 섞여 있는 듯싶다는 고운 연군사戀君詞다.

종장 <저 물이 거스리 흐르과저 나도 울어 보내리라>는 정몽주나 성삼문의 시조에 비하여, 소극적이요, 정열적인 표현이 못 된다는 건 감출 수 없다.

이시렴 부듸 갈다

성종成宗

이시렴 부듸 갈다
아니 가든 못할소냐

무단히 네 슬트냐
남의 말을 들었느냐

그려도
하 애도래라
가는 뜻을 일러라.

☆ 성종成宗은 이씨조선 제 9九대의 임금이시니, 휘諱는 혈娎이요, 세조의 손자孫子시다.

세종의 뒤를 이어 문치文治에 힘을 쓴 임금으로 실로 이 성종대에 와서 이조 문물제도文物制度의 틀이 잡히었다고 할 수 있겠다.

대간臺諫을 높이어 중히 여기고, 태학太學에 행행幸行하여 존경각尊經閣을 짓고, 양현고養賢庫와 홍문관弘文館을 두고, 성균관成均館과 향학鄕學에 전답을 나리시고, 경사經史를 박아 국내에 펼치신가하면, 학사學士들에게 어명하사 여지승람輿地勝覽·동문선東文選·동국통감東國通鑑 등 책을 편찬케 하셨다.

치민治民하시기 25년에 붕崩하시니 보산이 설흔 여덟이셨다.

☆ 이 시조는 성종조의 문신 유호인兪好仁이 벼슬을 그만두고 늙은 어머니가 계신 고향 선산善山으로 돌아가기를 빌자 성종께서 손수 술을 권하며 부르신 것이라고 한다. 얼마나 그 신하를 사랑하신 어진 임금이었는가를 엿볼 수 있는 노래다.

<이시렴>은 있으렴, 있게나와 같은 뜻이고 <슬트냐>는 싫드냐, <하애도래라>는 퍽도 애를 태우는구나의 뜻이다.

—떠나질 말고 있게나! 그래도 기어이 가고자 하는가? 아니 가지는 못할 것인가?

공연히 그대가 싫어져서 가려고 하는 것인가? 그렇지 않으면 남의 말을 듣고서 그저 돌아가고자 하는 것인가?

그래도 퍽은 애가 타는구나! 가는 뜻이 어데 있는가나 좀 말하여 보게나.—

순연한 우리말 글로 속 뽑힌 가락이다. 애 끓는 석별惜別의 정을 느끼게 하는 시조다.

초·중장의 초구初句 종구終句를 물론하고 모다 <부듸 갈다>·<못할소냐>·<네 슬트냐>·<들었느냐>로 의문형疑問形을 취한 게 더욱 석별의 정을 돋구는 데 효과를 노리었다.

또한 오늘날엔 인권人權의 평등 운운하고 국민의 공복公僕 운운하지만 당시의 군신관계君臣關係에 있어서 이토록 노래까지를 읊으시게 되었다는 건, 유호인이 그 얼마나 임금의 총애를 받았었는가를 엿볼 수 있다.

유호인은 자를 극기克己라 했고, 시문詩文에 능하여 조위曺偉·신종획申從獲·김흔金訢들과 더불어 가까웠다.

성종의 손수 기울여 주신 술잔을 들고 고향에 나려와, 어머니를 모시고 있으면서도 유호인 또한 임금의 은총을 한시인들 잊었을 리 없다.

그리하여 시골에서 올린 호인의 진고進稿 가운데에도

북망군신격北望君臣隔
남래모자동南來母子同

의 구절이 보인다.

성종 또한 이를 보시고 대단히 기뻐하시어 후히 상을 나리시었다고 한다.

임금과 신하의 사이에 얽힌 이 얼마나 고운 에피소—드인가!

장검長劔을 빠혀들고

남이南怡

장검長劍을 빠혀 들고
백두산에 올라 보니

일엽제잠一葉鯷岑이
호월胡越에 잠겨세라

언제나
남북 풍진風塵을
헤쳐볼고 하노라.

☆ 남이南怡는 태종의 외손外孫으로 그 나이 열일곱1458에 무과武科에 뽑혀 세조의 총애를 받았다.

세조 12년1467 이시애李施愛의 난을 치고 건주위建州衛를 정벌하여 군사를 도리킬 때, 저 유명한

> 백두산석마도진白頭山石磨刀盡
> 두만강수음마무江滿江水飮馬無
> 남아이십미평국男兒二十未平國
> 후세수칭대장부後世誰稱大丈夫

라는 한시를 읊었다. 이 이듬해 그 나이 스믈 여섯에 병조판서兵曹判書가 되었다.

이윽고 세조가 승하昇遐하고 예종睿宗이 등극登極할 때 마침 살별彗星이 나타났는데 남이가 궁중에서 숙직하다가 이를 보고 옆 사람들과 더불어 의논하기를 이는 제구포신除舊布新의 상象이라 하자, 유자광柳子光이 가만히 듣고선 그 말에 덧붙여 꾸미어 가지고 남이가 모반謀叛한다 하고 또한 공주公主를 상관한다고 하여 죄를 만들어 죽이니, 그때 나이 스물여덟 1468이었다.

☆ 이 시조도 위에서 말한 한시를 지은 년대와 같은 무렵에 지은 것이라고 보겠다.

<장검>은 긴 칼, <빠혀 들고>는 빼어 들고, <일엽제잠>은 한낱 미여기만한 작은 산, 즉 사면四面의 산천山川이 조그맣게 보이는 것을 일컬음이나, 여기서는 조그맣게 나려다 보이는 우리나라를 뜻한 것이다. <호월>은 <북호北胡>와 <남월南越> 즉 북쪽 오랑캐와 남쪽 오랑캐, <풍진>은

어지러운 세상, 즉 호월이 일으키는 어지러운 병란兵亂을 말함이다.

이 시조의 중장 <일엽제잠이 호월에 잠껴세라>가 <대명천지大明天地에 성진腥塵이 잠껴세라>로 적힌 데도 있다. <대명천지>는 중국 명明나라의 천지를 일컬음이요, <성진>은 싸움 마당의 피비릿내와 티끌을 뜻함이다.

☆ 아무튼 이 시조는 그의 한 수 한시에서와 같이 젊은 장군將軍으로서의 호기豪氣와 또한 그 포부抱負를 읊은 작품인 것만은 사실이다. 아랫배에 힘을 주고 한번 읽어보면 읽는 이로도 대장부로서의 기상이 돋는 것 같이 느껴진다.

이 시조에서와 같이 <장검을 빠혀 들고>로 초장 초구가 시작되는 남파南坡 김천택金天澤의 작품이 있으니, 여기에서 아울러 보기로 하자.

장검을 빠혀 들고
다시 앉아 헤아리니

흉중胸中에 먹은 뜻이
한단보邯單步 되야괴야

두어라
이 또한 명이여니
일러 무삼 하리오.

<헤아리니>는 생각하니의 뜻이다. <한단보>는 중국의 고사故事에서 나온 말이다. 즉 수릉壽陵이라는 연燕나라 소년이 조趙나라 서울인 한단邯鄲에 가서 그곳 사람들의 보법步法을 배우려다가 익숙하기 전에 연나라에 되돌아온 까닭으로 그 본래의 보법도 잊어버리어 기어서 돌아왔다는 고

사다. 여기선 자신의 분수에 맞지 않은 남의 행위를 본뜨려다가 이도저도 다 이루지 못하고 말았다는 데에 비하여 쓴 것이다.

이 시조로 보면 숙종肅宗 때 포교捕校 벼슬을 한 김천택으로도 긴 칼을 빼어들고 다시 앉아 헤아리기 전 가슴 속에 먹은 뜻은 남이 장군의 <언제나 남북풍진을 헤쳐 볼고 하노라>와 같은 것이었을지도 모른다. 그러나 남파의 이런 시조로선 남이 장군의 기개를 당해낼 순 없다. 그렇기에 남이 장군은 스물여섯이라는 젊은 나이로 한 나라의 병조판서까지를 지낸 데 비하여 남파는 한갓 포교의 벼슬에서 그치고 만 것일지도 모른다.

남이 장군의 <장검을 빼혀 들고>는 읽는 이로도 가슴이 툭 트이는 것을 느낄 수 있다면 남파의 <장검을 빼혀 들고>는 가슴이 트이기는커녕 되려 조여듦을 느끼게 된다.

추강秋江에 밤이 드니

월산대군月山大君

추강에 밤이 드니
물결이 차노매라

낚시 드리우니
고기 아니 무노매라

무심한

달빛만 싣고
빈 배 돌아 오노매라.

☆ 월산대군月山大君은 이정李婷. 자는 자미子美. 덕종德宗의 맏아드님이오 성종의 형님이다.

문종文宗 임신壬申·1452에 태어나 점점 자라매 세조 총애하시어 친히 사射·어御·서書·수數를 가르치셨고, 성종 때엔 좌리공신佐理功臣이 되어 있다가 무신戊申·1488에 졸하였다.

성미가 퍽 조용하여 서사書史를 즐기고 새 책 곧 나오면 사서 밤을 새며 읽어, 장서론 자집子集 수백가數百家를 가지고 있었다고 한다.

☆ 이 시조엔 별반 오늘날 보아서도 어려운 낱말은 없다. 그대로 이해가 가는 시조다. 초·중·종의 끝을 <차노매라> <무노매라> <오노매라>로 맺아 전편을 흐르고 있는 음조音調를 은은하게 굴르고 있거니와 또한 <가을 밤의 강>과 <찬 물결>·<낚시>와 <고기>·<달빛>과 <배>의 색조色調도 골라 있다.

그리고 이 시조에선 <평생 문인을 좋아했으나 함부로 교접交接하지 않고 문앞은 고요하여 수레와 말이 없었다平生雖喜文士 不妄交接 門前寂然 絶而無車馬……宗班行錄>는 작자의 맑고 조용한 성격 그대로를 읽을 수 있다.

그러나 한편 이 시조는 중국의 고시古詩·송승宋僧 선자화상시船子和尙詩

천척사륜직하수千尺絲綸直下垂
일파자동만파수一波自動萬波隨
야정수한어불식夜靜水寒魚不食
만선공재월명귀滿船空載月明歸

의 전轉·결귀結句를 의역한 것으로 보지 않을 수 없다. 더욱히 <서사를 즐기어 자집 수백가를 장서로 가지고 있다>는 걸로 미루어 보아 이만한 고시를 보지 않았으리라고 믿겨워지질 않기 때문이다.

그러면서도 이 시조가 오늘날도 널리 알려져 있고 예로부터 널리 읊이어져 온 것은 이 시조가 풍기어 주는 은은한 담백미淡泊味에 있지 않을가 싶다.

그리하여 현대 시인의 작품에서도 이 시조에서 취의取意한 듯한 작품을 대할 수 있으니, 곧 양주동梁柱東 님의 <해곡삼장海曲三章>이 그렇다.

아침이면 해 뜨자
바위 우에 굴 캐러 가고요,
저녁이면 옅은 물에서 소라도 줍고요.

물결 없는 밤에는
고기잡이배 타고 달래섬 갔다가
안 물리면 밤만 싣고 돌아 오지요.

이는 <해곡삼장>의 이장二章에 해당되는 전부다. <물결 없는 밤에는 고기잡이 배 타고 달래섬 갔다가 안 물리면 밤만 싣고 돌아 오지요>가 월산대군의 시조의 상想과 다름이 없다.

아무튼 우리는 선자화상船子和尙의 한시에 있어서나, 월산대군의 시조에 있어서나, 양주동 님의 자유시에 있어서나 다 같이 흐르고 있는 한가닥 풍류적風流的이며 도락적道樂的인 동양인으로서의 멋을 느낄 수 있어 좋다.

어부가漁父歌

이현보李賢輔

굽어는 천심록수千尋綠水
돌아보니 만첩청산萬疊靑山

십장 홍진十丈紅塵이
엇매나 가렸는고

강호에
월백月白하거든
더욱 무심 하여라.

☆ 이현보李賢輔는 세조 12년1467에 태어나, 자를 배중裴仲, 호를 농암聾岩 또는 애일당愛日堂이라 하였다.

1495년에 생원生員, 1498년엔 문과文科에 올라 예문권지藝文權知로 한림원翰林院에 들어 사관史官 정언正言 등 벼슬을 거쳐 1506년 중종中宗 때에는 지중추知中樞의 벼슬에 올랐다. 이후로도 군수郡守·부사府使·목사牧使·관찰사觀察使 등 외임外任을 맡은 바 있고, 안으로 들어선 병조참지兵曹參知·동부승지同副承旨·부제학副提學·형판刑判 등 여러 자리에 앉은 바 있다.

만년엔 벼슬을 버리고 고향인 경상도 예안禮安에 돌아와 태평한민太平閑民으로 자연에 몰입沒入하여 많은 시작詩作을 남기었다. 도연명陶淵明의 귀거래歸去來를 본 딴 효빈가效嚬歌를 비롯하여, 고향에 있는 농암에 올라 읊은 농암가聾岩歌와 전하여 오던 어부사漁父詞를 개작한 어부가漁父歌 등이 곧 그것이다.

명종明宗 10년1555에 졸하였다.

☆ 이 시조는 그의 어부가 중의 한 수이다.

<굽어는>은 굽어보니, <천심록수>는 깊고 푸른 물, <만첩청산>은 첩첩이 둘러싸인 푸른 산, <십장홍진>은 붉은 먼지가 열 길이나 쌓인 속세俗世, <무심>은 속스러움이 없는 맑고 조용한 마음을 각각 뜻하는 낱말이다.

—굽어 내려다보니 깊고 깊은 푸른 물이 흐르고 있고, 주위를 돌아다보니 첩첩이 쌓인 푸른 산뿐이구나. 붉은 먼지 열길이나 들끓는 번잡한 속세가 그 얼마나 가리어져 있는지? 이리도 고요하고 깨끗한데다가 강과 호수에는 달빛마자 밝으니 한결 더 나의 마음은 속스러움이 없어져서 맑고 조용하여 지는구나!—

☆ 이 시조는 흐르는 푸른 물과 첩첩이 둘러쌓인 푸른 산과 강과 호수와 달빛과 이 모든 자연이 작자의 속되고 번잡한 마음을 맑게 가시워 준다는 청의미清意味를 노래한 것이다.

한어체漢語體로 된 시조인 것만은 사실이나, <천심>과 <만첩>·<녹수>와 <청산>이 대가 되고 또한 청靑·홍紅·백白의 색채적인 대조對照가 되어 있다. 그리고 <천심록수>의 깊이와 <만첩청산>의 부피로써 가리우는 <홍진>이고 보니 이에 비하여 적은 양量의 <십장>을 놓은 데는 작자로도 꼼꼼한 생각을 기울여 <메이크 업·make up>했다. 읽는 이로도 이러한 점에 유의하여 읽어야만 이 시조가 지닌 제멋을 공감共感할 수 있으리라고 본다.

이 시조가 전하여 오던 어부사를 개작한 것이라고 위에서 말하였는데,

그렇다면 전래의 어부사란 어떠한 것이며, 어느 때부터 내려온 것인지가 궁금하지 않을 수 없으나, 이는 모두 분명하질 않다.

다만 이 퇴계李退溪가 <서어부가후書漁父歌後>에서 말한 바를 보면 농암이 개작한 정도가 약간 심하였다는 것을 알 수 있다. 1편 10장의 <어부사>를 다섯 개의 시조로 고쳐버린 걸로 보아서도 그렇다.

그 다섯 수 중에서 이 한 수를 제외한 네 수의 <어부가>를 여기에 덧붙여 읽는 이들로 하여금 참고에 제공코자 한다.

이 중에 시름 없은 이 어부의 생애로다.
일엽 편주를 만경파에 띄워 두고
인세를 다 잊었거니 날 가는 줄을 알랴

<시름 없은 이>는 금심 걱정이 없는 사람, <생애生涯>는 생활生活, <일엽편주一葉片舟>는 한 잎과 같은 조그마한 쪼각배, <만경파萬頃波>는 만이랑의 물결 즉 넓은 바다의 물결, <인세人世>는 사람들의 세상을 각각 말함이다.

어부漁父의 활달한 생활의 모습을 엿보이는 시조다.

청하에 밥을 싸고 녹류에 고기 꿰어
노적화총에 배 매어 두고
일반 청의미를 어느 분이 알으실고.

<청하靑荷>는 연잎蓮葉, <녹류綠柳>는 버들가지, <노적화총蘆荻花叢>은 갈대의 꽃덜기, <일반 청의미一般淸意味>는 골고른 맑은 맛을 각각 뜻한다.

푸른 연잎에다가 밥을 싸가지고 나가서 낚은 고기를 푸른 버들가지에 꿴다는 초장부터가 강그랍고 맑은 풍류의 멋이 감돈다. 이러한 청의미를 자기 홀로 요득料得하고 있음을 자랑함이 종장을 맺고 있다.

> 산두에 한운이 기하고 수중에 백구ㅣ비라
> 무심코 다정하니 이 두 것이로다.
> 일생에 시름을 잊고 너를 좇아 놀오리라.

<산두山頭>는 산마루, <한운閑雲>은 한가로운 구름, <기起하고>는 일어나고, <비飛라>는 날고 있구나, <놀오리라>는 놀겠노라의 뜻이다.

초장에 <기하고>·<비라> 등은 한문투다. 오늘날 시조의 창작에 있어서는 삼가야 할 용어법用語法이다.

이 시조에 있어서도 <산두>와 <수중>·<한운>과 <백구>가 대가 되어 있으며, <백운>과 <청산>·<녹수>와 <백구>는 색채적인 대조를 이루고 있고, <한운>에 대하여 한가로운 새인 <백구>를 놓아 성질상으로도 대를 보이고 있다. 전편이 조화調和의 미美를 거두었다고 보겠다.

> 장안을 돌아 보니 북궐이 천리로다.
> 어주에 누어신들 잊은 스치 있으랴.
> 두어라 내 시름 아니라 제세현이 없으랴.

<장안長安>은 서울, <북궐北闕>은 임금이 거처하는 대궐, <어주漁舟>는 고깃배, <잊은 스치>는 잊은 생각이, <제세현濟世賢>은 세상을 구출할 어진 정치가를 일컬음이다.

세속世俗을 멀리하고 강호江湖에 은둔隱遁하여 있대도 임금을 그리워하고 나랏일을 잊은 적이 없음을 초·중장에선 말하고, 종장에 와서는 <두어라>의 시조 종장 초구에 관용慣用되는 감탄사를 넣어 이런 모든 일을 제세현에게 미루어 버리고 자기는 일종 체념諦念의 경지에까지 들어가 버림을 노래했다.

이상에서 살핀 다섯 수의 시조가 농암의 <어부가> 전부다. 이 <어부가>가 다시 윤선도尹善道에게 가선 <어부사시사漁父四時詞>로 되어 봄·여름·가을·겨울의 네 계절을 따라 각각 열 수의 노래로 도합 마흔 수가 되어 있다.

은일隱逸하는 선비들이 대체로 강호에서 어부 생활을 동경하고 이를 노래하기 좋아한 것은 숙명적인 동양사상의 발현이라고 보겠다.

마음이 어린 후니

서경덕徐敬德

마음이 어린 후니
하는 일이 다 어리다.

만중 운산萬重雲山에
어늬 님 오리마는

지는 잎

부는 바람에
행혀 권가 하노라.

☆ 서경덕徐敬德의 자는 가구可久, 호는 화담花潭 또는 복재復齋이었다. 송도松都에서 성종 20년1489 당성 서씨唐城徐氏 집안에 태어났다.

과거 보아 벼슬할 생각을 두지 않고, 성거산聖居山 화담花潭 맑고 깨끗한 곳에 터를 닦고 소요자득逍遙自得하며, 이학理學을 연구하였다.

중종中宗 때 후릉厚陵 참봉參奉을 나리었으나 받지 않고 평생을 포의布衣로 지낸 높은 도학자道學者이다.

저서로는 성음해聲音解·태허설원太虛說原·이기사생귀신론理氣死生鬼神論 등을 갊은 화담집花潭集이 있다.

평생 많은, 특히 황진이黃眞伊와의 에피소—드를 남기고 명종明宗 1년 1546에 졸하니, 그 나이 쉬흔여덟이었다.

☆ 이 노래는 황진이와의 에피소—드에 소관되어 있다고 전한다.

<어린>은 어리석은愚, <만중운산萬重雲山>은 겹겹이 구름 낀 깊은 산을 일컬음이다.

전하여 오는 바와 같이 이 노래가 사실로 그 때의 유명한 기생妓生이요, 여류시인女流詩人이었던 황진이가 화담에게 글 배우로 다닐 때, 그를 생각하며 지은 것이라고 한다면 이 시조의 값은 보다 더 높이 평가하지 않을 수 없다. 그것은 확실히 이조李朝의 이념에서의 탈각脫殼이요, 인간에의 환원還元이라는 점으로서이다.

비록 초장에 있어 <내 마음이 어리석고 보니 하는 일도 다 어리석은 것 같구나>고 미리 변명 같은 사연을 비쳐 놓았다고 하드래도 당대에 있어 그만한 놀라운 도학자로서, <지는 잎 부는 바람에 행혀 권가 하노

라>로 종장을 맺기란 확실히 획기적劃期的인 것이라 아니 할 수 없다. 이제까지 보아 온 고시조에선 남녀 간의 상사相思의 정을 이리 가락 올려 뽑아 놓은 작품은 없었기에다.

뚝뚝 떨어지는 나무잎의 소리를 자기가 사랑하는 임이 찾아오는 발자욱 소리로도 느껴보고 오소소 들리는 바람소리를 또한 그 임이 끌는 치맛자락 소리로도 가름하여 보는, 이 아쉬움을 그대로 답숙 종장에다가 담아 놓은 것이다.

황진이로도 화담 선생을 몹씨 존경하였다고 한다. 노 스스로 일컫기를 송도松都에는 삼절三絶이 있으니, 첫째는 박연폭포朴淵瀑布요 둘째는 서 화담 선생이요 셋째는 황진이 자신이라고 하였다는 것이다.

그리하여 황진이의 시조에도 서 화담 선생을 두고 읊었다는 두 수의 시조가 전한다. 황진이의 시조는 별항에서 따로 감상할 것이나, 여기서 우선 화담 선생과 소관된 두 수의 시조만은 살피어 보기로 하자.

> 산은 옛 산이로되 물은 옛 물 아니로다.
> 주야에 흐르니 옛 물이 있을소냐
> 인걸도 물과 같도다 가고 아니 오노매라.

<주야晝夜>는 밤낮, 항시, <인걸人傑>은 잘난 사람, <오노매라>는 오는구나의 뜻이다.

화담 선생의 사후死後 화담에 들려 선생을 찾았으나 유명幽明을 달리함을 알고 돌아오는 길에 읊은 시조라고 한다.

의구依舊한 산에 대하여 인생의 무상無常함을 물의 흐름에 비기어 화담 선생의 가고 없음을 한탄한 시조라고 본다.

청산은 내 뜻이오 녹수는 임의 정이
녹수ㅣ 흘러간들 청산이야 변할손가
녹수로 청산을 못 잊어 울어 예어 가는고.

임화담은 가시었어도 자기의 뜻은 의구한 푸른 산과 같이 변함이 없음을 초·중장에서 다짐하여 놓고선, 종장에 와서 가신 임으로도 자기를 못 잊어 가셨으리라고 스스로 자위自慰를 해보기도 했다.

이 얼마나 연연戀戀한 정한情恨의 표현들인가!

황국가黃菊歌

송순宋純

풍상風霜이
섞어 친 날에
갓 피온 황국화를

은반銀盤에 꺾어 담아
옥당玉堂에 보내오니

도리桃李야
꽃이온양 마라
님의 뜻을 알괘라.

☆ 송순宋純의 자는 수초守初 호는 면앙정俛仰亭·일호一號론 기촌企村이라고도 하며, 성종 24년癸丑·1493에 태어나, 어려서부터 독서와 문예를 좋아하였다.

중종 14己卯·1519에 진사進仕가 되어 참찬參贊의 벼슬에 이르렀다.

명종 3년戊申·1548엔 개성유수開城留守로도 가서 황진이와도 사괴었다.

그 나이 이른 일곱에1569 의정부 우참찬 겸춘추관사議政府 右參贊 兼春秋舘事로 벼슬을 그만두고 향리鄕里인 담양潭陽으로 퇴거하여 석림정사石林精舍와 면앙정俛仰亭을 짓고 독서와 작가作歌의 생을 즐겨, 90이 되도록 정력精力이 여전하다가, 선조 15년壬午·1582에 졸하였다.

그의 문집文集으로는 <면앙집俛仰集> 네 권이 있는데, 그 권지사卷之四 잡저雜著엔 <신번면앙정장가新翻俛仰亭長歌> 1편·<면앙정단가俛仰亭短歌> 7편·<면앙정잡가俛仰亭雜歌> 2편·<자상특사황국옥당가自上特賜黃菊玉堂歌> 1편·<몽견주상가夢見主上歌> 1편·<치사가致仕歌> 3편·<오륜가五倫歌> 오五편 등이 한역漢譯되어 있으나, 우리말 글로 가곡 책에 전하는 것은 8·9편에 불과하다.

☆ 이 시조를 <황국가>라 하였지만 실은 원제목대로 하자면 <자상특사황국옥당가自上特賜黃菊玉堂歌>라고 해야 옳다. 이 시조에 이와 같은 제목이 붙게 된 데에는 다음과 같은 사연이 있다. 즉 명종明宗이 어원御苑에 핀 황국黃菊을 꺾어 옥당관玉堂官에게 나리시고 노래를 지어 바치라 하매, 옥당관이 창졸히 못하고 면앙정에게 이 노래를 빌어 지어 올리니, 명종이 보시고 대단히 기뻐하며, 누가 지었느냐 하신즉, 숨길 수 없어 사실대로 아뢰니, 크게 상을 주시었다. 이에서 말미암은 것이다.

<풍상이 섞어 친 날>은 바람과 서리가 뒤섞어 치는 날, <갓 피온>은 이제 막 피어난, <황국화>는 누른 빛갈의 국화, <은반>은 은銀으로 만든

쟁반, 또는 흰 빛갈의 쟁반, <옥당>은 홍문관弘文館의 딴 이름, 또는 홍문관 부제학副提學 이하의 관원官員, <도리>는 복사꽃, <꽃이온양>은 꽃인양 또는 꽃인 척, <알괘라>는 알겠다의 뜻으로 각각 쓰이었다.

<섞어 친>·<갓 피온>·<꽃이온양> 하는 낱말들이 풍기어 주는 음조音調며 색태色態가 퍽은 박력迫力 있고 강그라워 이제까지 보아 온 고시조에선 볼 수 없었던 새로운 멋을 느끼게 한다.

특히 <풍상이 섞어 친 날>의 매력은 오늘날 보아서도 대단한 것이거니와 선인先人들에 있어서도 매일반이었는 것 같다. 김수장金壽長의 시조에도 <풍상이 섞어 친 날에 초목草木이 성기여다>로 시작되는 작품이 있기 때문이다.

또한 이 시조에서 우리는 깃들인 회화성繪畵性을 중시하지 않을 수 없다. <바람과 서리가 뒤섞어 치는 날에 금방 피어난 누런 국화>도 바로 한 폭의 그림이려니와, <그 누런 국화를 꺾어 백설白雪같이 하얀 은쟁반에 담아 놓은 것>도 한 폭의 그림이 아닐 수 없다.

볼이 능금같을 뿐만 아니라
다리가 시름꾼 같애

〈노천명盧天命, 소녀〉

강벽조유백江碧鳥愈白
산청화욕연山青花欲燃

〈두보杜甫, 절구[絶句]〉

한시에 비하여 결코 덜 됨이 없는 회화성을 이 시조는 보여주고 있는 것이다.

어떤 책에는 이 시조의 중장 <은반에 꺾어 담아>를 <금분金盆에 가득 담아>로 적히어 있기도 하나, 이리 놓고 보면 이 시조의 회화성이 덜어지게 된다.

끝으로 우리는 이 시조를 감상함에 있어서, 홍문관에 누런 국화를 나리신 임금의 뜻도 뜻이려니와, 그 뜻을 바로 깨달아 화려한 도리화桃李花를 끌어 드리어 국화의 오상고절傲霜孤節의 기품을 높이 노래한 작자의 윗트<Wit>와 센스<Sense>에도 감탄함을 아끼어서는 안 되겠다.

치사가致仕歌

늙었다
물러가자
마음과 의논하니

이 님 버리고
어듸로 가잔말고

마음아
너란 있거라
몸만 몬저 가리라.

☆ 이 시조로도 송순의 작이다. <면앙집> 권지사卷之四 잡저雜著에 보면 <치사가致仕歌>라고 하여 세 편의 시조가 한역되어 있다. 그러나 두 편의 시조는 오늘날 전하여 옴이 없어 찾아볼 수 없고, 다만 이 한 수가 전하여 올 뿐이다.

☆ 이 시조의 제목이 <치사가> 즉 벼슬을 그만두고 물러나가면서 읊은 노래라는 뜻이니까, 그가 의정부議政府 우참찬右參贊 겸 춘추관사兼春秋舘事의 자리를 그만두고 고향인 담양潭陽으로 내려가려할 지음 즉, 그의 나이 일흔일곱의 해1569에 이 시조를 지은 것이라고 보아 틀림이 없겠다.

이 시조를 읽을 때, 우리는 우선 그 쓰인 낱말들이 모두 평이하고 오늘날도 일상 쓰는 말이어서 퍽으나 쉬운 노래라는 것에 마음 댕긴다.

그다음에는 이 시조의 구성면構成面을 볼 때 매우 구수하고 자미롭게 엮어졌다는 것이다. 즉 이 시조는 <마음>과 <몸>의 대화對話로부터 시작한다.

몸…〈늙었다. 물러가자〉
마음…〈이 님 버리고 어디로 가잔말고〉

이렇게 하여 초장과 중장을 엮어 놓고는 종장에 가서 <몸>과 <마음> 즉 육체肉體와 정신精神의 합일체合一體인 <나>자아自我=송순宋純의 판단判斷을 나린다. 그 판결문은 <몸>이나 <마음>의 이의異意가 없도록 공정公正하다.

〈마음〉에게…〈이 임을 모시고 너는 이곳에 남아 있거라〉
〈몸〉에게…〈늙은 몸! 너는 이 임의 곁을 먼저 떠나 갈찌라!〉

이리된 이 <치사가>는 희곡적戲曲的인 구성으로 되어 있는 데에 우리의 흥미를 끈는다.

또한 팔순八旬에 가까운 노구老軀를 이끌고 50년간의 관계 생활에서 은퇴隱退하는 마당에서까지도 임금과 나라를 못잊어 하는 작자의 고운 마음씨가 엿보여 좋은 시조다.

이리하여 관계에서 물러난 면앙정은 고향인 담양에 내려가 석림정사石林精舍와 면앙정俛仰亭을 짓고 작가作歌와 독서讀書의 나날을 보내게 된 것이다.

이때에 지은 시조로는 <면앙정잡가俛仰亭雜歌>와 <면앙정단가俛仰亭短歌> 등이 있다.

<면앙정잡가>는 두 편의 시조로 되어 있으나 그 첫째 수는 오늘날 전하지 않아 알 바이 없고, 그 두째 수만이 전하여 온다.

> 십년을 경영하여 초려 한간 지어내니
> 반간은 청풍이오 반간은 명월이라
> 강산은 드릴듸 없으니 둘러 두고 보리라

<초려草廬>는 초가草家와 같은 말로 여기서는 은자隱者의 집을 뜻한다. <반간半間>은 한 간의 반, <청풍淸風>은 맑은 바람, <명월明月>은 밝은 달, <강산江山>은 강과 산, <드릴듸>는 들여놓을 자리가의 뜻이다.

어떤 책에는 초장에 있어 <초려 삼간三間 지어내니>로, 중장을 <나 한간 달 한간에 청풍 한간 마껴두고>로 또한 종장을 <청산은 드릴데 없으니 한데 두고 보리라>로 적힌 데도 있다.

아무튼 강산江山 속에서 청풍·명월淸風明月을 벗 삼아 자락自樂·퇴휴退休

의 경지를 엿볼 수 있는 시조다.

<면앙정단가>는 일곱 편으로 된 것이나 오늘날 전하여 오는 것으론 그 일곱 번째의 시조 한 수에 지나지 않는다.

잘새는 날아 들고 새달이 돋아 온다.
외나모 다리로 홀로 가는 저 선사야
네 절이 엇매나 하관듸 원종성이 들리느니

<잘새>는 자러 가는 새, <새달>은 새로 뜨는 달, <선사禪師>는 중의 존칭, <엇매나>는 얼마나, <원종성遠鍾聲>은 먼 쇠북 소리를 각각 뜻한다.

송순에겐 우승友僧이 있어, 서로 한정閑情을 나누었다 하니 이 시조도 귀로歸路의 우승을 바라보며 읊은 것일지도 모른다. 하여튼 유적幽寂한 산중모경山中暮景을 읊은 한 폭의 동양화東洋畵를 연상케 하는 시조다.

꽃이 진다 하고

꽃이 진다 하고
새들아 슬허 마라

바람에 흩날리니
꽃의 탓 아니로다.

가노라

희짓는 봄을
새와 무삼 하리오.

☆ 이 역시 송순의 작품이다. 진본珍本·청구영언靑丘永言에 보면 작자 미상으로 <가는 봄을 애석히 여겨惜春> 지은 시조로 되어 있다.

그러나 <면앙집> 권지4 부록附錄에 보면

유조효효有鳥嘵嘵
상피낙화傷彼落花
춘풍무정春風無情
비석내하悲惜奈何

로 한역되어 있어 송순의 작품이라 보아 틀림없다.

☆ <슬어 마라>는 슬퍼마라, <흩날리니>는 이리저리 흩어 날리니, <희짓는>은 휘짓는, 훼방 놓는, <새와>는 시새워, <무삼>은 무엇을 각각 뜻함이다.

—꽃 잎파리들이 떨어진다고 새들아 슬퍼 말아라. 바람에 의하여 흩날리는 것이니, 꽃이 잘못한 탓이 아니다. 그러나 가노라고 훼방 놓아 그리 짖궂게 노는 봄을 시새워 무엇하겠느냐?

☆ 이와 같은 이 시조의 외면에 나타난 뜻만으로 보면 <석춘惜春>의 노래로만 보아 넘겨 버릴 수 있다. 그러나 그것만으로 끝나는 게 아니다. 이 시조는 실은 당시의 비참한 사회상社會相의 일면을 은유법隱喩法을 써서 그려내어 놓은 것이다. <면앙집>의 기록으로 보아 그렇다.

<면앙집> 권지四 부록에 보면 이 노래는 인종仁宗이 승하하고 명종明宗

이 즉위卽位하던 해인 을사乙巳·1545년에 척신戚臣 윤원형尹元衡이 윤임尹任의 무리를 몰아 선비들을 많이 죽인, 이른바 <을사사화乙巳士禍>를 보고 상탄傷嘆하여 지은 것이라고 한다. 그리고 그때 어느 기생妓生이 뉘 집 연석讌席에서 이 노래를 불렀더니 진복창陳復昌이라는 이가 듣고 놀래며, <이는 남을 방산謗訕한 노래라>하고 그 지은이를 알고저 하여 그 기생을 힐난詰難하다가 말았다고 한다.

이와 같은 사연을 알고, 이 시조를 다시 살피어 보면 그 갊은 바, 속뜻을 파악할 수 있다. 좀 더 구체적인 설명을 덧붙여 놓기로 하자.

초·중장에 나오는 <꽃>은 윤임의 무리에 속하는 선비들을 일컬음이라면 초장의 <새>는 백성百姓들이나 우국憂國의 지사志士들을 일컬음이겠고, 중장의 <바람>은 윤원형의 무리를 일컬음이 분명하다. 그리고 종장의 가노라 희짓는 <봄>은 국가나 민족의 어쩔 수 없는 하나의 운명運命을 일컬음이라고 봄이 타당妥當하지 않을까?

이렇고 보면 이 시조 한 수가 간직한 속뜻은 다음과 같이 된다.

—이번 사화士禍로 인하여 윤임의 무리들이 억울하게 죽어간 것을 국사를 걱정하는 백성들이어 슬퍼하지 말라. 권세權勢를 헛부리는 윤원형 일파一派의 사나운 작난으로 말미암은 것이니, 죽어간 선비들에게 무슨 잘못이 있어서가 아니다. 치루어야 할 국사의 어쩔 수 없는 운명이라면 굳이 그들을 미워하고 또 시새워할 께 무엇 있겠는가?—

한목 권세를 잡았다고 날뛰는 무리들을 못 배기게 미워하면서도, 도리혀 선량한 백성들에겐 한 번은 치루어야 할 국난·민족의 운명이거니 하고 위로를 준다. 얼마나 마음 상했으면 그 상한 마음을 이리 곱게 여과濾過시킬 수 있었을까!

이 고운 마음씨에 못지않게 이 시조 또한 고운 가락을 울리고 있다.

한 자의 한자漢字나마 발붙일 곳을 주지 않고 있는 시조로도 대표적이다. 참으로 순연한 우리말 글로 표기되어 있을뿐더러, 아주 적절한 은유법을 이용한 우리 고시조로는 한 백미편白眉篇이라 이르지 않을 수 없다.

두류산頭流山

조식曹植

두류산 양단수를
예 듣고 이제 보니

도화 뜬 맑은 물에
산영 조차 잠겼세라.

아희야
무릉이 어디오
나는 옌가 하노라.

☆ 조식曹植은 연산군燕山君 7년1479 태생으로 자를 건중楗仲 호를 남명南溟이라 했다.

명종 때 전첨典籤이었으나 때에 세도世道와 인심人心이 허물어져 감을 탄식하여 벼슬길을 단념하고 들에 묻혀 그 정자를 <산해山海>라 하고 <뇌룡雷龍>이라 현판을 걸었다.

명종·선조께서 누차 불러 벼슬길에 나서기를 권하였으나 끝내 나오지 않고 마지막 두류산頭流山=지리산智異山에 들어가 초막을 얽어 <산천재山天齋>라 편액하고 산수를 즐기다가 선조 4년1571에 졸하니, 그 나이 이른두 살이었다.

이분의 작가作歌로 당시에 <남명가南溟歌>·<왕롱가王弄歌>·<권선지로가勸善指路歌> 등이 있다고 한다.

☆ <두류산頭流山>은 지리산智異山, <양단수兩端水>는 두 갈래로 흐르는 이름난 물, <도화桃花>는 복숭아 꽃, <산영山影>은 산 그림자, <아희야>는 아아!와 같은 감탄사感歎詞, <무릉武陵>은 무릉도원武陵桃源 즉 신선神仙이 산다는 별천지別天地로 예로부터 동양인의 이상향理想鄕을 각각 일컬음이다.

—지리산 속 두 갈래로 흐른다는 물을 옛날에 듣기만 했는데 이제 막상 실지로 와서 보니 복숭아 꽃잎파리 둥둥 떠 흘러가는 맑은 물에 산 그림자마저 잠기어 있구나! 아아! 무릉도원이 어데멘고? 따로 다른 곳에 있는 게 아니라, 나는 바로 여기인가 한다.—

☆ 이 시조는 지리산 속에 작자가 들어가 <산천재>란 판액을 걸고 지날 때, 지리산의 한 선경仙景을 보고 노래한 것이다.

그 선경이란 <도화 뜬 맑은 물에 산영이 잠겨 있는> 곳이다. 이만한 걸 무슨 그리 선경이라고까지 일컬을 게 있느냐고 할 독자가 있을지 모른다. 그러나, <백번 듣느니 보다 한 번 보는 게 낳다>는 상말이 있듯이, 실지로 지리산 속에 들어가 보기 전엔 모를 일이다.

일본日本의 어느 시인이 <마쓰시마松島>의 경개를 바라보고 <아아! 마쓰시마여 마쓰시마여!>하고 말았다는 이야기가 있듯이 이 시조의 중장 열다섯 자의 짧은 바 경개도 이루 다 표현할 수 없는 게 깃들어 있다고 보아야겠다.

☆ 끝으로 종래에 조 남명의 시조라고 알려졌던 또 한 수 시조를 여기에 덧붙여 감상하여 보기로 하자.

삼동에 뵈옷 입고
암혈에 눈비 맞아

구름 낀 볕뉘도
쬔 적이 없것마는

서산에
해지다 하니
눈물 겨워 하노라.

<삼동三冬>은 겨우내, 즉 10월 11월 12월의 석달 동안을 말함. <뵈옷>은 베옷布衣, <암혈岩穴>은 바위굴, <볕뉘>는 볕, 햇살<일광日光>을 각각 뜻한다.

이 시조는 은유법隱喩法을 많이 썼다. 즉 <겨우내 베옷을 입고 바위굴에서 눈비를 맞아가며>의 초장은 벼슬이 없는 포의지사布衣之士로서 산림 속에서 궁핍窮乏한 생활을 누림을 은유한 말이요, <구름이 낀 볕도 쬐어 본 적이 없건마는>의 중장은 낮은 벼슬살이라도 해서 적은 녹祿이나마 받아 본 적이 없음을 일컬음이요, <서산에 해가 진다고 하니 눈물을 금하지 못하겠구나>의 종장은 명종明宗이 승하昇遐하셨다는 소식을 듣고 슬픈 자기의 마음을 뜻함이다.

내역일포의來亦一布衣
거역일포의去亦一布衣

할, 일개一介 포의지사布衣之士가 임금의 은총恩寵을 가까히 받지는 못하였으나 임금明宗의 붕어崩御의 소식을 듣고 눈물겨워 읊조린 시조인 것만은 사실이나, 이 시조의 작자를 조식이라 본 것은 잘못이다.

이 시조의 작자는 이몽규李夢奎라 봄이 옳다. 이몽규는 호를 천휴당天休堂이라 했고, 중종 때 진사進士의 벼슬에 올랐으나, 인종이 돌아가신 후 보령保寧 청라동靑蘿洞에 들어 종신을 은거隱居한 분이다.

자연가自然歌

김인후金麟厚

청산도 절로 절로
녹수라도 절로 절로

산 절로 절로 수 절로 절로
산수간에 나도 절로 절로

그 중에
절로 절로 자란 몸이니
늙기도 절로 절로 하리라.

☆ 김인후金麟厚는 중종 5년庚午·1510에 태어나 자를 후지厚之, 호를 하서河西라 하였다.

중종 35년庚子·1540에 문과에 올라 홍문정자弘文正字에 박사博士가 되고 설서說書를 겸하였다.

명종 15년庚申·1560에 졸하니 그 나이 쉬흔하나이었다.

그의 문집으로는 하서집河西集이 있다.

☆ 이 시조는 <청구영언>엔 작자 미상으로 되어 있고 <해동가요>·<대동풍아大東風雅>에는 송시열宋時烈의 작으로 되어 있다.

그러나 <하서집> 속편續篇·권수卷首에 보면 하서가 판액한 <자연정>이 있었다 했고, 또한 노래에

> 청산자연자연青山自然自然 녹수자연자연綠水自然自然 산자연자연山自然自然 수자연자연水自然自然 산수간아자연山水間我自然

이라 한역된 것이 있으니, 하서의 작품으로 보아 틀림이 없겠다.

이 시조의 뜻은 <절로>(스스로·제대로·자연대로)라는 한 마디에 그치는 것이다. 그리고 반복법反復法을 써서 음조音調의 묘미妙味를 돋구고 있다.

이는 이 작품의 기교면技巧面이라고 하겠지만 보다도 청산·녹수의 아름다운 자연에서 태어나, 그 자연과 더불어 살다가 자연으로 돌아 가꾠아 하는 작자의 <맑은 물속의 부용芙蓉> 같은 모습이 엿보인다.

한편 저 중국의 유명한 시선詩仙 이백李白의

> 문여하사서벽산問余何事棲碧山
> 소이부답심자한笑而不答心自閑

한 <산중문답山中問答>이나, 19세기 초엽의 영국 시인 워즈워스<Words-worth, William>의 <무지개The Rainbow>

My heart leaps up when I behold
A rainbow in the sky:
So was it when my life began;
So is it now I am a man;
So be it when I shall grow old,
Or let me die!
The child is father of the Man;
And I could wish my days to be
Bound each to each by natural piety.

와 같은 시를 연상聯想하게 된다. 모두가 자연을 동경한 점에 있어서는 한결같다.

☆ <김하서>의 시조로 판 박힌 또 한 수 시조를 여기서 보아 버리기로 하자.

도임사수면사작悼林士遂冤死作

엇그제 버힌 솔이 낙락장송 아니던가
적은덧 두던들 동량재 되리더니
어즈버 명당이 기울면 어느 남기 바치리

<동량재棟樑材>는 기둥과 대들보가 될 재목材木, 여기서는 국가의 유위

有爲한 인물을 뜻하는 말이다. <어즈버>는 아아! 와 같은 감탄사요, <명당>明堂은 임금이 조견朝見을 받는 궁전宮殿, 여기서는 국가를 뜻한다.

이 시조는 명종 2년丁未·1547 양재역良才驛 벽상壁上의 주서사건朱書事件으로 인하여 애매히 사사賜死를 당한 임사수林士遂의 죽엄을 애도哀悼하여 지은 것이라고 한다. 임사수는 호를 금호錦湖 명名을 형수亨秀라 한 벼슬이 부제학副提學에까지 이른 이로 하서와는 교분交分이 퍽 두터운 사이이었다.

교분이 두터웁대서만이 아니라, 장차 나라의 대들보감이 될 수 있는 인재이었기 때문에 더욱 하서로 하여금 슬픔에 잠기게 하였던 것이다.

친구의 죽음을 슬퍼한 이 시조는 그것만으로 그치는 게 아니다. 실은 나라의 내일을 슬퍼한 것이다.

어져 내일이여

황진이黃眞伊

어져 내일이여
그릴줄을 모르던가

이시라 하드면
가랴마는 제 구타여

보내고
그리는 정을

나도 몰라 하노라.

☆ 황진이黃眞伊는 중종 때의 송도松都 기생이며 진사進士 황모黃某의 따님으로 자는 명월明月이었다. 재·색才色이 쌍절雙絶하여 금률琴律·시가詩歌·서사書史에 정통하였고, 일찌기 서화담에게 배웠으며 박연朴淵·화담·자기를 스스로 일컬어 송도삼절松都三絶이라 하였음은 화담의 시조를 이야기할 때 이미 말한 바이다.

뿐만 아니라, 산수로 오류娛遊하여, 풍악楓岳, 태백太白을 다 밟아 보았고, 금성錦城에 이르러 방백方伯과 제기諸妓를 놀라게 하였으며, 소세양蘇世讓과의 에피소—드는 특히 널리 알려져 있고, 또한 이 벽계수碧溪水를 놀라게 한 이야기며 송 면앙정이 개성유수開城留守로 있을 때 처음 만나 그 첩妾을 질광嫉狂하게 한 이야기로도 유명하다.

오늘날 전하는 작품으로는 시조가 여섯 수·한시가 여섯 수·도합 열두 수에 지나지 않으나 그 작품의 질質로 보아서는 어느 고시조 작가에도 비하여 손색이 없는 걸작傑作들이다. 한시로 <반월시半月詩>

수단곤산옥誰斷崑山玉
재성직녀소裁成織女梳
견우일별후牽牛一別後
수척벽공허愁擲碧空虛

같은 건 이백李白 두보杜甫와도 비견比肩할 수 있다고 하겠다.

그러면 이제 그의 시조를 감상하여 보기로 하자.

☆ <어져>는 어지어, 어허!와 같은 감탄사요, <내일이여>는 내가 한

일이여, <그릴줄>은 그리 될 줄, <이시라>는 있어라, <제 구타여>는 제가 굳이, <그리는 정>은 그리워하는 정, 즉 내내 잊히지 않고 연연戀戀하는 정을 뜻함이다.

이로써 전편을 풀이하여 보면, —어허 내가 한 일이여! 애당초 그리 될 줄을 몰랐더란 말이냐! 임을 <게십시요> 하고 붙잡았던들 임이 굳이 뿌리치고 가실가마는, 가시겠다고 나설 때엔 <가십시요> 하고 보내 놓고 이제사 잊지 못하여 그리워하는 정을 나로서도 알 수가 없고나—와 같다.

떠나는 임을 말없이 보내놓고 그리워하는 전형적典型的인 우리나라 여성들의 아가페<Agape>적인 사랑을 노래한 작품이다.

순연한 우리말 글로 뽑히었음은 저 송 면앙정의 <꽃이 진다하고>와 같이 자랑호읍거니와 중장의 <가랴마는 제 구타여>와 같은 도치법倒置法을 썼음 또한 높이 사지 않을 수 없다. <이시라 하드면 제 구타여 가랴마는> 했다면 이는 산문조散文調다. <이시라 하드면 가랴마는 제 구타여> 이렇게 용어의 위치를 바꾸어 놓음에서 산문조를 벗어난 시의 운률韻律이 생동하게 된 것이다.

옛날 여인妓人들의 시조에는 흔히 에피소—드가 깃들어 있듯이 이 시조도 소세양蘇世讓과 소관所關이 있는 걸로 나는 본다. 진이의 한시에도 <여소양곡與蘇陽谷>이라는 제목으로 이루어진 한 편이 있거니와 진이를 싸고돌던 많은 남성男性 중에서도 정겨웁게 깊이 사귄 남성이라면 소세양이라고 보겠기 때문이다. 소세양은 호를 양곡陽谷이라고 했고 당대에 대제학大提學의 벼슬에까지 오른 분이었다.

이런 분과의 정이 깊었다고 해도 어찌 그때에 있어 평생을 지속할 수 있을 것인가? 이윽고 양곡은 서울로 떠나고 만 것이다. 그러나 진이는 오매寤寐에도 양곡의 정을 잊지 못한다. 이에 진이는 정한情恨에 싸이게 된다.

이 정한에서 진이의 이 시조도 복받혀 나왔거니와 다음 항곡에 볼 두 수의 시조도 울어 나온 것이다.

NO strugle, NO drama!

내 언제 신信이 없어

내
언제
신信이 없어
님을
언제
속엿관듸

월침月沈
삼경三更에
온뜻이 전혀 없네

추풍秋風에
지는 잎 소리야
낸들 어이 하리오.

☆ <신이 없어>는 믿음信義이 없어의 뜻이다. 진본·<청구영언>에는 <무심無心하여>로 되어 있으나 이는 덜 되었다. <속엿관듸>는 속였기에, <월침삼경月沈三更>은 달도 서산西山에 저버린 한 밤중, <온뜻>은 올 뜻來意, 또는 오실 기척의 뜻이다.

—내가 언제 신의가 없이 굴어 단 한 번이라도 임을 언제 속인 일이 있기에, 달도 서산을 넘고 없어진 이 한밤중에도 오실 기척이 전혀 없네. 가을바람에 떨어지는 나무잎 소리에 행혀 임이신가 속군 하는 나를 나로서도 어찌할 수가 없구나—

☆ 이 시조는 전항에서 살핀 <어져 내일이여>와 연관이 있는 것으로 본다. 그리고 <어져 내일이여>는 임소세향이 떠난 후 이윽고 읊어진 시조라면, 이 시조는 그 후 가을철도 무르녹은 어느 날 밤 다시 그리운 임을 어쩔 수 없어 누은 자리에서 일어나 가락 올린 것이라고 본다.

이제 다시 한번 이 시조를 읊어보라. 독불면獨不眠·추야장秋夜長에 떠난 임의 정을 안고 못 견디게 가슴 앓는 한 여인의 모습이 떠오르지 않는가!

초장 <내 언제 신이 없어>에는 화류花柳에 몸을 던저 있는 진이의 신세자탄身勢自嘆마저가 깃들어 있음을 읽어야 한다.

<온뜻이 전혀 없네>에 <월침삼경>을 끌어넣은 중장에선 상대방임=소세양의 지체까지를 생각했다는 것을 느낄 수 있어야겠다.

<추풍에 지는 잎 소리야 낸들 어이 하리오>의 종장에서 쓴 반어법反語法이 이 시조를 보다 더 오롯이 살려낼 수 있는 힘이 되었다는 것도 방관하여서는 안 되겠다.

가을밤—원수롭게도 차라리 새어버리지도 않고 긴긴 가을밤을 잠을 이루지 못하고 누었다 앉았다 서성거리며, 자기의 신세도 한탄해 보고, 상대방의 지체도 생각해 보고, 임과의 깊었던 정도 저울질해 보고, 우수

수 떨어지는 나무잎 소린 줄을 번연히 알면서도 행혀 임이신가 자기도 모르게 창문을 열었다 닫아도 보고 하는 여인의 모습에 우리들 읽는 독자로도 눈물겨워움을 금할 수 없다.

이 시조의 한역漢譯으로는 해동소악부海東小樂府에 다음과 같이 전한다.

과신하증만착마寡信何曾瞞着磨
월침무의야경과月沈無意夜經過
표연향지오하여颯然響地吾何與
원시추풍낙엽다原是秋風落葉多

아무튼 황진이의 가을밤의 이와 같은 정한情恨이 겨울밤으로 가면 어떻게 되는가를 다음 항목 <동짓달 기나 긴 밤>에서 살피어 보기로 하고 이 시조의 감상은 이만 맺기로 하자.

동짓달 기나 긴 밤

동짓달
기나 긴 밤을
한 허리 둘헤내여

춘풍 니불 아래
서리서리 너헛다가

어론님
오신 날 밤이여드란
구뷔구뷔 펴리라.

☆ <동짓달>은 음력으로 11월·동지절후冬至節候가 든 달로 동지冬至는 한 해를 통하여 밤이 제일 길다. <한 허리를 둘헤내여>는 밤의 한중간中間을 도려 내여를 뜻함이요, <춘풍니불>은 봄바람 같은 이불을 뜻한다. <어론님>은 어른님, 즉 낭군郎君을 일컬음이다.

이 시조도 황진이의 작으로 앞에서 감상한 <어져 내일이여>와 <내 언제 신이없어>의 시조와 관련된 노래로 본다.

☆ 한 번 자기의 곁을 떠난 임은 돌아올 줄을 모르고 있다. 여인은 몸이 닳는다. <보내고 그리는 정>을 탄嘆해 보기도 한다. <추풍에 지는 잎 소리>에도 행여 임이신가 싶어 가슴을 두근그려도 본다. 그러나 그 나무잎이 다 져버리고 낙목한천落木寒天 깃들인 겨울철에 접어들어서도 임으로부턴 한쪽의 글월마저 없다. 눈송이 펄펄 날리는 겨울철, 더구나 일 년 중에서 밤이 제일 길다는 동짓달에 접어들었다. 여인의 애·간장은 녹을 대로 다 녹았다. 그래도 정든 임을 단념하지 못한다. 지친 몸으로도 이부자리를 깨끔히 손질하여 둔다. 언젠가는 돌아오실 임이려니 믿고 믿는 마음으로 나날을 산다. 그러한 동짓달의 어느 날 밤, 이 여인은 잦아든 등잔불의 심지를 돋우고 깨끔한 종이를 펼치어 먹을 갈고 붓을 잡는다.

이리하여 이 시조는 읊여진 것이다. —동짓달 긴긴 밤을 그 한 중턱에서 싹뚝 도려내어 봄바람 같은 이불 아래에 서리서리 뭉치어 넣어 두었다가 낭군님이 오신 날 밤이면 구비구비 펼쳐내어 그 밤이 더디 새게 길게 길게 이으리라—

이제 다시 한번 이 시조를 읽어보며, 여기 쓰인 우리말의 미美와 교묘성巧妙性을 살피어 보자.

첫째, 밤의 한중간을 <허리腰>로 표현한 이 신기新奇한 멋을 맛볼 수 있어야겠다. <삼경三更>이네 <밤중>이네 하는 말들에 비하여 이 얼마나 새로운 황진이의 창작어創作語인가? <시인은 언어를 창조해야 한다>는 말이 있다. 황진이의 창작어는 여기서 끝이는 게 아니다. 중장에 쓰인 <춘풍이불> 또한 동·서·고·금의 어느 시인으로도 말하지 못한 황진이의 창작어가 아닐 수 없다.

나는 앞에서 <춘풍이불>을 그저 <봄바람같은 이불>이라고 했다. 그것은 이 <춘풍이불>이 뜻하는 바 이불을 어떻게도 한마디 말로는 다 표현할 수 없었기 때문이다. 봄바람의 생리生理를 모르고서는 이 한 낱말을 이해할 수 없다.

봄바람은 따뜻하다. 봄바람은 훈훈하다. 봄바람은 혼혼하다. 봄바람은 부드럽다. 봄바람은 몽실몽실하다. 봄바람은 야들야들하다. 봄바람은 상긋하다. 봄바람은 향기롭다. 봄바람은 꽃바람이다. 봄바람은 정다웁다. etc. 봄바람의 생리를 이루 다 말할 수 없다.

이처럼 <춘풍이불>도 따듯하여 훈훈하고 혼혼한 그러면서도 몽실몽실 야들야들 부드러웁고 그리고 또 꽃향花香 같이 상긋하고 향기로워, 임과 정다울 수 있는 이불이라고나 하여 둘까. 그러나 이걸로도 <춘풍이불>을 다 설명한 것이라고는 이를 수 없다.

다음 종장의 <밤이여드란> 또한 묘하다 하지 않을 수 없다. 이 어감語感을 어떻게 <밤이면>이나 <밤에는>이나 <밤일랑>이나 하는 낱말들이 당해낼 수 있겠는가?

또한 중장의 <서리서리>나 종장의 <구비구비>가 주는 어감의 매력을 간과看過할 수 없다. 중장의 <서리서리>는 임을 여힌 가냘픈 여인의 모습이 깃들어 있다면, 종장의 <구비구비>엔 여힌 임을 다시 만나 환희에 넘치는 여인의 모습이 그리어져 있다고 보지 않을 수 없다.

아무튼 황진이의 여섯 수 시조 중에서도 이 <동짓달 기나 긴 밤>은 가장 절창絶唱이라 이르고 싶다.

영국인英國人은 그 전 <인도印度와 같은 식민지植民地를 내놓을지언정 쉐크스피어Shakespeare를 내어놓을 순 없다>고 말하였다지만 나는 우리의 고전을 송두리채 빼앗길지언정 황진이의 이 한 수 시조와는 바꾸고 싶지 않다고 단언하여 서운치 않다.

도산곡陶山曲

이황李滉

유란幽蘭이 재곡在谷하니
자연自然이 듣기 좋의

백운白雲이 재산在山하니
자연이 보기 좋애

이 중에
피미일인彼美一人을

더욱 잊지 못하얘.

=전6곡중前六曲中 제4곡第四曲=

고인古人도 날 못 보고
나도 고인 못뵈

고인을 못 봐도
녀던 길 앞에 있네

녀던 길
앞에 있거든
아니 녀고 어쩔고

=후6곡중後六曲中 제3곡第三曲=

☆ 이황李滉은 널리 퇴계 선생退溪先生으로 알리어져 있다. 퇴계는 그의 호요, 자는 경호景浩다. 연산燕山 7년1501에 출생하여 그 나이 스물셋으로 태학太學에 들어 진사進士로 문과에 오르고 이어 승문원권지承文院權知·예문관검열藝文舘檢閱·승문원전적承文院典籍·수찬修撰·정언正言·지평持平·교리校理·의정부검상議政府檢詳·시강원필선侍講院弼善을 거쳐 응교應教로 있다가 1545년 간신들에게 물리어 삭탈관직削奪官職 당했으나 명종 때에 다시 불리어 사복사정司僕寺正을 지나다 귀향歸鄉·그 후로도 불리어 외직外職으로 나간 바 있고 다시 내직內職에 들어 홍문관교리弘文舘校理 부응교副應教 대사성大司成·공판工判·부제학副提學·대제학大提學 등 많은 벼슬을 역임한 분이면서도, 보다 더 이조를 대표한 거유巨儒요, 우리나라의 학자이다.

만년에는 도산서원陶山書院을 지어 후학後學의 훈도薰陶에 주력하다 선조 삼년1570에 졸하니, 나이 일흔이었다.

저서著書에 주자절요朱子節要·계몽전의啓蒙傳疑·송계원명 이학통편宋季元明理學通編 및 유경儒經의 언해諺解 등이 있다.

또한 유학자이면서도 한시漢詩를 짓기 퍽 좋아하였고, 시조로도 <도산육곡陶山六曲>이 있다.

☆ 여기서 감상할 두 수의 시조는 <도산육곡>에 들어 있다. <도산육곡>은 <전육곡前六曲>·<후육곡後六曲> 도합 12곡으로 되어 있다. <전육곡>은 <언지言志>로 때에 느낀 정을 풀어 읊은 것이요, <후육곡>은 <언학言學>으로 학문수양學文修養의 심경을 읊은 것이다.

이에선 전후육곡 중 각각 한 수씩을 골라 감상하기로 하였다.

☆ <유란이 재곡하니>

<유란幽蘭>은 그윽한 향을 품는 난초, <듣기 좋의>는 듣기가 좋으니, <피미일인彼美一人>은 저 한 사람의 미인의 뜻이나 여기서는 임금을 말함이다.

골짜기엔 그윽한 향을 품는 난초가 있고, 산 봉우리마다엔 흰 구름이 피어있는 향기롭고 경개 좋은 산중도산서원에 들어와 있어도 멀리 떨어져 있는 임금만은 노 잊을 수 없다는 뜻의 노래다.

초장에서 난초의 향기를 <듣기가 좋으이>라 한 게 얼핏 보아 좀 이상한 것도 같으나, 이는 오늘날 시인들의 작품에서도 대할 수 있거니와, 옛날 한시문 같은 데서도 <문향십리聞香十里> 등 향기를 맡는다는 뜻으로 자조 쓰이어, 이러한 표현이 되려 암중동暗中動의 고상함과 멋이 있다.

☆ <고인도 날 못 보고>

<고인>古人은 옛사람을 뜻함이나, 여기선 도道를 좇아 행하던 옛날의

성현군자聖賢君子를 일컬음이겠고, <못뵈>는 못 보도다, <녀던 길>은 행行하던 길을 뜻함이다.

옛 성현군자들이 행하던 인륜대도人倫大道를 오늘날의 우리들도 실천궁행實踐躬行 하여야 되겠음을 주장한 노래라고 보겠다.

이 시조의 묘미는 앞 구句의 말을 뒷 구에 다시 가져와, 그 의미를 이어나가는 연쇄법連鎖法을 쓴 데에 있다.

아무튼 이 두 수의 시조로써 <도산십이곡>의 일면을 엿볼 수 있었으리라 믿거니와, <도산십이곡>의 서문에서 작자는 <우리나라 노래와 가락이 대개는 음란하여 말할 것이 못 되니, 한림별곡翰林別曲같은 것은 문인의 입에서 나왔지만 뻐기고 방탕한데다가 상스럽고 버릇이 없어 군자의 마땅히 익힐 것이 못 된다. 그런데 근세에 이별李鼈의 육가六歌가 있어 세상에 꽤 돌아다니나, 그것도 아주 좋지 못한 것이 또한 아까운 일이다>라고 말하여 <도산십이곡>을 짓게 된 동기를 밝히었다.

이러한 면에서 <도산십이곡>은 <이별>의 <육가>를 참작하여 지은 도학군자의 노래라고 하겠으나, 우리 어문학으로는 그리 높이 평가할 순 없다. 그러나 그 영향은 적지 않아, 그 후 선조 사십년1607 장경세張經世는 퇴계의 이 <십이곡>을 모방하여 <강호연군가江湖戀君歌> 전후 십이곡을 지었다. 그러나 이쯤은 우리 문학 창작으로서 그리 문제 삼을 바 못 된다.

재 넘어 성권농成勸農 집의

정철鄭澈

재 넘어
성권롱成勸農 집의
술 익단 말 어제 듣고

누은 소
발로 박차 언치 놓아 지즐 타고

아희야
네 권농 계시냐
정좌수鄭座首 왔다 하여라.

☆ 정철鄭澈은 중종中宗 31년1536 한양漢陽에서 태어나, 선조 26년1593 강화도江華島에서 졸卒한 우리나라의 정치가요, 보다 더 놀라운 시인이다.

자는 계함季涵이요, 호는 송강松江이다.

을사사화乙巳士禍에 걸린 그 아버지를 좇아 남방에 유랑ㅎ다가, 김하서金河西·기 고봉奇高峰·송 면앙정宋俛仰亭에게 글을 배운 바 있다. 스믈일곱1562에 문과에 급제하여 벼슬길에 올랐다.

성균관전적成均舘典籍으로 서인西人 편에 들어 정치에도 크게 활약하였다. 마흔다섯엔 강원도 관찰사江原道觀察使로 나가 있다가 이듬해 돌아왔으나 동인東人의 세력에 눌리어 창평昌平으로 은퇴隱退, 다시 불리어 우상

右相으로 나왔다.

임진왜란 때엔 의주義州로 호종하여 체찰사體察使가 되었다가 명明나라에 사신 갔다 오기도 했다.

그의 유저遺著로는 <송강집松江集> 일곱 책과 <송강가사松江歌辭> 한 책이 있다. 이 유저를 통하여 그의 시인된 기질을 엿볼 수 있다.

송강의 작인 시조는 통 70여수 되는데 그 중 더러 잡치는 것도 없는 배 아니나, 오롯하게 된 것은 남이 본받을 수 없어 과연 그의 문학은 천재적이요, 패기적覇氣的이었다.

<성권롱成勸農>은 성훈成渾을 이름이다. <권농>은 지방의 방坊·면面에 예속隸屬하는 사역使役을 일컫는 말이다. <언치>는 안장 밑에 까는 털이나 헝겁於赤·於衣·어치이요, <지즐 타고>는 눌러 타고, <정좌수鄭座首>는 송강 자신을 이름이다. <좌수>란 향소鄕所의 장長을 일컫는 말이다.

☆ 송강의 70여 수 시조 중에서도 이 한 수가 그의 패기적인 모습을 가장 두드러지게 들어낸 작이라고 나는 본다. <재 넘어 성권농 집에서 빚어 넣은 술이 농창 익었다는 말을 어제듣고>(초장) 오늘은 바로 <한가롭게 누어있는 소를 발로 박차 어치를 놓아 덥석 올라타고>(중장) 소를 몰아 재 넘어를 간 것이다. 가는 광경은 생략省略되어 있다. 독자의 상상에 마껴 둔 것이다.

말타고 꽃밭에 드니 말굽아래 향내 난다.
주천당酒泉堂 돌아 드니 아니 먹은 술내 난다.

=작자미상作者未詳=

성 권롱집의 술을 마시기도 전에 작자의 양 볼엔 이미 술맛이 익어 있을지도 모른다. 성 권롱집에 들어 닿자마자 숨 가쁘게 부른다. <여봐라! 네 권농 계시냐? 정좌수가 찾아 왔다고 아뢰어라>(종장)

그 다음 주·객酒客이 마주 앉아 술잔을 거울르는 광경 또한 독자에게 마껴 두었다. 여흥餘興은 각자 상상할 일이다.

다맛 빗과 술을 이리 찾아가는 송강의 청허淸虛한 모습이며, <누은 소 발로 박차>의 <박차>나 <언치 놓아 지즐 타고>의 <지즐>이나 종장의 <아희야>에서 송강의 패기를 우리는 엿보면 되는 것이다.

읽는 것으로만도 절로 흥이 돋는 좋은 시조다.

내 양자 남만 못한 줄

내 양자
남만 못한 줄
나도 잠간 알건마는

연지도 바려 있고
분때도 아니 미네

이리코
괴실가 뜻은
전혀 아니 먹노라.

☆ <양자>는 모양樣姿, <잠간>은 얼마쯤, <연지>는 얼골을 보졸그란히 곱게 꾸미려고 찍는 화장품의 일종臙脂, <바려 있고>는 내버려 있고, <분때>는 화장하는 데 쓰는 분粉과 대黛…눈섭을 그리는 먹, <아니 미네>는 아니 바르네, <이리코>는 이렇고, <괴실가 뜻>은 사랑하실가 하는 생각을 말함이다.

☆ 이 시조는 송강의 작풍作風을 잘 말하여 주는 좋은 작품의 하나라고 본다. 아무런 꾸밈도 없이 천진天眞 천연天然스럽게 그 생각하는 바를 털어 놓았다.

—<본래 내 생긴 모양이 남보다 못한 줄을 나도 얼마쯤 알고 있지마는>(초장) 그렇다고 외양만을 실속 없이 곱게 꾸미기 위하여 화장을 하고 싶지는 않다는 것이다. 양 볼에 연지라도 찍고, 또 분이라도 살짝 멕이고, 눈섭도 까맣게 그리어 놓고 보면 자기로도 좀은 어여뻐질 수 있을지도 모른다. 이를 번연히 알면서도 그러고 싶지는 않다는 것이다. 임이 자기를 사랑하여 주시던, 사랑하지 않애 주시던 자기로서의 마음은 이미 철석같이 결정되어 있다는 것이다.

임의 버림을 받고 있으면서도 그 허물은 오직 자기에게 있는 것이라고 여기는 이 마음씨가 곱지 않은가?

이 시조는 군신君臣의 관계를 남녀男女의 관계로서 나타낸 것이다. 송강의 저 유명한 가사歌辭인 <사미인곡思美人曲>·<속사미인곡續思美人曲>이 다 그렇지마는 시조에도 이런 게 많다.

내 마음 버혀 내어
저 달을 맹글고저

구만리 장천에
번듯이 걸려 있어

고온 님
계신 곳에 가
비최여나 보리라.

☆ <버혀 내어>는 베어내어 <맹글고저>는 만들고 싶고나, <구만리장천九萬里長天>은 높고 먼 하늘, <번듯이>는 번듯하게, 뚜렷하게, <고온 님>은 고운 임을 각각 뜻함이다.

☆ 이 시조도 남녀 간의 사랑을 읊은 것 같이 보이나 실은 멀리 임금을 떠나서 있는 외로운 신하의 마음을 읊어낸 것이다. <고운 임>(임금)을 그리워하는 정이 얼마마한 것인가를 족히 알 수 있지 않은가?

이 몸 헐어 내여
냇물에 띄우고저

이 물이 울어 녜어
한강 여흘 되다 하면

그제야
임 그린 내 병이
헐할 법도 있나니

☆ <울어 녜어>는 울면서 흘러가서, <한강 여흘>은 한강漢江의 여울,

<헐할 법>은 낫을 방법을 뜻함이다.

☆ 이 시조도 위에서 본 <내 마음 버혀 내어>와 같은 상想에서 이루어진 노래다. 임을 그리워하는 자기의 마음이 임에게 이르기만 해도 자기의 안타까움이 좀은 가실 듯싶다는 것이다.

이와 같은 송강의 모든 시조는 송강이 창평昌平에 은퇴한 한 오五년 동안에 이루어진 것이라고 보겠다. 창평에선 그의 아내의 외척外戚인 김성원金成遠의 산정山亭에 들어 수석水石과 구학鷗鶴으로 벗을 삼고 나날을 보내면서도 항상 국사國事를 걱정하며 군은君恩을 생각하였던 것이다. <성산별곡星山別曲>·<사미인곡>·<속사미인곡>이 다 이때에 이루어진 것이며, 위와 같은 연군사戀君詞도 모다 이때의 것이라고 보아 틀림이 없겠다.

한 잔 먹새그녀

한 잔 먹새그녀, 또 한 잔 먹새그녀
꽃 꺾어 산算 놓고 무진무진 먹새그녀,

이 몸 죽은 후면, 지게 우헤 거적 덮어, 줄이혀 메여가나, 유소보장流蘇寶帳의 만인이 울어 녜나, 어욱새 속새 덥개나모 백양속에 가기곳 가면 누른 해, 흰 달, 가는 비, 굵은 눈, 소소리바람, 불제 뉘 한 잔 먹자할고,

하믈며 무덤 우헤 잰납이 파람 불제야 뉘우친들 어떠리.

☆ 이가 바로 송강의 저 유명한 <장진주사將進酒辭>다. 시조의 종류에서 보면 사설시조辭說時調 형에 속한다고 보겠다.

<먹새그녀>는 먹자구나 그려, <산 놓고>는 잔수盞數를 세어 놓으며, <유소보장流蘇寶帳>은 수실을 달고 화려한 휘장을 하여 혼란히 꾸민 상여喪輿, <어욱새>는 화본과禾本科에 딸린 다년생多年生의 초목인 억새, <속새>는 산지수음山地樹陰에 붙어서 나는 초목의 하나인 목적木賊, <덥개나모>는 떡갈나무, <백양白楊>은 사시나무, <잰납이>는 원숭이猿, <파람>은 휘파람을 각각 뜻함이다.

☆ 권주가勸酒歌로선 이 위에 없는 멋진 노래다. 또한 송강의 술을 즐기고 호걸풍豪傑風의 일면을 여실히 엿볼 수 있는 시조다. 인생이란 한 번 죽고 나면 그만인 걸, 살아생전에 술을 마시고 즐기자는 인생의 허무적막감虛無寂莫感을 읊은 노래다.

홍만종洪萬宗의 <순오지旬五志>에 의하면 송강의 이 <장진주사>가 당시인唐詩人인 이백李白의 장진주將進酒와 두보杜甫의 시를 모방하여 지어진 것이라고 하였으나, 이는 조금도 모방의 탈이 보이지 않는 우리말 글을 마음대로 조무락거리어 지은 노래다.

초장의 <꽃 꺾어 산 놓고 무진무진 먹새그녀>의 멋이며, 중장의 사람이 죽은 후의 무상無常을 돋구기 위한 무덤 변두리의 처량한 경물의 묘사며가 어찌 한시의 번역이나 모방에서 이루어질 수 있겠는가? 우리말의 곡진曲盡한 구사驅使를 할 수 있는 송강의 솜씨가 아니고서야 어찌 아무나 이런 노래를 지을 수 있겠는가? 이 또한 송강의 걸작이 아닐 수 없다.

또한 이와 같이 생전취락生前醉樂을 노래한 송강의 시조로는 다음과 같은 것이 있다.

일정 백년 산들
긔 아니 초초한가.

초초한 부생에
므스일을 하랴하야

내 잡아
권하는 잔을
덜 먹으려 하는다.

<일정一定>은 꼭과 같은 말이요, <초초草草>는 잠간인 것을 일컬음이다. <부생浮生>은 허무한 인생 세상을 뜻함이다.

이 또한 초초한 인생의 허무를 덜기 위하여 권하는 술잔이나 어서 들라는 권주가라 하지 않을 수 없다.

끝으로 송강의 주송酒頌 시조 한 편을 소개하고 이 항목의 시조 감상을 맺기로 하자.

내 말 고쳐 들어
너 없으면 못 살려니,

머흔 일 궂은 일
너로 하여 다 잊거든

이제야
남 괴려하고
녯벗 말고 어찌리.

<머흔 일>은 험險한 일을 말함이요, <궂은 일>은 흉한 일을 뜻함이다. 물론 초장 <너 없으면>의 <너>나 중장 <널로 하여>의 <너>나 종장 <녯벗 말고>의 <녯벗>은 모두 술酒을 일컬음임은 말할 것도 없다.

한우寒雨에게

임제林悌

북천이 맑다커늘
우장 없이 길을 나니

산에는 눈이 오고
들에는 찬비로다.

오늘은
찬비 맞아시니
얼어 잘가 하노라.

☆ 임제林悌는 자를 자순子順, 호를 백호白湖 또는 겸재謙齋·풍강楓江이라고도 했다.

명종 4년1549에 탄생하여 선조 20년1587에 졸한 분으로 대과大科에까지 뽑히었으나 벼슬에 뜻을 두지 않고 명산名山에 노닐길를 좋아하였다. 때에 동서東西로 갈리어 찌구락 짜구락 싸우는 조정이 싫었던 것이다.

일찌기 속리산俗離山에 들어가 대곡大谷·성운成運에게 사사師事하였다.

소설 <화사花史>·<수성지愁城誌>·<원생몽유록元生夢遊錄>으로도 유명하거니와 <황진이>·<한우> 등 기생과 소관된 시조로도 유명하다.

당대의 풍류남아風流男兒이기도 했던 모양.

<북천北天>은 북녘 하늘, <우장雨裝>은 비를 맞지 않게 입는 도롱이나 우산을 일컬음이다.

☆ 이 시조는 당대의 기생 한우寒雨와 마주 앉아 즉흥으로 부른 노래라고 하여 <한우가寒雨歌>라고도 한다.

사실 비를 맞고 찾아가서 부른 것인지, 청청 개인 날인데도 <한우>를 상징하여서 부른 것인지는 모르나, 하여튼 겨울도 다 간 어느 이름 봄철 <한우>와 더불어 술자리를 같이 한 것만은 사실일 게다.

몇 잔 술잔이 오고 가고 하던 끝에 깔끔하게 생긴 선비의 얼굴에도 주흥酒興이 거나히 돌았을 게다. <백호>는 한 가락 올리게 된다. <한우>에게 정을 기대어 보자는 것이다.

<오늘은 찬비 맞았으니 얼어 잘가 하노라> 여기 <찬비>는 물론 <한우寒雨>를 뜻함이다.

재치 빠른 <한우>가 눈치를 못 챌 리 만무하다. 살풋 양 볼을 붉히어 수집어 하면서도, 천천히 목청을 가다듬어 <백호>의 노래에 화답하게 된다.

어이 얼어 자리
무스 일 얼어 자리

원앙침鴛鴦枕 비취금翡翠衾을

어듸 두고 얼어 자리

오늘은
찬비 맞아시니
녹아 잘가 하노라.

☆ <원앙침鴛鴦枕>은 원앙을 수놓은 벼개로 부부夫婦가 같이 베는 벼개를 뜻함이요, <비취금翡翠衾>은 비취 빛갈의 이불로 좋은 비단 이불을 뜻함이다.

<한우>로도 <백호>의 정에 안기어 보고 싶었던 것이다. 서로 마음이 맞은 것이다. <오늘은 찬비 맞아시니 녹아 잘가 하노라> 여기 <찬비>도 물론 <한우> 자기 자신을 뜻함이다.

황진이의 <춘풍이불>을 당할 순 없는 시조이나, 작자의 재치가 팔랑이는 시조인 것만은 사실이다.

☆ <백호>의 이와 같은 풍류적인 일면은 다음과 같은 시조에서도 엿보인다.

청초 욱어진 골에
자난다 누었난다.

홍안은 어대 두고
백골만 무쳤난다.

잔 잡아
권할 이 없으니
그를 슬허 하노라.

☆ <자난다>는 자느냐?, <누었난다>는 누었느냐?, <홍안紅顔>은 보졸그란이 혈색이 좋은 젊은 얼골, <백골白骨>은 뼈, <슬허>는 설어워의 뜻이다.

☆ <백호>가 황해도 땅을 밟자 송도엘 들려 유명한 황진이를 찾았다. 그러나 고을 사람들의 말을 듣자니, 황진이는 이미 저승으로 갔다는 것이다. <백호>는 그대로 돌아스질 못했다. 허퉁한 가슴을 안고 무덤이 있다는 장단長端으로 발걸음을 옮기었다. <백호>의 허리에는 술병이 채이고 도포 안에는 술잔이 들었던 것이다. 황진이의 무덤 앞에 앉아 <백호>는 홀로 술병을 기울였다. <일배일배부일배一盃一盃復一盃> 취기醉氣가 돋았다. 취한 목청으로 이미 뼈로만 무쳐 있을 왕년의 절색絶色 황진이를 부르며, 이 노래를 가락 올린 것이다.

<자난다>·<누었난다>·<백골만 무쳤난다>에서 오는 애절哀絶함은 읽는 이로도 스스로 눈이 감긴다.

조홍시가早紅柿歌

박인노朴仁老

반중 조홍감이
고아도 보이나다.

유자 아니라도
품엄즉도 하다마는

품어 가
반길 이 없을새
글로 설워 하나이다.

☆ 박인로朴仁老는 명종 16년1561 경상북도 안동安東에서 출생, 자를 덕옹德翁, 호를 노계蘆溪 또는 무하옹無何翁이라고도 했다.

임진왜란 때엔 붓을 던지고 성윤문成允文의 막하幕下에 들어가 해상海上에서 공을 세운바 여러 번이었고, 그 후 무과에 올라 조라포만호助羅浦萬戶를 지난 바 있다.

인조 8년엔 용양위부호군龍驤衛副護軍이라는 우로優老의 벼슬을 받고, 쌀과 고기의 하사下賜를 받았다.

나이 여든두 살에 졸하니, 때는 인조 22년1642이었다.

그는 평소에 효도孝道를 다 했고, 또한 우애가 깊고, 겸손할 뿐만 아니라, 향리鄕里를 사랑하는 마음이 대단한 것이어서, 비록 비가 와서 땅이 질 때에도 고향을 지날 제면 꼭 말에서 내려 걸었다고 한다.

그의 저서로는 <노계가사蘆溪歌詞>가 있다. <노계가사>에는 일곱 편의 가사와 예순 수의 시조가 수록되어 있다. 가사는 태평사太平詞·사제곡莎提曲·누항사陋巷詞·선상탄船上嘆·독락당獨樂堂·영남가嶺南歌·노계가蘆溪歌 등이고, 시조는 조홍시가早紅柿歌라 타이틀 한 것이 4수·오륜가五倫歌 25수·신유辛酉년의 가을 울산蔚山·숙정椒井에서 정 한강鄭寒岡에게 준 2수·입암立巖 등 22수·사친思親 1수·모현慕賢 2수·노주유거蘆洲幽居 1수·자경自警 3수에 도합 60수다.

☆ <반중盤中 조홍감早紅> 감은 소반 위에 놓인 붉은 감, <보이나다>는 보이는구나!, <반길 이>는 반가워할 사람의 뜻이다.

이 시조는 <조홍시가>의 그 한 수다. 이 시조를 감상하려면 중장 <유자 아니라도 품엄즉도 하다마는>에 숨은 고사故事를 모르고선 안 된다. 즉, 중장은 후한後漢 때에 육적陸績이라는 이가 아니 여섯 살에 구강九江에서 원술袁術이라는 이를 뵈오는데, 원술이가 귤橘을 먹으라고 주니, 육적이 귤 세 개를 품안에 품고 하직下直을 하노라고 절을 하다가 그 귤이 땅에 나동구라 떨어졌다. 이에 원술이 <육랑陸郎이 손님 노릇을 하노라고 귤을 품었는가> 한즉 육적이 꿇어앉아 대답하되, 돌아가 어머님께 드리고자 하였나이다>고도 대답하였다. 원술이 대단히 기특하게 여기었다. 이와 같은 옛이야기에서 회귤懷橘이라는 문자가 생기게 된 것이다.

노계가 이 <조홍시가>를 읊은 건, 선조 34년1602 9월 초에 그가 한음漢陰·이덕형李德馨의 집을 찾아갔을 때였다. 한음이 조홍시를 내놓으며 먹으라 하매 그는 천생 놀라운 효자인지라 돌아간 어머니를 생각하고 느껴워 이 노래를 지은 것이라고 한다. 즉, 소반 위에 놓이어 나온 고운 조홍시를 보고 옛날 중국 육적의 고사를 생각하며, 자기로선 봉양奉養코자 해도 그 봉양을 받으실 어머니가 생존하시지 않음을 슬퍼한 효심을 노래한 게 바로 이 시조라고 하겠다.

☆ 노계의 그 효심을 엿볼 수 있는 또 한 수 시조로는 어버이가 노쇠老衰해짐을 슬피 여기어 읊은 다음과 같은 작이 있다.

> 만균을 늘려내야
> 길게 길게 노를 꼬아
>
> 구만리 장천에
> 가는 해를 잡아 매야

북당의
학발쌍친을
더듸 늙게 하리이다.

<만균萬鈞>은 삼십만 근三十萬斤이니, 수많은 쇠뭉치의 뜻으로 보면 되겠고, <북당北堂>은 북쪽 채의 뜻이나, 보통 어머니를 일컬음에 많이 쓰인다. <학발쌍친鶴髮雙親>은 학의 몸처럼 머리가 허옇게 센 양친兩親을 말함이다.

이 시조에서도 노계의 효심을 엿볼 수 있으나, 그 표현에 있어 초·중장은 너무 지나친 것 같고, 한자어漢字語가 많다. 그리고 노계 시조의 일반적인 병폐는 이러한 면에도 있거니와, 보다 더 많은 고사故事의 인용에 있다고 본다. 작품은 읽는 이로 하여금 쉽게 이해할 수 있도록 되어야 한다. 문자나 고사 나부랭일 인용하여 보통 읽어서 쉬이 이해할 수 없도록 지어 놓는대서야 어찌 읽는 이의 공감共感을 살 수 있겠는가? 독자의 공감을 살 수 없는 작품이란 그 생명을 이미 잃고 있는 것이겠기 말이다.

이화우梨花雨 흩날릴 제

이매창李梅窓

이화우
흩날릴 제
울며 잡고 이별한 님

추풍 낙엽에
저도 나를 생각는지

천리에
외로운 꿈만
오락가락 하더라.

☆ 이매창李梅窓은 선조 때 부안扶安의 기생이다.

부안 현리縣吏 이양종李陽從의 서녀로 태어나서, 기생이 된, 이는 계생癸生 또는 계생桂生이라고도 하였으며, 자는 향금香今이라고 했다. 매창梅窓은 그의 자호自號다.

선조 6년 계유癸酉·1573에 나아 광해군光海君 2년庚戌·1610에 죽으니 그 나이 서른여덟으로 기구한 운명의 일생을 마친 셈이다. 얼굴은 그다지 잘생긴 편이 아니었다 하나, 노래를 잘하고 거문고를 잘 타고 시조도 잘 지었을 뿐만 아니라 한시에도 능하였다. 그 당시 아흔두 살이나 살면서 퍽 조신操身했다는 촌음村陰·유희경劉希慶과 같은 시인으로도 매창을 만나서는 파계破戒를 하였다고 하며, 인조반정仁祖反正을 주모한 연평부원군延平府院君·이묵재李默齋의 정도 받은 바 있다고 한다. 그리고 여러 시인 호객豪客들과도 더불어 상영觴詠·창화唱和한 바도 많았다고 한다.

지금도 부안의 봉두리鳳頭里에는 그의 무덤이 있으며 앞에는 <명원이매창지묘名媛李梅窓之墓>라는 돌비가 서 있다.

매창이 지은 시조로는 이능화李能和의 <조선해어화사朝鮮解語花史>에 10수가 적히어 있으나, <가곡원류歌曲源流> 기타 노래 책에 전하는 건 그렇질 못하다. 그의 한시집으로는 <매창집梅窓集>이 전하여 오는데, 이에는 한시체漢詩體이면서도 우리의 정서를 자유 자연스럽게 표현한 58수의 5·7언 절귀絶句 율시律詩가 수록되어 있다.

☆ <이화우梨花雨>는 배꽃과 비가 함께 나리는 것, <추풍낙엽秋風落葉>은 가을바람에 지는 나무잎을 각각 말함이다.

먼 곳에 임을 두고 못내 그리워하는 안타까움을 노래한 이 시조는 당대의 시인 촌음·유희경과 소관되어 있다. 즉 정이 깊었던 촌음이 서울로 돌아간 뒤 소식이 없으므로 이 노래를 짓고 수절守節을 한 것이다.

―허옇게 활짝 핀 배꽃에 비가 나리어 배꽃 잎파리와 비가 함께 섞이어 흩날리는 이른 봄철에·헤어짐의 슬픔에 겨워 서로 울며 잡고 이별한 임인데도 그동안 소식 한 장 없이 봄도 가고 여름도 가고 가을도 가려는 지음에 이르렀다. 가을바람 오소소 불어 이화우가 흩날리면 그 터전에 이젠 나무 잎파리들이 무상하게 지는데, 이 철에 와서야 무정한 그 임도 나를 생각하시는지, 먼 먼 곳에 계신 임이 외로운 밤 나의 꿈에 오락가락하는구나.―

이 시조의 초장 <이화우 흩날리는> 이별장離別場의 광경은 읽는 이로도 구슬픈 감을 금치 못하게 하는가 하면, 중장 <추풍낙엽에 저도 나를 생각는지>에선 정든 임을 이별한 여인의 숨 막히게 괴로워하는 몸짓을 여실히 느끼게 하고, 종장 <천리에> 하는 한 마디에 와선 그 괴로운 가슴을 털어내며 <후유!> 한숨짓고 나서의 여인의 모습 같은 걸 그려볼 수 있게 한다.

황진이의 한 시조에서 <춘풍이불>이 풍기는 멋을 높이 보았지만, 이 시조에선 <이화우>가 풍기는 또한 멋을 높이 보지 않을 수 없다. 이 <이화우>에선 저 중국의 시인 백락천白樂天의 <장한가長恨歌>에 나오는

옥용적막루난간玉容寂寞淚欄干
이화일지춘대우梨花一枝春帶雨

을 생각하게 하는 바 있어, 더욱 쓸쓸한 감을 돋군다.

그리고 비슷한 노래로

남은 다 자는 밤에 내 어이 홀로 깨어
옥장玉帳 깊은 곳에 잠든 님을 생각는고
천리에 외로운 꿈만 오락가락 하더라.

하는 시조도 있으나, 이는 초·중장에서 <내 어이 홀로 깨어>와 <잠든 님을 생각는고>가 서로 모순을 이루고 있거니와, 매창의 시조에 비해, 아주 덜 된 노래라 하지 않을 수 없다.

시인된 품에 따라 그 시도 무게를 달리 하는 것이다.

묏버들 갈해 것어

홍랑洪娘

묏버들
갈해 것어
보내노라 임의 손대

자시는 창 밖에
심거 두고 보소서

밤비에
새닙 곳 나거든
날인가도 녀기소서.

〈묏버들〉은 산버들[山柳]·〈갈해 걲어〉는 가리어 꺾어, 또는 골라서

☆ 홍랑洪娘은 선조 때 함경도 경성鏡城의 기생이었다. 이조 중기 삼당시인三唐詩人의 한 사람이요, 팔문장八文章의 한 분이기도 한 고죽孤竹·최경창崔慶昌과의 로맨스<Romance>로 유명하다. 꺾어·<님의손대>는 임에게, <녀기소서>는 여기소서를 각각 말함이다.

☆ 이 시조는 고죽·최경창과 소관되어 있다. 즉, 선조 6년癸酉 가을에 고죽이 북도평사北道評事로서 경성鏡城에 가 있을 때, 홍랑도 딸아가 그 막중幕中에 있었다. 그 이듬해 봄에 고죽이 벼슬을 옮겨 서울로 돌아오매, 홍랑이 따라 쌍성雙城, 지금의 영흥永興까지 와서 작별을 하고 돌아가다 함관령咸關嶺·함흥칠십리咸興七十里에 이르러 날이 저물고 마침 비가 오는지라 이 노래를 지어 고죽에게 부친 것이다.

순열한 우리말 글로 짜인 시조다. 정든 임을 보내면서의 시가詩歌는 많으나 이렇게 청아淸雅하고 담담淡淡하게 흐르면서도 정을 느끼게 하는 멋있는 노래를 흔하게 찾아 볼 순 없다.

산버들 한 가지를 이리저리 골라서 꺾어내여 가는 임에게 보내며, <밤비에 새로운 잎이 피어나기 곳하면 나를 보신듯이 반기어 주십시요>한 이 여인의 마음씨에서 우리는 속되지 않은 고상한 멋을 느낄 수 있지 않는가!

또한 이 시조는

밖으로 내쏟기보담
곳잘 안으로 식훈다.

꽃봉지 아물고 피듯
손과 발도 옮긴다.

〈고하古河·가시내〉

는 동양 여성들의 전형적인 미美가 깃들어 있음을 엿볼 수 있다.

고죽과 홍랑은 이렇게 하여 헤어졌다. 그 뒤 서로의 사이에 소식이 막히인 채 삼년이 되던 해, 을해乙亥에 고죽의 병이 침면沈綿하여 봄부터 겨울까지 병석을 떠나지 못하매, 이를 홍랑이 전갈로 듣고 즉일 발행發行하여 꼽박 칠주야七晝夜 만에 서울을 들어 고죽을 찾았다.

그때 마침 양계兩界…함평양도咸平兩道의 금함이 있었고, 또 국휼國恤…명종비수인순황후승하明宗妃仁順王后昇遐이 있어 비록 연제練祭는 지냈으나 평일과는 같이 않여, 이걸로써 말성이 되어 드디어 고죽은 면관免官이 되고 홍랑도 그 고토로 돌아갔다. 이들의 애로역정愛路歷程은 이리 순탄하지를 못하였다.

그 후, 고죽은 홍랑의 이 시조를 <折楊柳寄與千里人 爲我試向庭前種 須知一夜新生葉 憔悴愁眉是妾身>이라고 번역하여 번방곡翻方曲이라 하고 또 다른 송별시送別詩를 더하여 화전지華箋紙에 옮기어 가전家傳케 하였다.

이 또한 고죽의 멋이 아닐 수 없다.

노래 삼긴 사람

신흠申欽

노래 삼긴 사람
시름도 하도 할샤

일러 다 못 일러
불러나 푸돗든가

진실로
풀릴 것이면
나도 불러 보리라.

☆ 신흠申欽은 명종 21년1566에 태어나 젊어서는 현헌玄軒이라 호하고, 또는 상촌象村이라고도 하였으며, 늙어서는 현옹玄翁 도는 방옹放翁이라고 하였다.

선조 18년乙酉·1586에 진사進士 생원生員이 되어, 이어서 경원훈도慶源訓導·감찰監察·병조좌랑兵曹佐郞·병조판서兵曹判書·이조판서吏曹判書 등 벼슬을 역임타가 인조仁祖 때엔 영의정領議政까지 이르렀다.

광해군 때 영창대군永昌大君 사건으로 1613년 고향인 금포金浦 선산 밑에 돌아가 있다가 1616년에는 춘천春川으로 귀양 가서 오五년 세월을 보내었다. 1623년 인조반정仁祖反正 후 다시 관계에 나가 영의정까지 지내다가, 인조 6년戊辰·1628에 졸하니 그 나이 예순 셋이었다.

상촌의 시조로는 30편이 전하여 오고 있으며, 거기에 <방옹시여서放翁詩餘序>도 덧붙여 있어, 그가 얼만큼 우리말 글의 시가를 높이 평가하고, 그 창작에도 노력하였는가를 엿볼 수 있다.

한시문집으로선 <상촌집象村集> 30권이 있다.

☆ <삼긴 사람>은 만든지은 사람, <하도 할샤>는 많기도 많다, <일러다 못일러>는 말로는 다 표현하지 못하여, <불러나>는 노래를 불러서나마를 말함이다.

<진본珍本·청구영언靑丘永言>을 보면 이 시조에 <始作歌者 正多愁 言不能盡歌以解 歌可解愁吾亦歌>라고 부기되어 있다.

신 상촌의 노래를 부르는 심경을 밝힘과 아울러, 하나의 시가관詩歌觀을 보인 게 이 시조다.

—노래를 만든 사람이야말로 근심 걱정이 많기도 많았구나!

말로써 해보다 못하여, 다시 노래로나 이 근심 걱정을 풀었던가?

참말로 노래를 불러서 근심 걱정이 풀린다고 할 것 같으면 나도 불러보리라—

자고로 동서양을 막론하고 <시란 무엇인가?>에 대한 대답을 제시한 시인 문학가들이 많다. 그러나 각인각색인 것으로 어떠한 통일된 개념을 파악ㅎ게 하는 것은 없다.

상촌은 불과 40여자의 글자를 가지고 이룬 이 한 수 시조에다가 <시와 시인>의 개념을 우리에게 제시하여주고 있다. 그의 시론詩論인 이 시조의 초·중장에선 시전詩傳 서문에 있는 <人生而靜 天之性也. 感於物而動, 性之欲也. 夫旣有欲矣 則不能無思. 旣有思矣 則不能無言 旣有言矣 則言之所不能盡而發於咨嗟詠歎之餘音, 必有自然之音響節族而不能已焉 此詩之所以作也> 한 대문을 생각하게 한다. 그리고 종장 <진실로 풀릴 것이면 나도 불러 보리

라>고 하였지마는, 실은 근심 걱정이 많은 작자로도 그 근심 걱정을 한때나마 잊고 풀어버리기 위하여서는 시를 읊고 노래를 부르고 하였던 것이다.

그의 30수 시조작품을 얼핏 보면 술에의 찬미며 유락遊樂에의 노래로, 강호한정가江湖閑情歌에 지나지 않는 것 같으나, 그 알맹이로 파고 들어가 보면 현실에의 불만에서 오는 하나의 불평이요, 좀 더 새로워지고파 하는 일일신日日新의 정신에서 노래 불리워진 것인 것을 알 수 있다.

냇가의 해오라비
므스일 서 있는다.

무심한 저 고기를
여어 무슴 하렸는다.

두어라
한 물에 있거니
잊어신들 어떠리.

이 시조도 그 한 수라고 보겠다. 얼핏 보아 강호한정가에 속하나 실은 당시의 추잡한 당파黨派 싸움을 꼬집어 비난한 것이요, 한 나라 한 겨레로서 태평성대를 누렸으면 싶어 하는 내일에의 간절한 희망을 읊어낸 노래인 것이다.

우리는 어떠한 작품이고 간에 <수박 겉핥기>격으로만 보아 넘기어서는 안 된다. 그 진짜 속 알맹이를 맛볼 수 있어야, 비로소 그 작품의 진가眞價를 우리는 알 수 있게 되는 것이다.

님이 혜오시매

송시열宋時烈

님이 혜오시매
나는 전혀 믿었더니

날 사랑하든 정을
뉘손대 옮기신고

처음에
뭐시든 것이면
이대도록 설오랴

☆ 송시열宋時烈은 자를 영보英甫, 호는 우암尤庵이라 했고, 선조 40년 1607에 탄생하였다.

효종孝宗 잠저 때의 사부師傅로서 효종이 등극 후에는 우상右相 좌상左相을 거듭한 분이나, 조정에서의 다툼이 많았고, 평지에 상소로서 풍파를 야기하는 등 하여 드디어는 제주도濟州道로 귀양 가서 그곳에서 사형死刑을 받았다. 그때의 나이 여든셋이니, 숙종肅宗 15년1689이었다.

☆ <혜오시매>는 헤아려주시기에, 꼽아주시기에, <뉘손대>는 뉘에게, <뭐시든 것이면>은 서끌게 미워하시던 것이면의 뜻이다.

이 시조는 연군戀君의 노래다. 연군은 연군이로되, 앞에서 감상한 바 있는 사육신들의 시조나 정 송강 등의 시조에서 볼 수 있었던 연군과는 다르다.

앞서 보아 온 연군의 노래들은 단순히 군은君恩에 겨워 임금을 그리워하는 <아가페>적인 것이었다면, 이 송우암의 연군의 노래는 귀양살이의 어느 벽지에서 적당敵黨을 증오하고 자기의 전락轉落된 모습을 서글퍼하며, 되려 임금을 원망怨望하는 <에로스>적인 것이라고 하겠다.

—임이 처음에는 나를 생각하시와 꼽아주시기에 나는 전혀 믿었더니 나를 사랑하시던 그 지극하시던 정을 이젠 누구에게 옮기시고 나를 이렇게 소홀히 하시는 것인가? 이럴 바에랴 처음부터 서끌게 하시고 미워하셨건들 지금에 이토록 서러웁지 않을 것을 이제사 이러하시니, 되려 임이 원망스러웁다—

☆ 그러나 이와 같이 임을 원망하면서도 한편으론 자기처럼 임을 사랑하는 사람은 없을 것이라는 큰소리를 친다. 다음과 같은 시조에서 느낄 수 있다.

늙고 병든 몸이
북향北向하여 우니노라.

님 향하는 마음을
뉘 아니 두리마는

달 밝고
밤 긴 적이면
나뿐인가 하노라.

제주도에 마즈막 귀양 가서 있을 때쯤 읊었을지도 모르는 시조다.

팔순의 노구로 귀양살이에 있으니, 초장에서 <늙고 병든 몸이 북향하여 우니노라>고 할 수 있겠다. <북향北向>은 제주도가 남쪽에 있으니 임금이 계시는 북쪽을 바란다는 것이다.

중장 <님 향하는 마음을 뉘 아니 두리마는>에선 누구나가 임금을 그리워하지 않을 사람이 있을 것인가마는 하고 누구에게나 보편적으로 연군의 정은 있을 것이라는 것을 긍정하여 놓고, 종장 <달밝고 밤 긴 적이면 나뿐인가 하노라>에 와선 달 밝고 긴긴 밤, 잠 못 이루고 이토록 임금을 그리는 사람은 자기만일 것이라고 장담을 친다.

이 장담의 이면에는 역시 그토록 자기로선 연군의 정에 늙고 병든 몸으로도 나날을 울음으로 보내는데, 임금은 이렇게 자기를 모르쇠 하고 또한 서끌게 대하여 주시는가 하는 원망의 소리가 깃들어 있는 것이다.

그러나 끝내 우암은 귀양살이에서 풀리질 못하고 사형을 받고야 말았다. 좀 더 정열적이고 실정이 넘쳐흐르는 시조였다면 그리고 또한 그 시조가 임금의 귀에까지 와 닿었다면 여든세 살에나 이른 <늙고 병든 몸>을 사형에까지 처하지는 않았을지도 모른다.

무릇 시조에선 허장성세虛張盛勢를 부릴 게 아니라, 실감실정實感實情이 넘쳐흐르도록 해야 한다.

잔 들고 혼자 앉아

윤선도尹善道

잔 들고 혼자 앉아

먼 뫼를 바라보니

그리던 님이 오라
반가옴이 이러 하랴

말슴도
우음도 아녀도
못내 좋아 하노라.

☆ 윤선도尹善道는 자를 약이約而, 호를 고산孤山이라 했다.

선조 20년1587에 태어나, 초야에 있으면서 광해군 때 이이첨李爾瞻에게 항소하여 경원慶源으로 귀양을 간 선비였다. 풀리어 효종의 잠저 때엔 사부師傅로 있다가 후에 한성서윤漢城庶尹·성주현감星州縣監 등을 거쳐 벼슬을 내어놓았다.

병자호란 때와 현종 때에 귀양살이를 하다가 삼수三水에서 1667년 풀린 후로는 해도海島에 들어 자연과 더불어 노래를 부르며 여생을 마친 분이다.

윤선도의 전 시조에는 다음과 같이 스스로 타이틀을 붙이어 있다.

유회요遺懷謠 5수·우후요雨後謠 1수.

산중신곡山中新曲 18수…<만흥漫興 7수·조무요朝霧謠·하우요夏雨謠 2수·일모요日暮謠·야심요夜深謠·기세탄饑歲歎·오우가五友歌 6수>

산중속신곡山中續新曲…<추야조秋夜操·춘효음春曉吟·고금영古琴詠·증반금贈伴琴·초연곡初筵曲 2수·파연곡罷宴曲>

어부사시사漁父四時詞 40수

몽천요夢天謠 3수

☆ 이 시조는 산중신곡 안에 들어 있는 <만흥漫興> 일곱 수 중의 한 수다. 전남 해남海南에 있는 금쇄동金鎖洞에 들어가 있을 때 지은 노래라고 추정推定되어 있다.

산 속에 묻혀 속세의 모든 것을 잊고 오직 자연을 즐기는 작자의 모습이 들어내 보인다. 홀로 술잔을 들고 앉아 먼 산을 바라면서 조용한 자연에의 잠김을 노래한 것이다. 종장 <말씀도 우음도 아녀도 못내 좋아 하노라>는 작자의 노래한 그러한 즐김을 읽는 이로는 말씀도 웃음도 아니라고 싱거웁게 보아 넘길지도 모르나 작자인 자기로서는 못내 좋아한다는 것이다.

이와 같이 윤 고산이 못내 좋아하게 된 자연에의 즐김을 갖게 된 동기는 다음과 같은 역시 <만흥>의 한 수인 시조로 엿볼 수 있다.

> 내 성性이 게으르더니
> 하늘이 아르시사
>
> 인간만사를
> 한 일도 아니 마껴
>
> 다만당
> 다툴 이 없는
> 강산을 지키라 하도다.

초장과 중장은 종장을 꺼내기 위한 작자의 한갓 겸손의 말이요, 골자는 종장에 있다고 보아야겠다.

당시 병자호란의 참패를 맛보고도 조정은 당파 싸움질로 혈안血眼이 되어 서로 응얼거리는 꼴을 보고 <다만당 다툴 이 없는 강산>으로 숨어 버린 분이 윤 고산이기 때문이다.

이러한 고산은 한결같이 묵묵한 자세로 앉아 있는 산에게서나마 위안을 얻자는 것이었다고 보지 않을 수 없다.

☆ 이와 같은 시조의 작가인 고산·윤선도에 대하여서는 많은 연구가들에 의한 찬사가 아낌없이 나려지고 있다.

<고산은 자연시인自然詩人으로 시조의 절묘絶妙를 얻어, 이 문학의 가치를 최고로 발휘하였다>고도 하며,

<고산으로 말미암아 한국어의 미美를 발견했고, 한국어를 예술적으로 순화앙양醇化昂揚하였다>고도 하며,

<고산은 수사修辭와 기교技巧에 있어서 새로운 발견을 했다>고도 하며,

<장가長歌에 있어서 송강松江의 지위가 절대적인 거와 같이, 단가短歌에 있어서의 월계관은 고산옹에게 올려야 할 것이다>라고도 한다.

그러나 위에서 본 두 수 시조로도 그렇거니와 고산은 한 꼼꼼한 작가로의 그 대표였다. 고산은 송강보다는 퍽 알뜰하지만 그러나 송강의 기백氣魄은 고산에서 얻어 볼 수 없다.

고산의 시조는 과연 인공적人工的이요, 기교적技巧的이었다.

압록강鴨綠江 해진 날에

장현張炫

압록강 해진 날에

어여쁜 우리 님이

연운 만리를
어디라고 가시는고

봄풀이
푸르고 푸르거든
즉시 돌아 오소서.

☆ 장현張炫은 숙종 때의 역관譯官이요, 명가名歌이었다.

병자호란 뒤 소현세자昭顯世子와 봉림대군鳳林大君이 심양瀋陽으로 인질이 되어 갈 때 역관으로 따라가 공로가 많았으며, 또한 그곳 갑부甲富인 정기鄭琦와 서로 의기意氣가 통하여 그 재물의 3분지 1이나 얻어와 나라의 큰 부자가 되었다.

그리고 노래를 잘 불은 그는 그의 조카 장희재張希載가 극성할 때에도 서먹하게 지내고 노래 부르기를 즐기었기 때문에 뒷날에 온 화禍를 면하였으며, 우리나라의 속희俗戱의 하나인 투전鬪錢은 그가 처음으로 연경燕京에서 얻어다 퍼뜨린 것이라고 전한다.

☆ <어여쁜>은 가엾은, <연운만리燕雲萬里>는 연경의 머나먼 길을 이름이다.

이 노래는 <소현왕자>와 <봉림대군>이 인질로 심양에 갈 때, 작자가 통역관으로 따라가면서 압록강을 건느며 지은 시조다. 따라가면서도 임을 보내며, 자기는 남는 처지에서 작별하는 노래로 읊은 게 묘미가 있다. 뒤에 남는 백성들의 심정을 대변하여 노래한 것이라고도 보겠다.

아무튼 해는 어슬어슬 저물어 가고, 바람은 차고 말라빠진 갈댓잎은 어석어석 속삭이는 압록강 가에서 멀리 붙잡히어 가는 가엾은 임을 보내는 것이다.

왕실에 태어나 세상 물정도 모르고 곱고 순진하게 자라난 임이 가엾게도 배를 타고 시직 떠나간다. 바다 같이 번번한 이 강을 건네면 오랑캐들의 땅, 요동遼東벌에 나선다. 요동벌로 나서서는 열흘이라도 산 하나 아니 뵈는 막막한 벌판이다. 이 답답한 길을 가엾은 임은 어느 곳으로 알고 가시려 하는가?

그러나 가시면 명년 봄에 풀이 나고 그 풀이 푸르고 푸른 때가 되거든 즉시 돌아오시라! 하며 임을 보내는 쓰라린 가슴을 달래고 있는 게 이 시조다.

종장 <봄풀이 푸르고 푸르거든 즉시 돌아 오소서>는 이 시조의 가장 중요한 곳이기도 하다. 봄풀이 푸르기 전이라도 돌아올 수만 있으면 풀이 푸를 때를 말할 것이 없다. 그러나 그때의 정세는 그렇질 못하게 생긴 것이다. 그러니까 늦어도 봄풀이 푸르고 꽃이 피어나는 따뜻한 봄이 오면 즉시 돌아오시라는 것이다.

그렇다고 <봄풀이 푸르고 푸르거든>을 <봄꽃이 붉고 붉거든>으로 한다면 아니 된다. 이는 우리 감정에 알맞지 않은 까닭이다.

그리고 <푸르고 푸르거든>과 같이 푸르다는 말을 거퍼 쓴 것이 그 다음의 <즉시 돌아 오소서>라는 말을 퍽 강조시킨 것이다. 어서 어서 즉시 돌아오시라는 말과 같이도 느껴진다. <즉시>란 말이 과연 용하다. 솔직하게 잘 말하였다.

우리말의 신운神韻이 생동生動하는 듯하다. 적확的確하고도 명쾌明快하여 좋다.

한편 그때의 압록강 강변에서 처절한 광경을 읊은 시조에 다음과 같은 것이 있다.

이별하던 날에
피눈물이 난지 만지

압록강 나린 물이
푸른 빛이 전혀 없네

배 우에
허여 센 사공이
처음 보롸 하더라.

이는 홍서봉洪瑞鳳·1572-1645의 시조다. 호란 때에 좌상左相으로 있었으며 화의和議로써 연경의 왕복이 수십 회였다.

그러나 이 시조는 너무나 과장된 것 같아 우리의 실감·실정에 절실하게 들어오질 않는다.

강호江湖에 노는 고기

이정보李鼎輔

강호에
노는 고기
즐긴다 부러 마라

어부 돌아간 후
엿느니 백로ㅣ로다.

종일을
뜨락 잠기락
한가할 때 없드라.

☆ 이정보李鼎輔는 자를 사수士受, 호를 삼주三州 또는 삼주 노인三州老人이라 했다.

호조참판戶曹參判 우신雨臣의 아들로 경종景宗 원년1721 진사가 되어 영조 8년1732 문과에 올라 예문관 교열藝文館 校閱을 지나 사헌부 지평司憲府持平이 되었다. 뒤에 홍문관·예문관의 대제학과 지성균관사知成均館事를 지나 예조판서禮曹判書가 되었다.

노경에 이르러 35년 간의 벼슬살이를 내어놓고 물러 나와, 수년간을 강호에 무쳐 유유자적하다가 졸하니 나이 일흔이었다.

이정보의 시조는 <해동가요>에 81수가 전하나, 다 그의 작품이라고 보기는 어려우며, 이걸 제처놓고 보드라도 70여 수 되리라고 본다.

☆ <엿느니>는 엿보느니, <백로白鷺>는 흰 해오라비를 말함이다.

강과 호수에 꼬리를 치며 요리조리 다니며 노니는 물고기들을 보고 즐겁게들 산다고 부러워 말라는 것이다.

고기잡이들의 그물이며 낚시를 피하여야 하는 재치 빠름이 있어야 하는가 하면 또한 고기잡이들이 집으로 돌아간 다음에도 흰 해오라비들의 긴 부리를 엿보아야 하는 괴로움이 있기 때문이다.

그렇기에 종일을 두고 뜨락 잠기락 우리가 보기엔 즐겁게들 노니는 것 같지만서도 실상 고기들로는 한가로울 때가 없다는 것이다.

그러나 이 시조는 단순히 고기들의 생활만을 읊은 것은 아니리라고 본다.

영조의 탕평론蕩平論에 시무십일사時務十一事를 올리어 항소한 까닭에 질책을 입어 면직이 된 바도 있어 한 때 벼슬살이에서 물러난 바도 있다가 다시 불리어 여러 벼슬로 여러 번 조정을 들락날락하다가 늙어서야 강호에 돌아온 그의 일생항로를 물고기의 뜨락 잠기락 하는 데에 비기어 읊은 것인지도 모르겠기 때문이다.

또한 같은 작자의 다음과 같은 시조를 놓고 볼 때에도 그 시조에서 노래한 사물을 통하여 실은 작자 자신의 사상이라든가 도는 당시 사회의 어느 한 면을 꼬집어 풍자하는 것 같은 것을 느끼게 한다.

광풍에 떨린 이화
오며 가며 날리다가

가지에 못 오르고
거미줄에 걸리거다.

저 거미
낙환줄 모르고
나비 잡듯 하련다.

<광풍狂風>은 모진 바람, <낙환줄>은 낙화落火인 줄을 말함이다.

초장 <광풍에 떨린 이화>를 당파 싸움에 몰리어난 선비들로 본다면 이 시조가 당시 사회를 반영한 노래이라는 것을 알 수 있겠고 또한 같은

작자의

묻노라 부나비야
네 뜻을 내 몰래라,

한 나비 죽은 후에
또 한 나비 딸아 오니

아무리
푸새엣 즘생인들
너 죽을줄 모르는다.

와 같은 시조에선 앞에 든 시조에서 본 바와 같은 사회에 처하여 벼슬에 올라있다는 게 바늘방석 같은 데도 벼슬을 할 욕심에 날뛰는 무리들을 풍자한 노래라고 보아 어색하질 않다.

☆ 이정보의 시조에 대한 종래 연구가들의 의견을 보면 거의 <음풍영월吟風詠月>류에 속하는 범작이라고 하였으나 좀 더 파고 들어가 보면 그렇지 않다. 물론 이런 류의 것도 없는 배 아니나 대개는 비록 화花·월月·조鳥·충蟲을 말한 것이라도 화·월·조·충일 뿐이 아니고 그 무슨 억울한 정회情懷가 반드시 담겨져 있기 때문이다.

우리는 이 담겨진 작자의 정회를 캐어내어 같이 느낄 수 있어야 한다. 그렇지 않고는 그 시조를 감상할 순 없는 것이다.

화개동花開洞 북록하北麓下에

김수장金壽長

화개동 불록하에
초암을 얽었으니,

바람 비 눈 서리는
그렁저렁 지내어도

언어제
다사한 해빛이야
쬐여볼줄 있으랴.

☆ 김수장金壽長은 자를 자평子平, 호를 노가재老歌齋라 했다.

숙종 1년1691에 태어나, 한때 기성서리騎省書吏의 벼슬을 하였으나, 그만 두고 화개동花開洞에 노가재老歌齋를 지어 한 생을 두고 가객歌客들과 더불어 노래를 읊었다. 시조와 노래로 당시에 이름 높았고, 오늘날에도 <청구영언>의 편자로 유명한 남파南坡·김천택金天澤과 함께 당대의 쌍벽이기도 했다. 노가재를 중심으로 한 당대의 가객들로는 김천택을 비롯하여 김시모金時模·김우규金友奎·김중열金重悅 등을 들 수 있다.

또한 노가재는 가객이었을 뿐만 아니라, 작가이기도 했고 시조집의 편찬가이기도 했다. 그의 시조는 고시조의 다른 작가들에 비하여 가장 많이 남아 있어 해동가요海東歌謠에 117수 수록되어 있으며, 영조 39년1763 그 나이 일흔네 살에 실로 우리 시조 문학의 한 금자탑金字塔이 아닐 수 없는 <해동가요>를 그 손으로 엮었다.

이는 그의 한 국문학사상의 업적으로서 길이 높이 평가하여야겠다.

☆ <화개동花開洞>은 서울의 북쪽 안국방安國坊에 있었는바, 이곳에 화기도감火器都監이 있었으므로 화개동이라 하였다고 한다. <북록하北麓下>는 북쪽 산의 기슭, <초암草菴>은 초가草家, <언어제>는 어느 때에와 같은 말들이다.

이 시조는 화개동 노가재에 살면서 그 가세家勢의 빈한함을 읊으면서도 시세時勢에 아첨하지 않는 자기의 굳굳한 심지心志를 드러내어 보인 것이다.

—서울 장안을 눈앞에 굽어다 볼 수 있는 화개동 북쪽 산기슭에다가 조그만 초가집을 얽어놓고 살아가고 있다는 것이다.

때로는 드센 바람에 초가집이 온통 날아가는가도 싶었다. 때로는 작살같이 마구 쏟아지는 비에 지붕이 나려 앉는가도 싶었다. 때로는 대살 창문을 때려 우는 눈보라며 문풍지 우는 서리 나리는 밤이면 새우등이 되어 얼어 자야 했다. 그러나 오늘날까지 별 탈 없이 그렁저렁 지내어 온 것이다. 작자는 그래도 이 노가재에 철 따라 찾아드는 가객들과 노래를 즐길 수 있음을 다행이라고 생각한다.

이와 같은 자기의 처지로써 어느 때에 무슨 따스한 햇빛을 쬐어 볼 수 있으리라고는 믿어지지도 않을뿐더러, 바라지도 않는다는 것이다.—

가세家勢에 따라 안빈락도安貧樂道할 것이지, 분에 맞지 않는 물욕物慾에 마음을 움직이게 하고, 또한 시세에 아첨하여 이 조그마한 초가집이나마 버리고 싶지는 않다는 것이다. 이 얼마나 굳고 높은 작자의 심지心志이련가!

하긴 김시모金時模가 쓴 <노가재기老歌齋記>에도 <이 벗은 집이 본래 가난하여 처자가 늘 굶주리었으되 시침을 뚝 떼고 살았으니 그 뜻의 높음

을 우럴을 바이다>라고 기록되어 있음을 본다.

초·중장에선 하나의 사실寫實인 서경敍景을 보이는가 하면 종장에선 그 이면에 숨은 계급階級의 불평을 엿보인다.

아무튼 김수장의 다른 시조에서도 우리는 사실적인 서경이며, 계급적인 불평이며, 민족적인 의식의 부르짖음을 엿볼 수 있어, 종래의 시조 작풍作風과는 다른 일면을 그의 시조가 보여 주고 있는 것만은 사실이다.

심궁이십년深宮二十年
일성하만자一聲何滿子
쌍루락군전雙淚落君前

궁녀들의 생활은 예나 계나가 매일반이었다는 것을 느낄 수 있다.

일신一身이 사자하니

작자미상作者未詳

일신이 사자하였드니 물것 겨워 못 살리로다.

비파琵琶 같은 빈대새끼 사령使令 같은 등애아비 갈따귀 삼위야기 센바퀴 핏겨 같은 가랑니며 보이알 같은 수통니 주린 니 갓난니 잔 벼룩 왜벼룩 뛰는 놈 기는 놈에 다리 기다란 모기 부리 뾰족한 모기 살진 모기 그리마 뾰로기 심한 당비루에 더 어려웨라.

그 중의 참아 얄뮈울손 오육五六월 복다림에 쉬파린가 하노라.

☆ 이 시조를 <해동가요>에는 이정보李鼎輔의 작으로 직히어 있으나, 믿을 수 없다. 작자 미상으로 봄이 옳겠다.

다른 책에는

일신이 사자하니 물것 겨워 못 견딜쇠

피 같은 가랑니 보리알 같은 수통니 주린니 갓깐니 잔벼룩 굵은 벼룩 강벼룩 왜벼룩 긔는 놈 뛰는 놈 비파琵琶 같은 빈대새끼 사령使令 같은 등애아비 갈따귀 사믜야기 센 바퀴 누론 바퀴 바그미 거저리 부리 뾰족한 모기 다리 기다한 모기 살진 모기 그리마 뾰로기 주야로 빈 때 없이 물거니 쏘거니 빨거니 뜯거니 심한 당비리에서 어려왜라.

그중에 하나 못 견딜손 유六월 복 더위에 쉬파린가 하노라.

고 하였다. 이상을 보면 뒷 것이 앞 것보다 훨씬 소상昭詳·해비該備하다.

☆ <사령使令>은 옛날 관아官衙 하인의 일종, <비파琵琶>는 악기樂器의 한 이름, <사믜야기>는 범아자비·어영가시·당랑螳螂, <거저리>는 괴자리, <뾰로기>는 불개미 새끼 등을 각각 일컫는다.

이건 한 탁의托意를 한 노래다.

그 옛날 미천한 상민常民들이 관리와 양반들의 착취를 당하여 과연 살 수가 없었다. <기음노래>의

환자還者 배자牌子 부세전령賦稅傳令
응당 구실 말라할가
향청분부鄕廳吩咐 작청구청作廳求請 원님인들 어이 알리
한 집의 세네 군포軍布
제 구실도 못 하거든
사돈일지 춘당春堂일지
일족一族 무리 더욱 설워

와 같이 각 관아의 출렴이며 양반 또는 각 서원의 작폐며 하여 실로 맷맷한 미천한 이들은 부지할 수가 없었다.

〈그 중에 가장 못 견딜손 육六월 복 더위에 쉬파린가 하노라〉

이야말로 이런 착취계급 중 더욱 심한 자를 말한 것이다.

이 노래는 그때 양반이며 고관이던 그런 이의 작이 아니겠고, 반드시 미천한 이로서 이런 착취를 당해보곤 그 실감 실정에서 지어진 것이고 보아야겠다. 그때의 작이란 한시문의 모방模倣·답습踏襲이 아니면 권선勸善·징악懲惡인 도덕으로 한 타령으로 읊었으나, 이 시조는 그때 우리의 생활상生活相을 꼬집어 말한 또한 희귀稀貴한 한 작이었다.

문학은 아름다운 수사법修辭法을 쓰면서도 그 무슨 이렇다 할만한 표차로운 그 의미가 있어야 할 것이다. 우리 과거엔 문학과 문장과를 혼동하여 그 의미 즉 내용은 어떻든지 그 기교, 즉 형태만 아름다우면 되었었다.

그러나 지금의 우리로는 그 문장만이 아니고 그 내용이 겸비兼備하여야만 하겠다.

<명시조감상名時調鑑賞 끝>

名時調鑑賞

4291年 4月 20日 印刷
4291年 4月 30日 發行

頒價 1,000圓

著　者　李 秉 岐　辛 夕 汀
發行者　安 洹 玉
印刷所　東亞出版社工務局
發行處　서울特別市乙支路二街六八
　　　　博 英 社

<4285. 11. 18. No. 406>

잡지 시조선

고시조선古時調選*

이병기李秉岐 선選

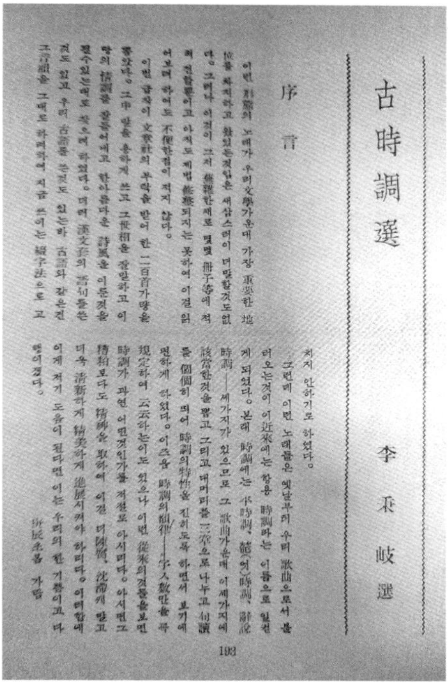

古時調選

李秉岐 選

序言

이런 [illegible]의 노래가 우리文學가운데 가장 重要한 地位를 차지하고 왔었든것임은 새삼스러이 더말할것도 없다。그러나 이것이 그저 雜亂한채로 몇몇 冊子等에 적혀 전할뿐이고 아직도 제법 整頓되지는 못하여 이걸 읽어보려 하여도 不便한점이 적지 않다。

이번 [illegible]이 文章社의 부탁을 받어 한 二百首가량을 뽑았다。그中 말을 용하게 쓰고 그世相을 잘말하고 이 땅의 情調를 잘들어내고 한아름다운 詩風을 이룬것을 될수있는대로 찾으려 하였다。때며 漢文套의 語句를 쓴것도 있고 우리 古語를 쓴것도 있는바 古語와 같은건 그語脈을 그대로 [illegible]하여 지금 쓰이는 綴字法으로 고치지 안하기로 하였다。

그런데 이런 노래들은 옛날부터 우리 歌曲으로서 불러오는것이 이近來에는 항용 時調라는 이름으로 일컫게 되었다。본래 時調에는 平時調、旕(엇)時調、辭說時調——세가지가 있으므로 그 歌曲가운데 이세가지에 該當한것을 뽑고 그리고 매머리를 三章으로 나누고 句讀를 個個히 띄어 時調의特性을 진히도록 하면서 보기에 편하게 하였다。이즘은 時調의韻律——字數만을 꼭 規定하여 云云하는이도 있으나 이런 從來의것들을보면 時調가 과연 어떤것인가를 저절로 아시리다。아시면그 精粗보다도 精神을 取하여 이걸 더 [illegible]、沈滯케 말고 더욱 清新하게 精美하게 進展시켜야 하리다。이러함에 이게 저기 도움이 된다면 이는 우리의 한 기쁨이고 다행이겠다。

庚辰초봄 가람

193

『문장文章』 2권 3호, 1940. 3.

* 「고시조선古時調選」, 『문장文章』 2권 3호, 1940. 3.

여조麗朝 우탁禹倬

춘산春山에 눈 녹인 바람 건듯 불어 간 듸 없다.
적은 덧 빌어다가 마리 우헤 불리고저.
귀밑에 해묵은 서리를 녹여 볼가 하노라.

한 손에 막대 잡고 또 한 손에 가싀 쥐고
늙는 길 가싀로 막고 오는 백발白髮 막대로 치려터니
백발白髮이 제 몬저 알고 지름길로 오더라.

이조년李兆年

이화梨花에 월백月白하고 은한銀漢은 삼경三更인 제
일지一枝 춘심春心을 자규子規야 알랴마는
다정多情도 병病인양하야 잠 못 들어 하노라.

이존오李存吾

구름이 무심無心탄 말이 아마도 허랑虛浪하다.
중천中天에 떠 잇어 임의任意로 다니면서
구타여 광명光明한 날빛을 덮어 무삼 하리오.

정몽주鄭夢周

이 몸이 죽어죽어 일백번一百番 고쳐 죽어
백골白骨이 진토塵土되고 넋이라도 잇고 없고
님 향向한 일편一片 단심丹心이야 가실 줄이 잇이랴.

길재吉再

오백년五百年 도읍지都邑地를 필마匹馬로 돌아드니
산천山川은 의구依舊하되 인걸人傑은 간 듸 없네.
어즈버 태평연월太平烟月이 꿈이런가 하노라.

원천석元天錫

흥망興亡이 유수有數하니 만월대滿月臺도 추초秋草로다.
오백 년五百年 왕업王業이 목적牧笛에 부쳣이니
석양夕陽에 지나는 객客이 눈물겨워 하노라.

이색李穡

백설白雪이 자자진 골에 구름이 머흘에라.
반가온 매화梅花는 어늬 곳에 피엇는고.
석양夕陽에 호올로 서서 갈 곳 몰라 하노라.

이조태종어제李朝太宗御製

이런들 어떠하리 저런들 어떠하리.
만수산萬壽山 드렁츩이 얽어진 들 그 어떠리.
우리도 이같이 얽어져 백년百年까지 누리리라.

정도전鄭道傳

선인교仙人橋 나린 물이 자하동紫霞洞에 흐르르니
반천년半千年 왕업王業이 물소래 뿐이로다.
아희야 고국故國 흥망興亡을 물어 무엇하리오.

황희黃喜

대초大棗 볼 붉은 골에 밤은 어이 듯드르며
벼 뷘 그루에 게는 어이 나리는고.
술 익자 체 장사 돌아가니 아니 먹고 어이리.

김종서金宗瑞

삭풍朔風은 나모 끝에 불고 명월明月은 눈 속에 찬듸
만리萬里 변성邊城에 일장검一長劍 집고 서서
긴 파람 큰 한 소래에 거칠 것이 없에라.

성삼문成三問

수양산首陽山을 바라보며 이제夷齊를 한恨하노라.
주려 죽을진들 채미採薇도 하는 것가.
아모리 푸새엿 것인들 긔 뉘 따헤 낫더니.

이 몸이 죽어 가서 무엇이 될고 하니
봉래산蓬萊山 제일봉第一峯에 낙락장송落落長松 되엇다가
백설白雪이 만건곤滿乾坤할 제 독야청청獨夜靑靑 하리라.

이개李塏

창窓안에 혓는 촉불 눌과 이별離別 하엿관듸
겉으로 눈물이 지고 속타는 줄 모르는고
저 촉불 날과 같하여 속타는 줄 모르더라.

유응부兪應孚

간밤에 부던 바람 눈서리 치단 말가.
낙락장송落落長松이 다 기울어지단 말가.
허믈며 못다 핀 곶이야 일러 무삼 하리오.

원호元昊

간밤에 우던 여흘 슬픠 울어 지내거다
이제 와 생각하니 님이 울어 보내도다
저 믈이 거스리 흐르과저 나도 울어 보내리라

왕방연王邦衍

천만이千萬里 머나먼 길헤 고온 님 여희옵고
내 마음 둘 듸 없어 냇가에 앉아이다
저 믈도 내 안 같허여 울어 녈만 하놋다

성종어제成宗御製

이시렴 부듸 갈다 아니 가든 못할소냐
무단無端히 네 슬트냐 남의 말을 들었느냐
그려도 하 애도래라 가는 뜻을 일러라

황국가黃菊歌

송순宋純

풍상風霜이 섯거친 날에 갓 픠온 황국화黃菊花를

은반銀盤에 꺾어 담아 옥당玉堂에 보내오니
도리桃李야 꽃이온양 마라 님의 뜻을 알괘라

치사가致仕歌

송순宋純

늙엇다 물러가자 마음과 의논하니
이 님 버리고 어디로 가잔 말고
마음아 너란 잇거라 몸만 몬저 가리라

면앙정잡가俛仰亭雜歌 제이第二

송순宋純

십년十年을 경영經營하여 초여草廬 한간 지어내니
반간半間은 청풍淸風이오 반간半間은 명월明月이라
강산江山은 드릴 듸 없으니 둘러두고 보리라

면앙정단가俛仰亭短歌 제칠第七

송순宋純

잘 새는 날아들고 새 달은 돋아온다
외나무 다리로 홀로 가는 저 선사禪師야
네 절이 엇매나 하관듸 원종성遠鍾聲이 들리느니

곶이 진다 하고 새들아 슬허 마라
바람에 흩날리니 곶의 탓 아니로다
가노라 희짓는 봄을 새와 무삼 하리오

김정구金鼎九

가마괴 싸호는 골에 백로白鷺야 가지 마라
성낸 가마괴 힌 빛을 새오나니
창파滄波에 조히 씻은 몸을 더러일가 하노라

뉘라서 날, 늙다턴고 늙은이도 이러한가
곶 보면 반갑고 잔盞 잡으면 우음 난다
추풍秋風에 흩나는 백발白髮이야 낸들 어이 하리오

조식曺植

삼동三冬에 뵈옷 입고 암혈岩穴에 눈비 맞아
구름 낀 볕뉘를 쬔 적이 없것마는
서산西山에 해지다 하니 눈물 겨워 하노라.

두류산頭流山 양단수兩端水를 예 듯고 이제 보니
도화桃花 뜬 맑은 믈에 산영山影조차 잠겻세라.
아희야 무릉武陵이 어듸오 나는 옌가 하노라.

송인宋寅

들은 말 즉시卽時 잊고 본 일도 못본듯이
내 인사人事 이러호매 남의 시비是非 모를로라.
다만지 손이 성하니 잔盞 잡기만 아노라.

서경덕徐敬德

마음이 어린 후後ㅣ니 하는 일이 다 어리다.
만중운산萬重雲山에 어늬 님 오리마는
지는 닢 부는 바람에 행혀 긘가 하노라.

농암가聾岩歌

이현보李賢輔

농암聾岩애 올라 보니 노안老眼이 유명猶明이로다.
인사人事이 변變한들 산천山川이딴 가실가.
암전岩前의 모수모구某水某丘이 어제 본 듯하예라.

어부가漁父歌

이현보李賢輔

굽어는 천심녹수千尋綠水 돌아보니 만첩청산萬疊靑山
십장홍진十丈紅塵이 엇매나 가렷는고
강호江湖에 월백月白하거든 더욱 무심無心하여라.

도산곡陶山曲

이황李滉

고인古人도 날 못 보고 나도 고인古人 못 뵈
고인古人을 못 봐도 녀던 길 앞에 잇네.

녀던 길 앞에 잇거든 아니 녀고 어쩔고.

우부愚夫도 알며 하거니 긔 아니 쉬운가
성인聖人도 못다 하거니 긔 아니 어려운가
쉽거나 어렵거낫 중에 늙는 줄을 몰래라

도임사수원사작단가悼林士遂寃死作短歌

김인후金麟厚

엇그제 버힌 솔이 낙락장송落落長松 아니런가.
적은덧 두던들 동량재棟樑材 되리더니
어즈버 명당明堂이 기울면 어느 남기 바치리.

임진林晉

활 지여 팔에 걸고 칼 갈아 옆에 차고
철옹성변鐵甕城邊에 통개筒箇 베고 잠을 드니
보완다 보왜랏 소래에 가슴 금즉 하여라.

황진이黃眞伊

어져 내일이여 그릴 줄을 모르던가.
이시라 하드면 가랴마는 제 구타여
보내고 그리는 정은 나도 몰라 하노라.

동지冬至ㅅ달 기나긴 밤을 한 허리를 둘에내여
춘풍春風 이불 아래 서리서리 넣엇다가
어론 님 오신 날 밤이여드란 구븨구븨 펴리라.

내 언재 신信이 업서 님을 언제 속엿관듸
월침삼경月沈三更에 온 뜻이 전혀 없네.
추풍秋風에 지는 닢 소래야 낸들 어이 하리오.

청산靑山은 내 뜻이오 녹수綠水는 님의 정이
녹수綠水 흘러간들 청산靑山이야 변變할소냐.
녹수綠水도 청산靑山 못 잊어 울어녀어 가는고.

산山은 옛 산山이로되 물은 옛 물 아니로다.
주야晝夜에 흐르니 옛 물이 잇을소냐.
인걸人傑도 물과 같도다 가고 아니 오노매라.

청산리青山裏 벽계수碧溪水야 수히 감을 자랑 마라.
일도창해一到滄海하면 다시 오기 어려워라.
명월明月이 만공산滿空山하니 쉬여간들 어떠리.

김현성金玄成

나온 자 오날이야 즐거온 자 금일今日이여.
즐거온 오날이 행혀 아니 저믈세라.
매일每日에 오날 같으면 무슨 시름 잇으리.

헌근가獻芹歌

유희춘柳希春

미나리 한 떨기를 캐여서 싯우이다
년대 아니아 우리 님끠 바자오이다
맛이아 긴지 아니커니와 다시 십어 보소서

고산구곡표가高山九曲漂歌 제이第二

이이李珥

일곡一曲은 어드메고 관암冠岩에 해 비친다

평무平蕪에 내 걷으니 원근遠近이 그림이로다
송간松間에 녹준綠樽을 놓고 벗 오는양 보노라

고산구곡표가高山九曲漂歌 제삼第三

이이李珥

이곡二曲은 어드메오 화암花岩에 춘만春晩커다.
벽파碧波에 곶을 띄워 야외野外로 보내노라.
사람이 승지勝地를 모로니 알게 한들 어떠리.

선조어제宣祖御製

오면 가랴 하고 가면 아니 오네.
오노라 가노라니 볼 날이 전혀 없네.
오날도 가노라 하니 그를 슬허 하노라.

진풍연헌만수산가進豊宴獻萬壽山歌

노진盧禛

만수산萬壽山 만수동萬壽洞의 만수천萬壽泉이 잇더이다.
이물의 술을 비져 만수주萬壽酒라 하더이다.

이 잔을 잡으오시면 만수무강萬壽無疆하시리다.

모부인수연가母夫人壽宴歌

일중日中 금金가마괴 가지 말고 내말 들어
너는 반포조反哺鳥라 조중鳥中의 증삼曾參이니
오날은 날을 위하야 장재중천長在中天 하엿고자.

정철鄭澈

새원 원주院主 되여 녈손님 지내옵네.
가거니 오거니 인사人事도 하도 할사
앉아서 보노라 하니 수고로와 하노라.

나모도 병이 드니 정자亭子라도 쉴 이 없다.
호화豪華히 서신 제는 올 이 갈 이 다 쉬더니
닢 지고 가지 것근 후는 새도 아니 앉는다.

재 넘어 성권롱成勸農 집이 술 익단말 어제 듯고
누은 소 발로 박차 언치 놓아 지즐 타고

아희야 네 권롱勸農 계시냐 정좌수鄭座首 왓다 하여라.

신라新羅 팔백년八百年의 높도록 무은 탑塔을
천근千斤 든 쇠붑 소래 치도록 울힐시고.
들 건너 적막산정寂寞山亭의 모경暮景 도을 뿐이라.

송림松林에 눈이 오니 가지마다 곶이로다
한 가지 것거 내여 님 게신 데 보내고저
저 님이 보신 후제야 녹아지다 어떠리

화작작花灼灼 범나븨 쌍쌍雙雙 유청청柳青青 괴꼬리 쌍쌍雙雙
날즘승 길즘승 다 쌍쌍雙雙하다마는
어찌타 이내 인생人生은 혼자 쌍雙이 없느니

저긔 섯는 저 소나모 섬도설사 길ㅅ가의가
적은덧 드리혀 저 굴헝에 서고라자
삿 띄고 도치 멘 분네는 다 찍으려 가느니

풍파風波에 밀리는 그 배 어드러로 가단말고
구름이 머흘거든 처음에 날줄 어이

허술한 배 가진 분네 모다 조심操心하시소

쓴 나믈 데온 믈이 고기도곤 맛이 잇세
초옥草屋 좁은 줄이 긔 더옥 내분이라
다만당 님 그린 탓으로 시름계워 하노라

일정 백년百年 산들 긔아니 초초草草한가
초초草草한 부생浮生에 므스 일을 하랴하야
내 잡아 권하는 잔을 덜 먹으려 하는가

내 마음 버혀 내어 저 달을 맹글고저
구만이九萬里 장천長天에 번드시 걸려잇어
고온 님 계신 곳에 가 비최여나 보리라

대우헤 심근 느틔 몃 해나 자랏는고
씨지여 난 휘초리 저같이 늙도록에
그제야 또 한잔 잡아 다시 헌수獻壽하리라

양응정梁應鼎

태평太平 천지간天地間에 단표簞瓢를 두러메고
두 소매 느리치고 우즑우즑 하는 뜻은
인세人世에 걸릴 일 업스매 그를 좋아하노라

이양원李陽元

높으나 높은 남게 날 권하여 올려 두고
이 보오 벗님네야 흔드지나 말렴으나
나려져 죽기는 섧지 아녀도 님 못볼가 하노라

춘산곡春山曲

김덕령金德齡

춘산春山에 불이 나니 못다 핀 곶 다 붙는다
저 뫼 저 불은 끌 물이나 잇거니와
이 몸의 내 없는 불 이러나니 끌 물 없어하노라

서익徐益

녹초綠草 청강상晴江上에 굴레 벗은 말이 되어

때때로 머리 들어 북향北向하야 우는 뜻은
석양夕陽이 재 넘어가매 님자 그려 우노라

이덕형李德馨

시절時節도 저러하니 인사人事도 이러하다
이러하거니 어이 저러 아닐소니
이런 자 저런 자하니 한숨 겨워 하노라

이항복李恒福

철령鐵嶺 높은 재예 자고 가는 저 구름아
고신孤臣의 눈물을 비삼아 띄여다가
님 게신 구중九重 궁궐宮闕에 뿌려본들 어떠하리

한우가寒雨歌

임제林悌

북천北天이 맑다커늘 우장雨裝 없이 길을 나니
산山에는 눈이 오고 들에는 찬비로다
오늘은 찬비 맞아시니 얼어 잘가 하노라

임제林悌

청초青草 욱어진 골에 자는다 누었는다
홍안紅顔은 어듸 두고 백골白骨만 무쳣는다
잔盞 잡아 권할 이 없으니 그를 슬허 하노라

박인로朴仁老

반중盤中 조홍早紅감이 고와도 뵈노매라
유자柚子 아니라도 품엄즉 하다마는
품어도 반길이 없으니 굴로 설워 하노라

한호韓濩

집방석方席 내지 마라 낙엽落葉엔들 못 앉으랴
솔불 혀지 마라 어제 진달 돋아 온다
아희야 박주薄酒 산채山菜일망정 없다 말고 내여라

이순신李舜臣

한산閑山섬 달 밝은 밤에 수루戍樓에 혼자 앉아
큰 칼을 옆에 차고 깊은 시름 하는 적에
어듸서 일성一聲 호가胡笳는 나의 애를 긋느니

이정구李廷龜

님을 믿을것가 못 믿을손 님이시라
믿어온 시절時節도 못믿을 줄 알앗을라
믿기야 어려워마는 아니 믿고 어이리

이원익李元翼

녹양綠楊이 천만사千萬絲인들 가는 춘풍春風 매여 두며
탐화探花 봉접蜂蝶인들 지는 곶 어이 하리
아모리 사랑이 중重한들 가는 님을 어이하리

홍적洪迪

어제 오던 눈이 사제沙堤에도 오돗던가
눈이 모래 같고 모래도 눈이로다
아마도 세상世上일이 다 이러한가 하노라

홍랑洪娘

뫼ㅅ버들 갈해 꺾어 보내노라 님의 손대
자시는 창밖의 심거두고 보소서
밤비에 새닢 곧 나거든 날인가도 녀기소서

한우寒雨

어이 얼어 자리 므스 일 얼어 자리
원앙침鴛鴦枕 비취금翡翠衾을 어듸 두고 얼어 자리
오늘은 찬비 맞아시니 녹아 잘가 하노라

송이松伊

솔이 솔이라 하니 므슨 솔만 너기는다
천심千尋 절벽絶壁에 낙락落落 장송長松 내긔로다
길 아래 초동樵童의 접낫이야 걸어볼 줄 잇으랴

매화梅花

매화梅花 옛 등걸에 춘절春節이 돌아오니
옛픠든 가지柯枝에 픠엄즉하다마는
춘설春雪이 난분분亂紛紛하니 필동말동 하여라

매창梅窓

이화우梨花雨 흩날릴 제 울며 잡고 리별한 님
추풍秋風 낙엽落葉에 저도 나를 생각는지
천리千里에 외로온 꿈만 오락가락하여라

명옥明玉

꿈에 뵈는 님이 신의信義 없다 하것마는
탐탐히 그리올 제 꿈 아니면 어이 보리
저 님아 꿈이라 말고 자로자로 뵈시소

성천기成川妓

오냐 말 아니따나 슬커니 아니 말랴
하늘 아래 너뿐이면 어마내야 하려니와
하늘이 다 삼겨시니 날 괼인들 없으랴

구지求之

장송長松으로 배를 무어 대동강大同江에 띄워두고
유일지柳一枝 휘여다가 굳이 굳이 매엿는듸
어듸서 망령妄佮엣 것은 소해 들라 하느니

유천군儒川君

어제도 난취爛醉하고 오늘도 또 술이로다
긋제 깨였든지 긋그제는 나 몰래라
내일來日은 서호西湖에 벗오마니 깰동말동 하여라

율리유곡栗里遺曲

김광욱金光煜

뒷집의 술 쌀을 꾸니 거츤 보리 말 못 차다
즈노나 마고 찧어 쥐빚어 괴아내니
여러 날 주렷든 입이니 다나 쓰나 먹으리라

질가마 조히 싯고 바회 아래 샘물 길어
팟죽 달게 쑤고 저리지 해 끄어내니
세상世上에 이 두 맛이야 남이 알가 하노라

어화 저 백구白鷗야 무슨 역사役事 하느슨다
갈숲으로 바자 님여 고기 엿기 하는고야
날같이 군마음 없이 잠만 들면 어떠리

모첨茅簷 기나긴 해에 해올 일이 아조 없어
포단蒲團 낮잠 들어 석양夕陽에 지즈 깨니
문門밖의 뉘 아함 하고 낙시 가자 하느니

헛글고 싯근 문서文書 다 주어 후리치고

필마匹馬 추풍秋風에 채를 쳐 돌아오니
아모리 매인 새 노히다 이대도록 싀원하랴

대 막대 너를 보니 유신有信하고 반가왜라
나니 아힛 적에 너를 타고 단이더니
이제란 창窓 뒤해 섯다가 날 뒤 세고 단여라

김상헌金尙憲

가노라 삼각산三角山아 다시 보자 한강수漢江水야
고국古國 산천山川을 떠나고자 하랴마는
시절時節이 하수상殊常하니 올동 말동 하여라

장만張晩

풍파風波에 놀란 사공 沙工 배 팔아 말을 사니
구절九折 양장羊腸이 물도곤 어려웨라
이후란 배도 말도 말고 밭 갈기만 하리라

신흠申欽

냇가의 해오라비 므스 일 서 잇는다

무심無心한 저 고기를 여어 무슴하렷는가
두어라 한 물에 잇거니 잊엇은들 어떠리

노래 상긴 사람 시름도 하도 할사
일러다 못 일러 불러나 푸돋든가
진실로 풀릴 것이면 나도 불러 보리라

혓가래 기나 저르나 기동이 욱으나 트나
수간數間 모옥茅屋이 적은 줄 웃지 마라
어즈버 만산滿山 나월蘿月이 다 내 것인가 하노라

술이 몇 가지오 청주清酒와 탁주濁酒ㅣ로다
먹고 취할썬정 청탁清濁이 관계關係하랴
달 밝고 풍청風淸한 밤이여니 아니 깬들 어떠리

강백년姜栢年

청춘靑春에 곱든 양자樣姿 님으로야 다 늙엇다
이제 님이 보면 날인 줄 알으실가
진실眞實로 날인 줄 알아보면 고대 죽다 설우랴

조한영曺漢英

옥란玉欄에 곶이 피니 십년十年이 어느덧고
중야中夜 비가悲歌에 눈물계워 앉아잇어
살 뜻이 설온 마음은 내 혼잰가 하노라

김육金堉

자네 집의 술 익거든 부듸 날 부르시소
초당草堂에 곶 피거든 나도 자네 청해옴세
백년百年ㅅ덧 시름없을 일을 의논議論코자 하노라

적성군積成君

새벽 비 일갠 날에 일 거스라 아희들아
뒷 뫼 고살이 하마 아니 자랐으랴
오늘란 일 것거 오너라 새 술 안주하리라

효종어제孝宗御製

청석령靑石嶺 지나거냐 초하구草河溝ㅣ 어드메오
호풍胡風도 차도찰사 궂은 비는 무스일고
뉘라서 내 행색行色 그려내야 님 게신듸 드릴고

청강淸江에 비 듯는 소래 긔 무엇이 우읍관듸
만산滿山 홍록紅綠이 휘드르며 웃는고야
두어라 춘풍春風이 몇 날이리 우을대로 우어라

산중신곡山中新曲

윤선도尹善道

만흥漫興

잔 들고 혼자 앉아 먼 뫼흘 바라보니
그리던 님이오라 반가옴이 이리하랴
말슴도 우음도 아녀도 못내 좋아하노라

조로요朝露謠

월출산月出山이 높더니마는 믜운 것이 안개로다
천왕天王 제일봉第一峯을 일시一時에 가리와라
두어라 해퍼진 휘면 안개 아니 걷으랴

비 오는데 들헤 가랴 사립 닫고 소 먹여라
마히 매양이라 잠기 연장 다스려라

쉬다가 개는 날 보아 사래 긴 밭 갈아라

산중속신곡山中續新曲

윤선도尹善道

춘효음春曉吟

엄동嚴冬이 지나거냐 설풍雪風이 어듸 가니
천산千山 만산萬山의 봄 긔운이 어릐엇다
지게를 신조晨朝에 열고 하늘빛을 보리라

고금영古琴詠

바렷던 가얏고를 줄 연저 놀아보니
청아淸雅한 옛 소래 반가이 나느고나
이 곡조曲調 알 리 없으니 집겨 놓아두어라

유회요遺懷謠

윤선도尹善道

슬프나 즐거오나 올다 하나 외다 하나

내 몸의 해 올 일만 닷고 닷글 뿐이언정
그밖에 여남은 일이야 분별할 줄 잇이랴

윤선도尹善道

우는 것이 벅국이냐 푸른 것이 버들 숲가
어촌漁村 두세 집이 모연暮烟에 잠겻세라
아희야 새고기 오른다 헌 그물을 내어라

백운白雲이 일어나고 나모 끝이 흐느긴다
밀물에 동호東湖 가고 혈물에 서호西湖 가자
아희야 그믈 걷어 서리고 돗글 높이 달아라

낭원군朗原君

천보산天寶山 나린 물을 금곡촌金谷村에 흘려 두고
옥류당玉流堂 지은 뜻을 아는다 모르는다
진실眞實로 이 뜻을 알면 날인 줄을 알리라

해저 어둡거늘 밤중만 너겻더니
덧없이 밝아지니 새날이 되엇느냐

세월歲月이 유수流水 같으니 늙기 설워하노라

송시열宋時烈

님이 헤오시매 나는 전혀 믿엇더니
날 사랑하든 정을 뉘손대 옮기신고
처음에 뮈시든 것이면 이대도록 설오랴

남구만南九萬

동창東窓이 밝엇느냐 노고지리 우지진다
소 치는 아희는 상긔 아니 일엇느냐
재 넘어 사래 긴 밭을 언제 갈려 하느니

윤두서尹斗緖

옥玉에 흙이 묻어 길가의 바렷이니
오는 이 가는 이 흙이라 하는고야
두어라 알 리 잇을지니 흙인듯이 잇거라

장현張炫

압록강鴨綠江 해진 날에 에엿븐 우리 님이

연운燕雲 만리萬里를 어듸라고 가시는고
봄풀이 푸르고 푸르거든 즉시卽時 돌아오소서

신정하申靖夏

벼슬이 좋다한들 이내 몸에 비길소냐
건허蹇驢를 밧비 몰아 고산故山으로 들어가니
어듸서 급한 비 한줄기에 출진행장出塵行裝 싯괘라

전산前山 작야우昨夜雨에 가득한 추기秋氣로라
두화우豆花雨 관솔불에 밤 호믯 빛이로다
아희야 뒷 내 통발桶撥에 고기 흘러 날세라

김창업金昌業

거믄고 술 꽂아 놓고 호젓이 낮잠 든 제
시문柴門 견폐성犬吠聲에 반가온 벗 오도고야
아희야 점심點心도 하려니와 외상外上 탁주濁酒 내여라

자남은 보라매를 엇그제 손갓떠혀
빼짖에 방울 달아 석양夕陽에 받고 나니

장부丈夫의 평생平生 득의得意는 이뿐인가 하노라

김유기金裕器

오날은 천엽川獵하고 내일來日은 산행山行하세
곳달힘 모릐하고 강신講信을란 글피하리
그글피 편사회便射會할 제 각지各持 호과壺果하시소

김성기金聖器

홍진紅塵을 다 떨치고 죽장竹杖 망혜芒鞋 짚고 신고
거믄고 두러메고 서호西湖로 도라가니
노화蘆花에 떼 많은 갈며기는 제 벗인가 하드라

조현명趙顯命

헌 삿갓 자른 되롱 삶 짚고 호미 메고
논둑에 물보리라 밭 기음이 어떠트니
아마도 박장기朴杖棊 보리술이 틈 없은가 하노라

이재李在

샐 별 지고 종다리 떳다 사립 닫고 소먹여라

마히 매양이랴 장기 연장 다스려라
쉬다가 개는 날 보와 사래 긴 밭 갈리라

이유李柔

자규子規야 우지 마라 울어도 속절없다
울거든 너만 울지 날은 어이 울리는다
아마도 네 소리 들을 제면 가슴 아퍼하노라

조명이趙明履

성진城津에 밤이 깊고 대해大海에 물결 칠제
객점客店 고등孤燈에 고향故鄕이 천리千里로다
이제는 마천령摩天嶺 넘엇이니 생각한들 어이리

윤선도尹善道

광풍狂風에 떨린 이화梨花 오며 가며 날리다가
가지예 못 오르고 거믜 줄에 걸리거다
저 거미 낙화洛花줄 모르고 나븨 잡듯 하련다

뭇노라 부나븨야 네 뜻을 내 몰래라

하나 죽은 후에 또한 나븨 따라오니
아모리 프새엿 즘생인들 너 죽을 줄 모르는다

강호江湖에 노는 고기 즐긴다 부러 마라
어부漁父 돌아간 후 엿는 이 자경自驚로다
종일終日을 뜨락잠기락 한가閑暇할 때 없드라

이언적李彦迪

평생平生에 원하기를 이 몸이 우화羽化하여
청천靑天에 솟아올라 저 구름을 헤치고저
이후는 광명光明 일월日月을 가리기게 말리라

이정보李鼎輔

소경이 야밤중에 두 눈먼 말을 타고
대천大川을 건너다가 빠지거라 저 소경아
아이에 건느지 마던들 빠질 줄이 있이랴

가을 타작打作 다한 후에 동내洞內 모화 강화講話할 제
김봉헌金鳳憲 메덧이예 박권롱朴勸農의 되롱춤이로다
좌상座上에 이존위李尊位는 박장대소拍掌大笑하드라

산가山家에 봄이 오니 자연自然히 일이 하다
앞 내헤 살도 매며 울 밑에 외씨도 뼈코
내일來日은 구름 걷거든 약藥을 캐러 가리라

초야草野에 무친 어른 소식消息이 어떠한고
여반糲飯 산채山菜를 먹으나 못 먹으나
세상世上에 우환憂患 뉘 모르니 그를 부러하노라

아츰 양지陽地ㅅ별에 등을 쬐고 앉았이니
우리 님 계신 듸도 이 별이 쬐돗던가
아마도 옥루玉樓 고처高處에 소식消息 몰라하노라

님 그려 얻은 병을 약藥으로 고칠손가
한숨이야 눈물이야 오매寤寐에 맺혓세라
일신一身이 죽지 못한 전은 못 잊을가 하노라

내게 칼이 있어 벽상壁上에 걸렸이니
때때로 우는 소래 무슴 일이 불평不平한 지
두우斗牛에 용광龍光이 버첬이니 사람 알가하노라

얻노라 즐겨 말고 못 얻엇노라 슬허 마소
얻는 이 우환憂患인 줄 못 얻는 이 이제 알손가
세상世上에 얻을 이 하분분紛紛하니 그를 우어하노라

꽃 펴면 달 생각하고 달 밝으면 술 생각하고
꽃 펴자 달 밝자 술 얻으면 벗 생각하네
언제면 꽃 아래 벗 다리고 완월翫月 장취長醉하려뇨

국화菊花는 무슴 일로 삼월동풍三月東風 다 보내고
낙목落木 한천寒天에 네 혼자 펴였나니
아마도 방상傲霜 고절孤節은 너뿐인가 하노라

김천택金天澤

옷 벗어 아희 주어 술집에 볼모하고
청천靑天을 우럴어 달 더러 물은 말이
어즈버 천고千古 이백李白이 날과 어떠하드뇨

이 잔盞 잡으시고 이 내말 고쳐 들어
일준주一樽酒 그쳐 갈 제 이을 일만 분별分別하세
이 밖의 시비是非 우락憂樂을 나는 몰라하노라

잘 가노라 닷지 말며 못 가노라 쉬지 마라
부듸 긋지 말고 촌음寸陰을 앗겨스라
가다가 중지中止곳 하면 아니 갈만 못 하니라

청려장靑藜杖 힘을 삼고 남무南畝로 나려가니
도화稻花는 흩날리고 소천어小川魚 살졋는듸
원근遠近에 즐기는 농가農歌는 곳곳이서 들린다

김수장金壽長

화개동花開洞 북록하北麓下에 초암草庵을 얽었이니
바람비 눈 서리는 그렁그렁 지내여도
어느 제 다스한 해빛이야 쬐야 볼 줄 있이랴

초암草庵이 적료寂寥한듸 벗 없이 혼자 앉어
평조平調 한 닢에 백운白雲이 절로 존다
어느 뉘 이 좋은 뜻을 알 리 있다하리오

경회루慶會樓 만주송萬株松이 눈앞의 버려있고
인왕寅王 안현鞍峴은 취병翠屛이 되엿는듸
석양夕陽에 번번翻翻 백로白鷺는 오락가락하노매

호화豪華도 거즛 것이오 부귀富貴도 꿈이오네
북망산北邙山 언덕에 요령搖鈴 소리 그쳐지면
아무리 뉘 웃고 애달아도 밎을 길이 없느니

검으면 희다 하고 희면 검다 하네
검거나 희거나 옳다할 이 전혀 없다
찰하로 귀 막고 눈 감아 듯도 보도 말리라

꽃도 피려하고 버들도 푸르려 한다
비즌 술 다 익었네 벗님네 가세그려
육각六角에 두렷이 앉아 봄 마지를 하리라

성음聲音은 각각各各이여니 절강고저節腔高低를 잃지 말고
오음五音을 채 몰라도 율려律呂를 찰하스라
진실眞實한 묘리妙理를 모르면 일홈 서기 쉬우야

승당升堂을 못한 전에 입실入室을 어이 하리
모르는 곡절曲節을 물으려도 아니하고
청천靑天에 뜨는 구름을 검다 희다 하는가

박효관朴孝寬

님 그린 상사몽相思夢이 실솔蟋蟀의 넋이 되어
추야장秋夜長 깊은 밤에 님의 방에 들었다가
날 잊고 깊이 든 잠을 깨워볼가 하노라

운애산방매화사雲崖山房梅花詞 제육第六

안민영安玟英

바람이 눈을 몰아 산창山窓에 부듸치니
찬 긔운 새여 들어 가는 매화梅花를 침노허니
아무리 얼우려 허인들 봄 뜻이야 아슬소냐

이하以下 작자미상作者未詳

흐리 눅어 괴어시든 어눅이 좇니옵새
전차 전차로 벗님의 전차로서
설면자雪綿子 가시론듯 범그러서 노옵새

누은들 잠이 오며 기다린들 님이 오랴

이제 누었인들 어늬 잠이 하마 오리
차라로 앉은 곳에서 긴 밤이나 새오자

가마괴 칠하여 검으며 해오리 늙어 희랴
천생天生 흑백黑白은 예부터 있건마는
어찌타 날보신 님은 검다 희다 하느니

가더니 잊은양하여 꿈에도 아니 뵌다
내아니 잊었거든 젠들 현마 잊을소냐
언매나 긴장할 님이완대 살든 애를 긋느니

내 집이 길 찬양하여 두견杜鵑이 낮에 운다
만학萬壑 천봉千峯에 외사립 닫았는듸
개조차 짖을 일 없어 꽃 지는 듸 좋으더라

겨을 날 다사한 볕을 님에게 비최고저
봄 미나리 살진 맞을 님에게 드리고저
님게서 무엇이 없으랴마는 내 못 잊어 하노라

청초青草 욱어진 골에 시내는 울어녠다
가대歌臺 무전舞殿이 어듸어듸 어듸메오
석양夕陽에 물차는 제비야 네가 알가 하노라

북 소래 들리는 절이 머다한들 언마 멀리
청산지상青山之上이오 백운지하白雲之下연마는
그곳에 안개 잦으니 아모덴 줄 몰래라

시비柴扉에 개짖어도 석경石逕에 올 이 없다
듯느니 물 소리오 보느니 미록麋鹿이로다
인세人世를 언매나 지난지 나는 몰라 하노라

청사검青蛇劍 두레메고 백록白鹿을 지즐 타고
부유扶桑 지는 해에 동천洞天으로 돌아가니
선궁禪宮에 종경鐘磬 맑은 소리 구름밖에 들리더라

매아미 맵다하고 쓰르라미 쓰다 하네
산채山菜를 맵다더냐 박주薄酒를 쓰다더냐
우리는 초야草野에 무쳤이니 맵고 쓴 줄 몰래라

백초百草를 다 심어도 대는 아니 심으리라
저 대는 울고 살대는 가고 그리느니 붓대로다
구트나 울고 가고 그리는 대를 심어 무슴 하리오

꽃은 밤람에 피고 비진 술이 다 익거다
거믄고 가진 벗이 달라 함끠 오마더니
아희야 모첨茅簷에 달 오른다 벗 오시나 보아라

목 붉은 산상치山上雉와 홰에 앉은 송골松骨매와
집 앞 논 무살미에 고기 엿는 백로白鷺로다
초당草堂에 너희곧 없으면 날 보내기 어려웨다

네 집이 어듸메오 뫼 넘어 긴 강江 우희
죽림竹林 푸른 곧에 외사립 닫은 집이
그 앞의 백구白鷗 떠시니 게가 물어보아라

말 타고 꽃밭에 드니 말굽 아래 향내 난다
주천당酒泉堂 돌아드니 아니 먹은 술내 난다
어찌타 눈정에 거론 님은 말이 몬저 나느니

새벽 서리 지샌 달에 외기러기 울어넨다
반가온 님의 소식消息 행혀나 너겻더니
다만지 창망滄茫한 구름 밖에 빈 소리만 들리더라

닷드자 배 떠나니 이제 가면 언제 오리
만경萬頃 창파滄波에 가는듯 단여오소
밤중만 지국총 소리에 애긋는듯 하여라

보거든 슬밉거든 못보거든 잊히거나
네 나지 말거나 내 너를 모로거나
차라로 내 몬저 칙여서 네 그립게 하리라

우리 둘이 후생後生하여 네나 되고 나너 되야
내 너그려 긋던 애를 너도 날 그려 긋처 보면
전전前前의 내 설워하던 줄을 돌려봄이 어떠하늬

용산龍山 삼개 강작지간鋼雀之間에 늙은돌이 있다하네
아희 거짓말 마라 돌 늙는듸 보왔느냐
옛 노인老人 두고 하신 말슴 노돌老乭이라 하옵데

물래 그림자 지니 다리 우헤 중이 간다
저 중아 거긔 서거라 너 어듸 가노 말 물어 보자
손으로 백운白雲을 가리치며 말아니코 가더라

남하여 편지片紙 전치 말고 당신當身이 제오 되여
남이 남의 일을 못 일과저 하랴마는
남하여 전한 편지片紙니 일동말동 하여라

북두성北斗星 돌아지고 달은 미치 아니졌다
녜는 배 언마ㅣ나 오냐 밤이 이미 깊었도다
풍편風便에 수성침數聲砧 들리니 다 왔는가 하노라

자연가自然歌

김인후金麟厚

청산青山도 절로 절로 녹수綠水라도 절로 절로
산山절로 절로 수水절로 절로 산수간山水間에 나도 절로절로
그중中에 절로 절로 자란 몸이니 늙기도 절로절로 하리라

채유후蔡裕後

다나 쓰나 이 탁주濁酒 좋코 대테 메온 질병드리 더옥 좋의
어론자 박구기를 둥지 둥둥 띄워 두고
아희야 저리침채沈菜일만정 없다 말고 내여라

운애산방매화사雲崖山房梅花詞 제7第七

안민영安玟英

저 건너 부부산浮浮山 눈 속에 검어 우뚝 울통 불통 광대등걸아
네 무삼 힘으로 가지 돋혀 꽃조차 저리 피였는다
아모리 석은 배 반半만 남았을망정 봄 뜻을 어이하리오

궁녀宮女

앞 못에 든 고기들아 뉘라서 너를 몰아다 넣거늘 든다
북해北海 청연淸沿를 어듸 두고 이 못에 와든다
들고도 못 나는 정은 네오 내오 다르랴

이하以下 작자미상作者未詳

약산동대藥山東臺 여즈러진 바회 우희 왜척촉倭躑躅 같은 저 내님이
내 눈에 덜미거든 남인들 지내보랴
새 많고 죄 곧인 동산東山에 오조 간듯하여라

천세千歲를 누리소서 만세萬歲를 누리소서
무쇠 기동에 꽃 피여 여름이 열어 따드리도록 누리소서
그밖에 억만세외億萬歲外에 또 만세萬歲를 누리소서

창窓밖에 초록풍경草綠風磬 걸고 풍경風磬 아래 공작미孔雀尾로 발을 다니
바람 불 적마다 흔날려서 이애는 소리도 조커니와
밤중만 잠결에 들어보니 원종성遠鍾聲인듯 하여라

당천자唐天子 일북문一北門으로 도망하여 달아날 제
앞에는 장강長江이오 뒤에 딸흐느니 요동遼東 개소문蓋蘇文이라
어찌타 백포소장白袍小將 설인귀薛仁貴는 어대 가고 날 못 찾노

장진주사將進酒辭

정철鄭澈

한잔盞 먹새그녀 또 한잔盞 먹새그녀 곳 것거 산算 놓고 무진無盡 무진無盡 먹새그녀
이 몸이 죽은 후면 지게 우헤 거적 덮어 줄이여 메여가나 유소보장流蘇寶帳의 만인萬人이 울어네나 어욱새 속새 덮개나모 백양白楊 속애 가기곳 가면 누른 해 힌 달 가는 비 굵은 눈 소소리바람 불제 뉘 한잔盞 먹자할고
하믈며 무덤 우헤 잰납이 파람 불 제야 뉘우친들 어떠리

정철鄭澈

수미산須彌山 세네바퀴 감돌아 휘돌아
오육월五六月 낮계즉만 살얼음 지핀 우헤 즌서리 섯거 치고 자최눈 지엇 거늘 보앗는다
님아 님아 온 놈이 온 말을 하여도 님이 짐작하소서

이정보李鼎輔

일신一身이 사자하니 물껏 계워 못견딜쇠
피같은 가랑니 보리알 같은 수통니 주린니 갓깐 니 잔 벼록 굵은 벼록

강벼 룩 왜벼룩 긔는 놈 뛰는 놈 비파琵琶 같은 빈대삿기 사명使命 같은 둥애 아비 갈따귀 사믜야기 센 바퀴 누른 바퀴 바그미 거저리 부리 뾰족한 모긔다리기 다한 모긔 야위 모긔 살진 모긔 그리마 뾰로기 주야晝夜로 뵌 때없이 물거니 쏘거니 빨거니 뜯거니 심한 당비리예서 어려왜라
그중에 차마 못 견딜손 육월六月 복伏더위예 쉬파린가 하노라

오경화吳慶華

묵은해 보내올 제 시름 함끠 전송餞送하자
힌 골모 콩인절미 자채 술국 안주에 빙등氷燈에 불 밝히고 경신庚申을 새오랄 제
이윽고 사경四更 닭 자초 울고 자미승粢米僧 지나가니 새해 온가 하노라

가을 해 희뜻 언마나 가리 나귀 안장鞍裝으란 차르지 마라
운산雲山은 검어 어득 침침沈沈, 석경石逕은 기구잔잔崎嶇潺潺한듸 저 뫼흘 넘어 내 어이 가리
초당草堂에 값없은 명월明月과 함끠 놀려하노라

모시를 이리저리 삼아 두루 삼아 감삼다가
가다가 한 가온대 똑 끈쳐지옵거든 호치皓齒 단순丹脣으로 훔빨며 감빨아 섬섬纖纖 옥수玉手로 두 끝 마조 잡아 바비쳐 이으리라 저 모시를

우리도 사랑이 긋쳐지옵거든 모시같이 이으리라

나모도 바히 돌도 없은 뫼에 매게 휘조친 가토리 안과
대천大川 바다 한 가온대 일천석一千石 실은 배에 노櫓도 잃고 닷도 끊고
용총龍總도 걷고 키舵도 빠지고 바람 불어 물결치고 안개 뒤섯거 자
자진 날에 갈 길은 천만리千里萬里 남고 사면四面이 검어어득 저믄 천
지天地 적막寂寞 가치놀 떴는데 수적水賊 맞는 사공沙工의 안과
엇그제 님 여흰 나의 안이사 엇다가 가흘하리오

초당草堂 뒤에 와 앉어 우는 솟적다 새야 암솟적다 우는 샌다 수솟적다
우는 샌다
공산空山을 어듸 두고 객창客窓에 와 앉어 우는다 저 솟적다 새야
공산空山이 하고 많으되 울듸 달라 우노라

창窓 밧기 어른어른커늘 님만 너겨 펄떡 뛰여 뚝 나서 보니
님은 아니 오고 우수룸 달빛에 열구름이 날 속였고나
마초아 밤일세만정 행혀 낮이런들 남 우일번하여라

두텁이 절파리 물고 두엄 우헤 치달아 서서
건너 산山 바라보니 백송골白松骨이 떠 있거늘 가슴이 아조 금즉하여

펄적 뛰여 내닷다가 인하야 그 아래 도로 업드러지
니마츰에 날랠세만정 행혀 둔자鈍者ㅣ런들 어혈瘀血질번하괘라

귀또리 저 귀또리 어엿브다 저 귀또리
어인 귀또리 지는 달 새는 밤에 긴 소래 저른 소래 절절節節히 실혼
소래 저 혼자 울어녜여 사창紗窓 여윈잠을 살뜰이도 깨오는지고
두어라 제 비록 미물微物이나 무인無人 동방洞房에 내 뜻 알리는 저 뿐인
가 하노라

청개고리 이질痢疾 복질腹疾 알아 죽든 밤에 금金둑겁이 화랑花郎 이 즈
노고새남 갈 제
청靑뫼똑이 계대는 장고長鼓 덩더럭 치는듸 흑黑뫼똑이 전락典樂은 적笛
힐늬리 분다
어듸서 산山진거복 돌진가재는 무고巫鼓를 둥둥치느니

앞 논에 오려를 버혀 백화주百花酒를 비져 두고
뒷동산東山 송지전통松枝箭筒 우희 활지여 걸고 흩어진 바독 쓰러치고
손조 구글무지 낚아 움버들에 꿰여 물에 채와 두고
아희야 날 볼손 오셔드란 뒷 여흘로 살와라

논밭 갈아 지음 매고 뵈잠방이 다 임쳐 신들메고 낫 갈아 허리에 차고 도끠 벼버 두러 메고
무림茂林 산중山中 들어가서 삭다리 마른 섶을 뷔거니 버히거니 지게에 질머 지팡이 바쳐놓고 새암을 찾아가서 점심點心도 슯부시고 곰방대를 톡톡 떠러 닢 담배 퓌여 물고 코노래 조오다가
석양夕陽이 재 넘어갈 제 어깨를 추이즈며 긴 소래 저른 소래 하며 어이 갈고 하더라

[부록] 시조선집 상세목록

20권) 시조선집 I 단행본 잡지

1) 시조선집					
1	歷代時調選	1940	박문출판사	이병기 교주	
2	名時調鑑賞	1958	박영사	이병기 신석정 공저	
3	時調全集 時調集	1936 1945	중앙인서관 三文社	신명균 편 이병기 교열	신명균의 저술로 수록않음
2) 잡지 시조선					
4	古時調選	시조선	문장 2권 3호	1940.3.	

21권) 시조선집 II

3) 시조선집					
5	現代時調選叢	1958	새글社	이병기·이태극 공편	

가람 이병기 전집 ⑳

시조선집 I

지은이 이병기
펴낸이 양오봉
펴낸곳 전북대학교출판문화원

초판 1쇄 인쇄 2024. 12. 16
초판 1쇄 발행 2024. 12. 25

전북대학교출판문화원 전북특별자치도 전주시 완산구 어진길 32 (풍남동2가)
전화 (063) 219-5319~5322
FAX (063) 219-5323
출판등록 2012년 8월 20일 제465-2012-000021호

값 30,000원

ISBN 979-11-6372-234-2 04810
ISBN 979-11-87892-59-5(세트) 04810

* 이 책은 2024년도 익산시와 전라북도의 지원에 의해 간행되었습니다.